宗教百科全书
ENCYCLOPEDIA OF RELIGION

基督教祈祷
使用的念珠

印度木质那伽蛇神面具

犹太教银制手形
饰品，象征力量
和权力

《古兰经》上的装饰图案

佛陀卧像

圣母和圣婴

DK 宗教百科全书

菲利普·威尔金森　道格拉斯·查令著
柴晨清等译

泰国金佛像

中国大百科全书出版社
Encyclopedia of China Publishing House

DK | Penguin Random House

Original Title: Encyclopedia of Religion

北京市版权登记号：图字 01-2016-7410　　审图号：GS（2015）2901号

图书在版编目（CIP）数据

DK宗教百科全书 / 英国DK公司编著；柴晨清等译. --北京：中国大百科全书出版社，2017.2
书名原文：ENCYCLOPEDIA OF RELIGION
ISBN 978-7-5000-9982-6
Ⅰ. ①D… Ⅱ. ①英… ②柴… Ⅲ. ①宗教—世界—百科全书 Ⅳ. ①B928.1-61

中国版本图书馆CIP数据核字(2016)第268892号

译　者：柴晨清 曲辉 谌焕义 赵旸 杜倩 施楠

专题审定：姜景奎 阿地里江•阿吉克力木 段琦
傅有德 温金玉 李建欣
地图审定：张宝军

策 划 人：武丹
责任编辑：武丹
地图编辑：李征
封面设计：袁欣

混合产品
纸张 | 支持负责任林业
FSC www.fsc.org FSC® C018179

www.dk.com

DK宗教百科全书
中国大百科全书出版社出版发行
（北京阜成门北大街17号　邮编：100037）
http://www.ecph.com.cn
新华书店经销
北京华联印刷有限公司印制
开本：889毫米×1194毫米　1/16　印张：19
2017年2月第1版　2024年1月第7次印刷
ISBN 978-7-5000-9982-6
定价：198.00元

目　录

马丁•路德版《圣经》中的插图

06 引言

印度教象头神

26 印度教

大慈大悲观世音菩萨

52 佛教

108

东亚宗教

佛教和神道教崇拜的大黑神

道教神仙张果老的雕像

116

锡克教

身着礼服的锡克教卡尔沙教团成员

126

犹太教

犹太教祝仪式上用杯子

用于装饰的基督教十字架

182

基督教

242

伊斯兰教

念珠

伊斯兰教星形瓷砖

古希腊神——宙斯

引言

什么是宗教

宗教是成体系的信仰和行为，包括所谓的我们生存的现实世界之外的神和其他超自然力量。宗教信仰通过仪式来表现，并以此引导信徒的生活。世界上有许多种宗教，但是这部书主要讲述那些在世界上已经被广泛认知的宗教，比如最早出现在中东地区的犹太教、基督教、伊斯兰教，还有起源于印度的印度教、佛教、锡克教等。虽然宗教信仰多种多样，但是它们也有很多共性。比如，每一种宗教都阐释了思想、生活目的，并为它们的信徒提供道德上的建议和引导。

基督教认为上帝创造了黑夜和白天

艺术和感受

这些艺术——从绘画到诗歌——创作出来的美丽和令人敬畏的形象，是人们获取对宗教直观感受的一部分。在许多宗教仪式里都包括音乐和经文。这些神圣的经文用优美的诗歌语言传递着“神”的教导和著作。有的艺术家也从宗教中获得灵感，用于创作作品，阐释信仰，表现他们对神的崇敬。

旋转的苦行僧（信仰伊斯兰教的苏非主义者）通过表演旋转舞蹈来表达他们的信仰

宇宙图景

宗教最早所扮演的一个角色是解释和回答有关宇宙的问题：“世界是如何被创造的？”“人死之后，会发生什么？”所以，宗教通常有一个创世说，作为这个宗教的宇宙观，来描绘宇宙是如何形成的，宇宙中有什么，以及我们的地球、神居住的地方和人死后灵魂去往的地方。这些宇宙的“图景”使得人们不用花费太多的时间和精力，去思考我们的存在以及存在意味着什么等令人困惑的问题。

社区意识

宗教把具有相同信仰的人聚集在一起。大多数人很早就和宗教团体有过接触。他们很小就接受关于宗教的教育，并一直延续到成年阶段。他们参加规范的祭拜活动、宗教节日庆祝活动，参与和经历社会重大事件。用这种方式建立的强大宗教社区，可以为他们提供支持，同样也可以用其他形式为有需要的人提供帮助，比如提供食物、水、医疗护理和咨询。在一些国家，信仰支撑着整个社会，宗教领导人也参与治理国家。

在印度的布什格尔，妇女在周年纪念日聚集在一起

更高的力量

大多数宗教都认为，世界被神（或者多神）掌控着，神给予人们成功、智慧与善良，因此受到无与伦比的崇敬。信徒们用不同的方式来思考这个更高层次的力量。一些人认为神具有人的形体；另一些人则认为，类似于力量和怜悯等神具有的特别属性更为重要，而不是一个具体的形象。

印度教的毗湿奴神，被认为是宇宙秩序的维护者

犹太人逾越节家宴

故事

许多宗教都有神圣的经典，记叙关于神的故事，关于著名的导师和先知的故事，关于宗教历史上重大事件的故事。故事告诉人们信仰以及信仰如何发展，也帮助人们理解现在。例如，当犹太人庆祝逾越节的时候，他们纪念过去奴隶般的生活和现在犹太人民所获得的自由，思考仍然要面对的一些困难。

伊斯兰红新月会发放食品

教授伦理道德

宗教告诉人们如何去生活。那些神圣经典充满了指导的意义，指导人们应该如何将坏事变为好事，如何表现自己的举止，特别是应该以怎样的方式来对待别人。不同的宗教用不同的词汇来描述这点，但是它们传达的信息都是相似的。例如，佛教告诉其信徒要宽容，而基督教告诉人们应该爱他们的敌人。

古代宗教

虽然今天的宗教都有很深的历史渊源，但是在这些宗教创立以前原始的宗教就已经存在了。在古代，所有的人都信奉某种形式的宗教，并崇拜很多神灵。这些原始宗教由于帝国的覆灭以及新宗教的兴起等原因，现在已经消失，但是它们留下的遗迹为后人研究提供了依据。

凯尔特万兽之神赛尔农诺斯

凯尔特人

凯尔特人生活在公元前1000年的西欧。他们的祭司称为德鲁伊特，这些祭司负责拜神或者牲祭，并且预测最好的播种和收割时机。德鲁伊特也组织庆祝季节性节日，像春天的庆祝活动，如众所周知的五朔节。

神龙形象的马尔杜克，是美索不达米亚的创世之神

美索不达米亚

世界上最早的伟大文明之一出现在大约5000年前的美索不达米亚（今伊拉克及叙利亚东部）。美索不达米亚人相信他们信仰的神中有许多生活在天上，他们控制着太阳、月亮、星星的运动。所以美索不达米亚人的祭司成为经验丰富的天文学家，他们观察夜空，制定日历，以确定举行仪式的准确时间。

伊师塔，爱的女神

自然的力量

古人相信自然界中存在着众多的神，每一个神控制着自然世界的一个部分，从雷到太阳都为神控制。早期人类生存条件是非常严酷的，但是他们相信如果神愿意，可以把地球上的自然条件变得美好，他们也将避免灾难。因此，古代宗教的主要目的是通过崇拜神以及向他们进献贡品和牲祭来使神愉悦。

大约公元前800年的埃及壁画

男神和女神	凯尔特	美索不达米亚	埃及	希腊和罗马
	苏塞鲁斯是凯尔特诸神之王。他是春天之神，通过敲打地面来唤醒植物。	**提亚玛特**是海洋女神，在其他的宇宙被创造之前就存在了。	**荷鲁斯**是有着猎鹰头的天神。	**宙斯**（希腊）/**朱庇特**（罗马）是诸神之王。
	比兰努斯是火和光之神。	**安**是天空之神，统治其他美索不达比亚诸神。	**奥西里斯**是地下世界之王，人们把这个地下世界想象成像埃及一样的世界。	**哈得斯**（希腊）/**普路托**（罗马）是地下世界之神。
	母亲神通常显示为三个携带食物篮子的妇女。	**南娜**是月亮之神。	**伊希斯**是奥西里斯的妻子和荷鲁斯的母亲。	**阿佛罗狄忒**（希腊）/**维纳斯**（罗马）是爱情和美丽女神。
	塔拉尼斯是控制雷电的神。	**厄里斯克革**是地下世界的女神。对人类来说她是无形的。	**阿努比斯**是葬礼之神。他以豺狼的形象出现。	**波塞冬**（希腊）/**尼普顿**（罗马）是海神，它可以引起和平息海上风浪。

埃及

悠久的古代埃及文明（公元前3000～前30）是在尼罗河沿岸建立的。在埃及干燥的气候条件下，人们只能依靠雨水和河水来浇灌他们的庄稼，所以许多人祈求神灵去控制尼罗河水、气候、土壤的肥沃度。埃及人设立了关于生和死的完美信念。他们相信灵魂存在八个独立的因素，可以在死后仍然生存并扮演不同的角色。

希腊和罗马

古希腊的男神和女神（公元前750～前200）呈现人的外貌，住在神圣的奥林匹亚山上。他们相爱、争斗，举止恰如人类一样，但是在日常生活中，他们具有强有力的意志。罗马人（公元前509～前410）在征服了希腊后，依旧崇拜这些奥林匹亚神，但是给这些神更改了名字。后来，许多罗马人转信了基督教。

宙斯

宙斯通常被描绘为强有力的、宽容的男人，并且长着卷曲的头发

最早的宗教

最早的宗教没有留下文字记录，所以我们知道的一点东西都是来自于寺庙和其他的一些遗迹。英国南部的巨石阵所在之处，在5000年前是一个宗教活动的地点，历经数千年不断地重建和完善。我们今天看到的这个巨石环阵在那里已经存在了大约4000年。

土著宗教

在世界的许多地区，人们仍然过着传统部落式的生活，住在小村庄里，靠捕猎和种植生活，信奉当地的土著宗教。虽然许多土著的宗教随着世界主要信仰的传播已经消亡，但是还有一些土著宗教仍然保留着。它们有一个重要的共同特征：尊敬神灵的世界——看不见的、超自然的存在，这些存在被看作神、死去的祖先的灵魂，或者是隐藏在自然界每一个角落里的生命。

祖先崇拜

大多数土著宗教相信死者以灵魂的形式存在。人们崇敬他们的祖先，因为他们沟通了人间与掌控地球上所有生命的神灵之间的联系。信仰者相信他们祖先的灵魂会鼓励神灵关心活着的人，向活着的人施予恩惠。因此，许多人创作了诗歌、音乐、绘画或者雕塑以表达他们对祖先的崇敬。

毛利人的祖先雕像

祖先

梦中时光：澳大利亚土著相信古代祖先穿越大地创造了他们部落的物质文明。他们以艺术和仪式来表现他们对梦中时光的崇敬。

图腾柱：北美西北部的土著雕刻图腾柱来表示他们部落的祖先与祖先灵魂的关系。

石像：在太平洋的复活节岛，有存在数百年的巨石头像。他们被认为是常住于该岛上的土著的祖先。

亡灵日：这是一个结合了基督教节日和土著节日的墨西哥节日，在这个节日里他们要向祖先灵魂提供祭品。

圣地

乌卢鲁

那些引人注目的山峰、岩石和河流等，在土著看来是掌控能量的神灵所寄居的地方。这些图景在许多土著的宗教中都能看到。山峰、岩石、河流受到广泛的崇拜，土著的仪式和宗教典礼在这些地方举行，借以获得它们的能量。

地点

乌卢鲁：因艾尔斯岩而出名，这里对澳大利亚土著而言是一个神圣的地方。一些部落相信，他们的祖先来源于乌卢鲁。

泰山：中国的道教名山，是东岳大帝的故乡。东岳大帝是泰山神。笃信中国传统宗教的人登上这座山峰，表达他们对东岳大帝的崇敬，这种传统已经有数千年了。

富士山：对日本神道教的追随者而言，富士山是很多神的故乡，同时是世界的中心；对日本佛教徒而言，富士山也是一个神圣的地方。

酋长的山谷：美国蒙大拿州的这个山谷对于许多生活在平原地区部落的人们而言是神圣的地方，他们在那里举行仪式。这个山谷有许多土著岩画。

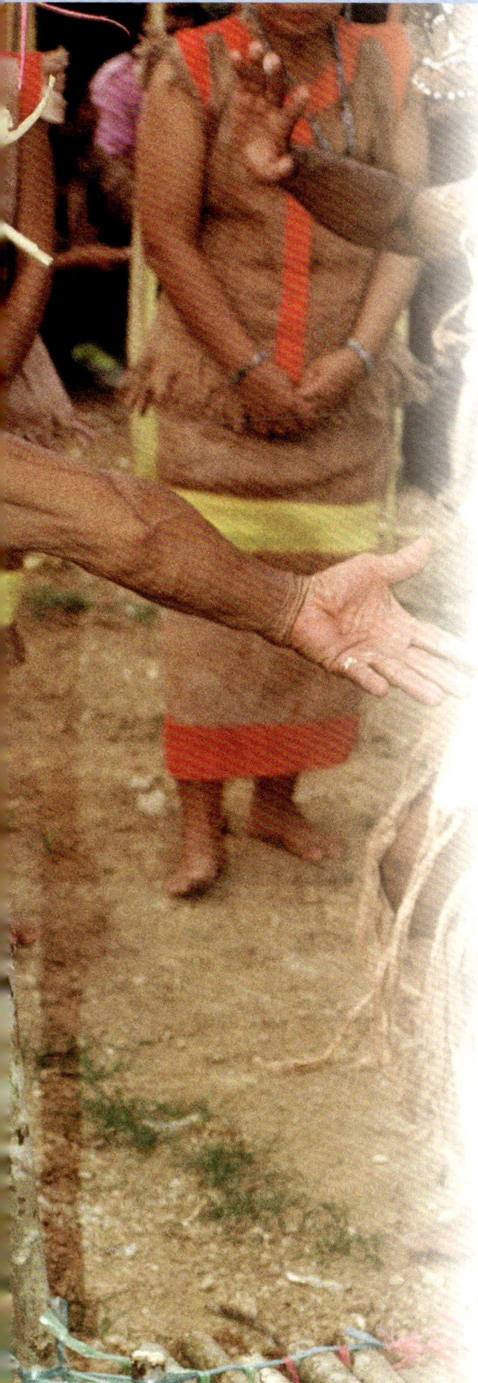

自然世界

被认为驻有神灵的树

大多数土著相信神灵生活在自然界当中。一些神灵会祸害人类，然而大多数神灵对人是友好的，而且土著们声称神灵能为人们提供生活所必需的东西。每一个神灵扮演着不同的角色，比如有帮助作物生长的神。因此，出现了各式各样的崇敬这些神灵的仪式，用于帮助人类繁衍生息。

神灵

树精：提供水果或者帮助水果的生长。比如在婆罗洲，萨满在树的面前进行牲祭，以使树神满足。

石神：控制着周围的山水，存在于岩石中。在非洲的卡拉哈里沙漠，布须曼人在岩石上绘制神的图像以确保神灵能够留在那里。

水神：控制生命之源的水。生活在青藏高原的人们把自己的牲祭扔到湖里以使水神获得满足。

鸟神和动物神：许多北美的土著希望他们的猎狩食用动物的行为能够得到原谅，于是形成了向动物神进行祭祀的传统。

神性

非洲的神

大多数土著宗教的信仰者崇拜多神。他们认为这些至高无上一直存在的神有能力去创造，或者同时控制整个神灵世界和自然界。牲祭在对神的崇拜中起着主要作用。

神

创造神：创造了世界或者塑造了人类祖先。

海神：掌管着各个水系，控制着捕鱼的数量，并且有力量来操控暴风雨和洋流。

母亲神：参与了世界的创造，保佑人类的母亲，还保佑土壤肥沃。

天神：这些神可能以鸟类的形态出现，据说他们能引起雷电。

捣蛋精灵：恶作剧的神总是在捉弄人或者导致事故发生。

萨满

大多数土著宗教仪式是在萨满的带领下，联合医生、占卜者一起举行的。萨满相信圣坛和圣地将会得到关照。他们也组织节日庆典，治疗病人，举行祭祀仪式。他们宣称在仪式中，通过游览神灵世界获得了精神力量或者成为灵魂附体者。

在婆罗洲，萨满正在仪式中跳巫舞

鼓的力量

音乐和舞蹈在大多数宗教仪式中被使用，以召唤灵魂。萨满用棒槌不断地击鼓以奏出强有力的节拍。现在，有很多节奏是通过舞蹈和吟唱来表现的，这种演奏可以持续几个小时。据说当重要的时刻到来了，生活在神灵世界里的人可以被召唤出来。

在俄罗斯西伯利亚北部，楚科奇人正在击打一只萨满教巫师的鼓

宗教仪式

圣餐

在基督徒举行的这个仪式上，他们吃饼、喝红酒。这个仪式是为了纪念耶稣被钉在十字架（见230~231页）的前一晚和他的门徒吃的最后晚餐。

所有的宗教都有特别仪式，人们聚在一起，颂扬他们的信仰。宗教活动是渗入日常生活的。仪式有许多功能，举例来说，人们感觉宗教仪式使他们能够用统一的方式纪念生活中的重大事件，如出生和死亡。许多宗教仪式是非常有趣的，如节日庆祝活动；也有非常严肃的，像葬礼。所有的仪式都有共同的内容，比如歌唱和正式的祈祷，这些仪式内容融合在一起，营造出一种浓郁的宗教氛围——用信仰把宗教社区结合在一起。

礼拜的形式

礼拜的过程是非常美好的，伴有音乐、吟唱以及焚香等，可以使人们完全沉浸在礼拜仪式中。举行礼拜仪式使人类世界与神灵世界更加紧密，为信徒提供了赞美神的途径。

正在用转经筒念经的佛教徒

仪式

歌唱： 赞美诗和吟唱被广泛应用于礼拜，以传递宗教思想和赞美神。

舞蹈： 可以用于强化礼拜过程中身体和精神的统一，或者强调举行仪式地点的神圣。

队列： 有助于识别那些礼拜的主导者。

阅读： 神圣的经文用神或者圣人的语言来引导人们。

祈祷： 一种直接向神表达自己思想的方式，坚定自己的信仰，赞美神，或者表达特别的需求。

冥想： 在一些宗教中，冥想是礼拜的一部分，信仰者把注意力集中在一种境界中。

仪式祭品

在许多宗教中向神或者社团奉献物品可以采用两种方式：一是捐钱和食物帮助有需要的人；二是将礼物直接送给神，以显示信徒的崇敬之情。一些信仰者为此精心设计了仪式，来作为礼拜的一部分。在这些仪式中，虔诚的宗教徒将奉献物——食物或者花摆放得很漂亮，以此作为祭品献给他们的神。

印度教徒在礼拜仪式上向太阳神进献椰子和鲜花

集体礼拜

虽然人可以单独礼拜，但许多宗教希望信徒定期地举行集体礼拜。礼拜每周举行一次，并且在一周中特定的一天举行。在集体礼拜时，经常用到神的语言或者先知传下来的话，它给予人们巨大的精神力量。信徒希望能够因此更接近神。

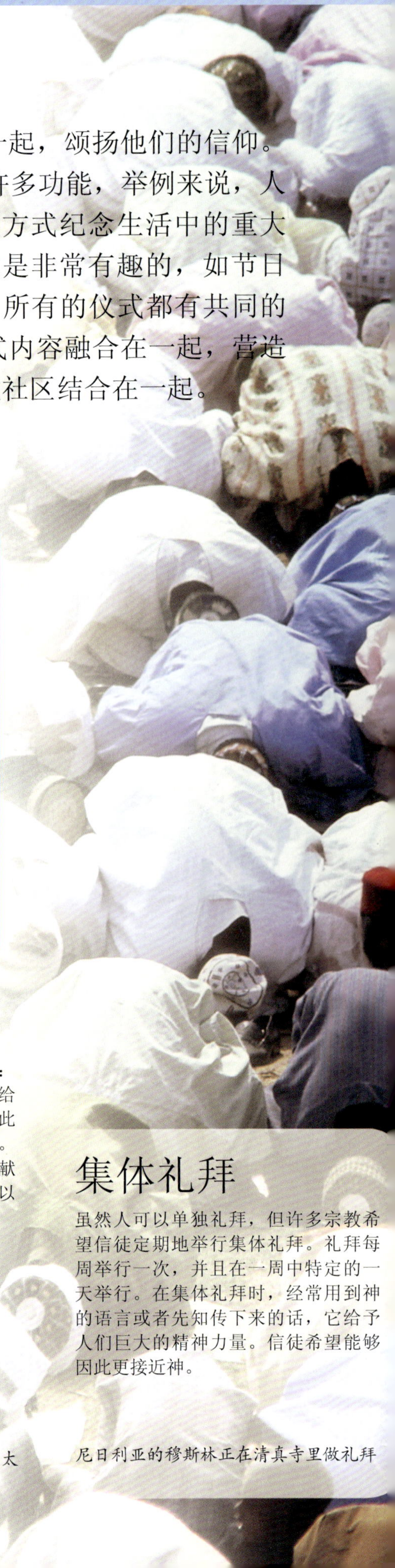

尼日利亚的穆斯林正在清真寺里做礼拜

澳大利亚土著男孩子为成年礼而打扮

成人仪式

成人仪式标志着人从生命中的一个阶段到达了另一个阶段。一般情况下，从儿童成为成年人，这个转变过程通常要举行一种仪式，届时，处于青春期的男孩和女孩要为他们在成年社会里扮演的角色做好准备。

仪式

出生：起名的仪式和其他仪式标志着社区里的一个新成员的降临。在一些宗教里，婴儿是要实行割礼的。

成年：这种仪式让年轻人首次独立承担宗教事务，如阅读宗教圣典。

启蒙：在一些传统社会里，年轻男人经过启蒙仪式后进入成年男性社会，作为猎手或战士发挥他们的作用。

结婚：在大多数社会里这个仪式都被精心设计，以戒指作为双方结合的象征，此外还有其他象征性活动，如举办婚宴，由一个家庭向另一个家庭馈赠礼物等。

仪式物品

在仪式中使用的物品被认为是人与神两个世界之间的纽带，因而受到尊敬和崇拜。在一些原始宗教中，比如萨满的面具可以帮助他“变成”一个神灵；而在印度教中，神的雕像所在位置被看成神生活的地方。

加拿大的土著最早使用了代表太阳神的面具

印度火葬

丧葬习俗

葬礼有若干目的，如对逝者致哀，帮助人们回顾逝者的生命历程，对逝者表示感谢和怀念。葬礼也是人们安置尸体的一种礼仪方式。在一些宗教信仰中，葬礼据说是为逝者的魂灵提供一个可以转生到来世的途径。

仪式

准备：在许多文化中，葬礼准备活动包括为安置尸体做准备和履行仪式，以使逝者顺利进入另外一个世界。

悲伤：一个人去世后的一段时间，人们经常以穿特殊的衣服或者不吃食物表示怀念。有时，悲伤的人们在葬礼前整夜守护尸体。

葬礼：安葬形式有很多种，如土葬、火葬，或者暴露遗体直到肉体腐烂掉。在葬礼中要致悼词，对逝者的一生进行颂扬，而在葬礼结束后，举行宴会也是很普遍的。

纪念碑：人们用一些标志，像墓碑或者铭牌，帮助人们长时间记住死去的人。

相互交融的文化

今天，许多人生活在不同信仰共存的多元文化的社会里。对于大部分人而言，这样的生活是丰富多彩的，因为人们可以了解其他信仰和生活方式。然而，在一些地方，不同信仰的人在一起生活给当地带来了紧张和冲突。

世界各地的宗教

任何一个有生命力的宗教都在不断地传播和发展着，那些主要的宗教已经由发源地传播到了整个世界。在一些情况下，宗教传播是通过人口的流动而实现的。举例来说，长时间分散的历史使得具有一定规模的犹太教团体来到了像法国和美国这样的国家，形成了庞大的犹太人社区。宗教在传播过程中也会有所转变。人口迁移和传教士工作的相互结合把基督教带到了美国、澳大利亚，以及欧洲和非洲大部分地区。通过贸易与军事征服的方式，伊斯兰教远播于阿拉伯半岛之外。

宗教在世界各地的分布

这幅地图显示了各种宗教在世界大致分布的状况，但具体分布要复杂得多。一些国家只有一种主导宗教，如伊斯兰教的沙特阿拉伯及犹太教的以色列。但大多数国家拥有信奉多种不同信仰的社区。在南部非洲等地区仍有土著宗教（见14～15页）的信奉者，而那些国际化程度高的国家，如美国、英国和法国，则是多种宗教并存，这些宗教多是由早年移民带来的。

基督教
- 天主教
- 新教
- 东正教

佛教
- 藏传佛教
- 大乘佛教
- 小乘佛教

伊斯兰教
- 逊尼教派
- 什叶教派

其他宗教
- 印度教
- 犹太教
- 道教
- 神道教
- 原始宗教
- 其他教
- ● 基督教、犹太教发源地
- ● 佛教发源地
- ● 伊斯兰教发源地

神圣的经文

世界主要宗教都有一本或者多本汇编成集的书，其中包含着信仰的主要观点和信条。一些经文被认为包含着神的语言。随着人们旅行的地区越来越广，宗教从它的发源地逐渐传播开来。因此需要将传播的信条记载下来，这样教义和观点才能够持久不变。神圣的经文通常包含着许多内容，像早期导师和先知的故事，赞美诗，以及使人如何生活幸福的教诲。

犹太抄写员正在制作《托拉》（《摩西五经》）的副本

写下来

许多神圣的经文开始的时候是通过口述让人们来记住，以口耳相传的形式流传下去。但是随着宗教的扩张，宗教领导者认为应该确保向新的信徒传授准确的经文，这样其宗教才更有生命力，所以神职人员和学者开始写下神圣的经文并抄写副本。在一些宗教中，特别是犹太教和伊斯兰教，手写的经文副本仍然受到特别的尊重。

古登堡版《圣经》。这是印刷的第一部基督教《圣经》，完成于1455年

印刷文字

8世纪，中国发明了印刷术，但是欧洲的发明家直到15世纪才知道如何印刷经文。这两个地区，宗教性的书籍都是最早被印刷的。这种快速、成批复制的生产方式使得书越来越便宜，并且帮助了宗教思想的传播。许多买不起手写本的人能够通过购买印刷本来研究经文。

画的力量

在古代，识文断字的人很少，所以宗教人士常常寻找更多的传播宗教思想的方式。基督教的传教士使用图画传教。像这个彩色玻璃的窗户，显示了《圣经》中记载的一个事件。佛教和印度教寺庙里的雕刻起到了相似的传播宗教思想的作用。相比而言，伊斯兰教和犹太教更倾向于用文字来影响人们。

彩色玻璃的窗户显示的是耶稣正在犹太会堂里授课

14世纪《古兰经》副本的装饰页

用莱哈尼体书写的阿拉伯经文

装饰精美的边框

神的言辞

一些宗教经典有特殊的地位，因为它们被认为包含了神的言辞，这些言辞是永远存在的，就如同神一样。这些神圣的言辞用他们原有的语言保存下来，像穆斯林的手抄本《古兰经》，都是人们使用漂亮的阿拉伯文书法抄录下来的。

过去和未来

神圣的经文通常回顾过去，以揭示一种信仰的早期历史和它的追随者，使得整个宗教团体具有一致性。但是它们也放眼未来，对未来作出预言，像我们去世后将要发生什么，在宗教生活中将要发生的重大事件等。这尊石雕像是未来佛，也就是弥勒佛，它在佛经中作出预言。

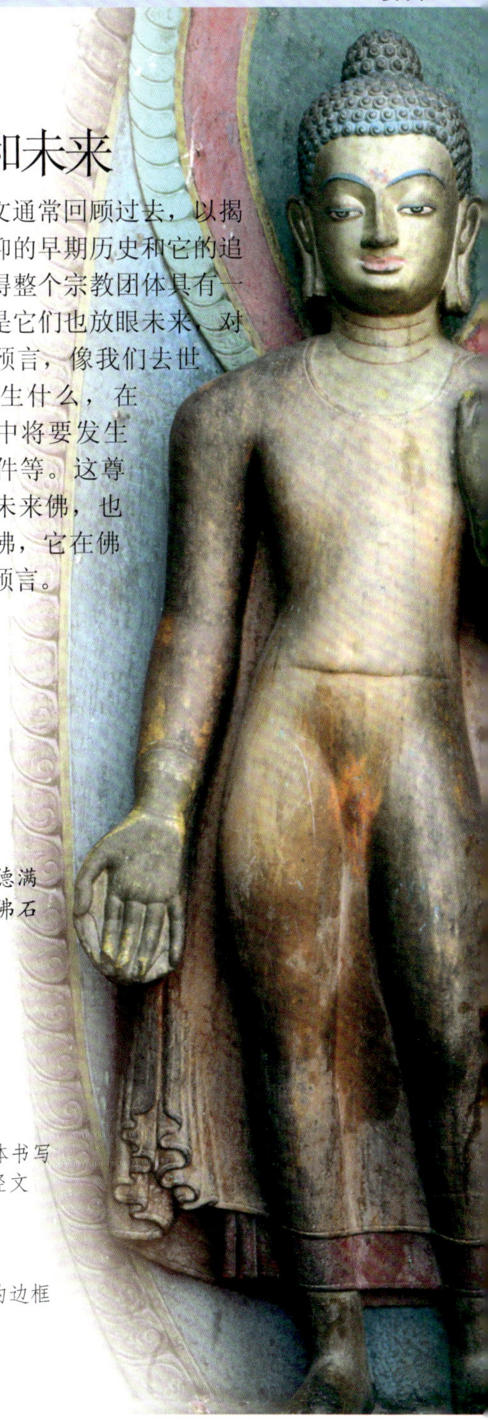

尼泊尔加德满都的弥勒佛石雕像

作为圣物的书

所有圣书的副本都受到广泛的尊重，并常常保存在特殊的地方，像犹太会堂里的约柜，锡克教谒师所特殊的宝座里。它们被小心搬运和阅读，避免在经文上留下污点和记号。

锡克教徒正在阅读圣典《古鲁·格兰特·沙哈卜》

宗教节日

教历

在早期的文明中，祭司通常制定出日历以确定举行宗教活动的时间。这个日历是墨西哥阿兹特克人在16世纪制定的。

几乎所有的宗教每年都定期举行节日庆祝活动，纪念教历中的重大事件。节日庆祝有很多有趣的活动，包括宴会、舞蹈、游行、交换礼物，以及特定的礼拜活动。但是保持宗教节日活动的严肃性是最为重要的，信徒通过宗教节日庆祝活动展示他们对信仰的坚定性，同时牢记先知和宗教领袖在历史上曾经遇到的困难。

新的开始

新年是信徒投身于新的礼拜季的时刻。新年前后的宗教节日通常构成冬季节日的一部分。中国人用舞狮子来庆祝新年。

节日

基督降临期：标志着宗教年的开始。

神道教元日：日本的新年。这个节日传统上是以游览寺庙、赠送礼物以及家庭聚餐等方式来进行庆祝的。

锡克教拜萨克节：这个节日标志着旁遮普新年的开始。

犹太教岁首节：犹太新年。在犹太会堂吹羊角号作为新年开始的标志。

中国春节：中国的新年，有特色的年夜饭，特别的装饰，以及舞狮子等。

印度排灯节：也称为灯节。这是一个冬季节日，也是新年节日。灯被点亮，人们互相馈赠礼物。

春的复苏

农耕社会总是把春天当作万物生长的季节来庆祝。在许多宗教里，春天也是信仰“重生”的时候。新的植物和鲜花象征着对神新的奉献，像犹太教的树木新年（见左图）。

节日

神道教春祭：在日本的春分节期间，人们举行传统仪式来驱除邪恶的妖魔。

印度霍利节：在这个有趣的春天节日里，人们泼洒色彩鲜艳的水和颜料粉。

基督教复活节：庆祝耶稣复活的节日。

犹太教树木新年：标志着以色列雨季的结束。在这个节日里，人们鼓励儿童们去种植树木。

伊斯兰教古尔邦节：亦称宰牲节。在节日期间，穆斯林宰杀规定的牲畜献祭。

犹太教逾越节：这个节日纪念犹太人从沦为埃及的奴隶的困境中解脱出来。

聚集在一起

节日期间，整个城镇和村庄的人们聚在一起来庆祝。举行节日活动主要是为了巩固个人的信仰，更为重要的是将整个社区居民聚集在一起，增强社区团结。在霍利节，全世界的印度社区的居民走上街道，彼此泼洒色彩鲜艳的水和颜料粉，这个充满生气的节日把不同年龄和阶层的人聚到一起。

重大事件

宗教历史上发生关键事件的时间常常被设立为特殊的日子来纪念。奠基人和宗教领袖的出生通常是举行特殊庆祝活动的原因，如下图锡克人聚集在一起，庆祝锡克教的第一代祖师（古鲁）那纳克的生日。庆祝锡克教祖师的节日称为宗师节，他们以游行和祈祷的方式来庆祝。

节日

基督教圣诞节：举行庆祝活动纪念耶稣的出生。
犹太教普珥节：为纪念犹太人因为以斯帖的勇敢和机智，使在波斯全境的犹太人从死亡中被挽救出来而设的节日。
锡克教祖师那纳克的生日：庆祝锡克教创建者出生的节日。
佛教卫塞节：一个南传佛教节日，以纪念佛祖释迦牟尼的诞生、成道以及涅槃。
伊斯兰教盖德尔夜：这个节日纪念安拉（真主）首次向先知穆罕默德颁示《古兰经》的那个夜晚。

赞美神

一些宗教信仰多神和女神，像印度教和中国流行的宗教。对每个神的赞美方式各有不同，比如举行宴会、跳舞或者特殊的仪式。在印度难近母节期间，难近母女神的塑像被抬着穿过大街小巷，人们在她的圣坛周围跳舞。这个庆祝活动要持续九天九夜。

近代的宗教运动

近200年以来，数以千计的新宗教运动如雨后春笋般出现在世界各地。这些运动团体常常是地区性、小规模的组织。也有一些组织在全球已经拥有数百万的成员。几乎所有宗教组织的创立者都是富有激情、远见和神明意旨强烈的人。他们常常融合了早期宗教的元素，举例来说，国际黑天觉悟会根在印度教，高台教则是受到了佛教和其他东方宗教信仰的影响。许多新宗教关注个人的精神世界，引导他们过更有意义的生活。也有些宗教只是鼓励有着共同信仰的成员一起生活，相互交流，专注于自己的信仰追求。

埃塞俄比亚国王海尔·塞拉西一世和家人

拉斯塔法里教徒

拉斯塔法里运动20世纪30年代开始于牙买加和埃塞俄比亚。它确定了西印度黑人是《圣经》中所说的真正的犹太人，并且把拉斯塔法里（1892～1975）亲王看作他们的救世主，他后来成为埃塞俄比亚国王海尔·塞拉西一世。教徒期望在埃塞俄比亚建立家园。他们把自己的头发扎成辫子并穿印有埃塞俄比亚国旗颜色的服装。

巴哈伊教

巴哈伊教由巴哈乌拉创立于19世纪60年代的伊朗。它的基本教旨是上帝独一、宗教同源、人类一家。其他宗教的创始人和领袖像摩西、佛陀、耶稣和穆罕默德，被推崇为上帝的使者。巴哈伊教相信现世的生活是为死后的灵魂世界做准备。因此，他们建立了严格的行为规范，确保他们的灵魂已经为后世做好准备。信徒要遵守律法，为世界的统一和和平而努力工作。

美国伊利诺伊州的巴哈伊灵曦堂

摩门教徒和他们的圣书

摩门教徒

1830年，美国人约瑟夫·史密斯（1805～1844）出版了《摩门经》，他宣称这部书是他直译的上帝的语言。史密斯想要在社会中恢复教会机构和上帝的法律。摩门教徒也称“后期圣徒”，声称他们自己是唯一真正的基督徒，他们宣称只有自己的观点才是正确的，谴责其他的基督教派。

高台教

这个宗教运动始于1919年，当时越南公务员吴文昭自称获得了一系列神谕。高台教宣称其结合了佛教、道教、基督教等宗教信仰。高台教的万神庙供奉不同文化范畴人物的塑像，包括孔子、尤利乌斯·凯撒、圣女贞德等。

越南高台教的重要人物

玛丽·贝克·艾迪

基督教科学派

1879年，以恢复原始基督教及被遗忘的精神治疗原理为目的，玛丽·贝克·艾迪（1821～1910）创立了基督教科学派。她所著的《科学与健康以及领会圣经的秘诀》对基督教科学派的主旨做了明确说明。基督教科学派承认《圣经》具有的权威性，并且把耶稣看成神圣的心理医师。

科学论派

采用询问等方法，科学论派旨在使人快乐，试图让人们摆脱由于轮回说而产生的许多内疚感。一旦人们从这些感觉中解脱出来，达到“净化”境界，就能够继续帮助其他人获得类似的状态。科学论派成立于20世纪50年代，由美国作家哈巴德创立。

演员约翰·特拉沃尔塔，是一位高调的科学论派的信仰者

在美国加利福尼亚的国际黑天觉悟会信徒

国际黑天觉悟会

国际黑天觉悟会常常被称为黑天运动。1965年该组织由一个信奉传统印度教的印度人在美国成立。它旨在引导人们与黑天（见32页）结合在一起。成员遵守严格的道德规定。他们常常在公共场合吟唱黑天颂歌。

印度教

印度教信仰

印度教源于印度，至今经历了5000多年的演变。除了亚洲，在非洲、加勒比海地区和欧洲也有很多印度教徒。由于印度教在世界的广泛传播，他们的信仰存在很大差异。一些印度教徒只信奉一个神，另一些则崇拜许多神，还有些印度教徒相信，他们所信奉的许多神是一个最高存在的各个方面。因为没有标准的信条及礼仪，他们的其他许多信念也各不相同。但是，所有印度教徒都赞同转世的观点，相信所有生命都是一个正在进行着的生、死和转世过程的一部分。印度教徒力图通过解脱的方式突破这一轮回。在印度教信仰中，“法”的观念也是重要的。“法”即“达摩”，意味着法律、责任、公正和美德，强调正确的行为是信仰的核心。

印度河流域

在巴基斯坦的印度河流域，考古学家发现了可追溯到公元前2500年的文明遗址。他们在印度河流域的城市哈拉帕和摩亨佐－达罗发现了神的雕像，这些神像可能是印度教诸神的祖先。如这个祭司雕像。

一位娑度在印度鹿野苑的街上祈祷

神圣的生活

娑度被尊崇为圣人，他们将一生都奉献给了宗教。他们研习圣典，修习瑜伽，只吃简单的食物。娑度通常像隐士那样独居，或者在寺院中过群体生活，给予那些有精神需要的人以宗教指导。印度教圣典“吠陀”和“奥义书”都强调这种精神导师的重要性。

圣河

恒河发源于喜马拉雅山脉南坡，向东南流经印度和孟加拉国，并注入孟加拉湾。对印度教徒来说，恒河是一条神圣的河，被奉为恒河女神。许多人到恒河朝圣，尤其是到瓦拉纳西（贝拿勒斯）城。据说那里的河水最圣洁。在宗教节日，成千上万的人聚居在这里的河岸。

被描绘成牧牛者的黑天

笛子是牧牛者的标志

据说母牛听到黑天吹笛子就会变得很安静

圣牛

在印度教中，母牛与毗湿奴神的第八个化身——黑天（左）联系在一起。黑天童年时曾当过一段时间的牧牛者。因此，喂养母牛是崇拜黑天的一种方式。在古代，母牛被视为母亲女神，现在，母牛依然被圣化，印度教徒永远不会屠杀母牛。许多印度教徒也拒绝杀害其他动物而成为素食者。

被圣化的音符

印度教徒相信，神圣的声音“唵”（om或aum）自始就存在，发这个音引起的震动创造了世界。因此，在所有仪式开始和冥想之前，教徒都要念诵这个特别的音节。拼读这个音节的三个字母A、U 和M代表了三神一体（见30~31页）的三个神：A代表梵天，U代表毗湿奴，M代表湿婆。

与其说印度教是一种信条，不如说它是一种文化。”

印度总统拉达克里希南（1888~1975）

一个印度教家庭

有影响的印度教徒

甘地（1869～1948）是20世纪最有影响的印度教徒之一，一生致力于印度摆脱英国的殖民统治而独立。作为虔诚的印度教徒，甘地受到印度教一些信条，尤其是不害或非暴力观念的影响。他深信，他可以在不损害其他人的情况下赢得政治上的胜利，他的成功激励了数百万印度教徒和非印度教徒。

甘地持传统的合十礼的姿势，表示“我向您心中的神致敬”。

人生的几个阶段

印度教圣典强调家庭生活的重要性。对任何印度教徒来说，持家者的角色都是人生中的一个重要阶段。按照神的启示，一个人要经历不同的阶段，经过这些阶段意味着一个人最终能摆脱无穷尽的轮回，达到解脱，进入梵我合一的境界。

三大主神

被圣化的声音
“唵”是永恒的声音。在所有祷告之前及之后，教徒都要念诵它。

作为世界上最古老的主要宗教之一，印度教在世界上人口众多和种族多样的印度发展起来。它呈现出多种形式，有数百个不同的神，一些神有着不同的头衔和名字。然而，印度教依然只是一种宗教。许多印度教徒对此的解释是，所有的神都是一个至高无上的绝对存在，即梵的一个部分。人们对梵又有不同的解释，其中的一种是：梵本身是三神一体，即创造之神梵天、保护之神毗湿奴以及毁灭与再生之神湿婆的组合体。三神之中，毗湿奴和湿婆是印度教诸神中最受广泛崇拜的神。在印度教圣典中，毗湿奴被认为是最幸运的神，代表着同情、法律和秩序。湿婆以不同的相貌显现，总共有1008个名字，许多名字表达出湿婆对自然界的统治，因此，他被称为“山主”和“恒河的孕育者”。

保护之神毗湿奴
毗湿奴自身包含并平衡着善与恶及其他所有对立面。作为保护神，他的主要任务是保持善与恶两种势力的平衡，维护宇宙的神圣秩序。在恶势力占上风时，毗湿奴就以十个化身之一的形式进入他们的体内，降临凡世，以恢复宇宙平衡。毗湿奴往往被称为“宇宙中无尽的海洋”。

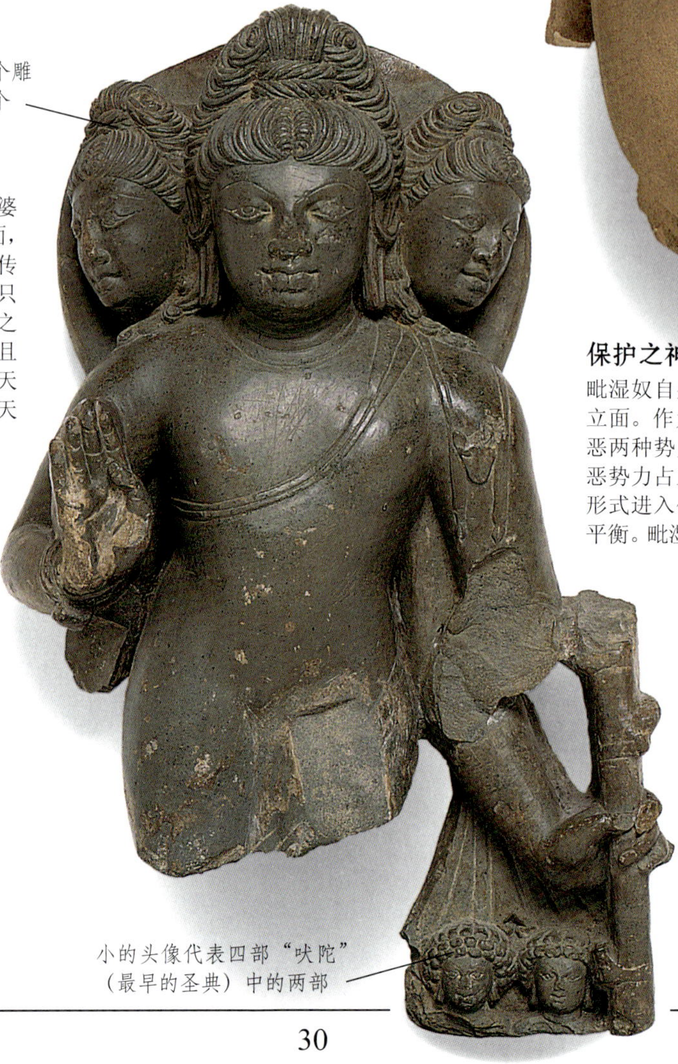

梵天有四个头，这个雕像显示了其中的三个

小的头像代表四部“吠陀”（最早的圣典）中的两部

创造之神梵天
梵天的独有职能是创造。与毗湿奴和湿婆不同的是，梵天自身内部不包含对立面，所以他从不毁灭他所创造的。根据一种传统说法：他出生于“宇宙之卵”。最初只有一个头。当他用自身创造出一个女人之后，他将女人从自己的身上割下来，并且爱上了她。但是，女人将自己隐藏在梵天背后。为了能从每个方向都看到她，梵天便在左边、右边和后面各长出一个头来。

印度教
有哪些神？
梵天、毗湿奴、湿婆、娑罗室伐底、迦利、吉祥天女及其他
来世怎样？
转世
有哪些宗教经典？
“吠陀”“奥义书”及其他
有哪些主要节日？
排灯节——印度教新年
霍利节——春节
黑天诞辰节——黑天诞生日
湿婆供奉节——膜拜湿婆的主要节日
有哪些动物被圣化？
母牛是大地的象征

“神的名字越多，膜拜神的方式就越无穷尽。”

印度教圣徒罗摩克里希纳
（1836～1886）

“舞王”——湿婆

湿婆既是毁灭者，也是再生者。他被描绘成多种形象。作为“舞王”那吒罗阇（其形象如图所示），他终结了生命之舞或生命的循环，以开始一个新的生命轮回。这件雕塑讲述了一个传说：湿婆通过在无知恶魔上跳舞，征服了10000个异教徒（不信奉他的人）。

印度教诸神

尽管神有如此多的化身，但是，大多数印度教徒都只崇拜一个神，这个神往往是该家族前几代人崇拜的。然而，在生命的特殊时期，印度教徒也可以崇拜其他的神。例如，印度教徒带着新生儿去当地一个母亲女神的寺庙膜拜，以求孩子得到特别庇佑。此外，印度教徒也向掌管生命特别方面的神祈祷，如控制天花传播的悉多拉、免受毒蛇侵害的摩那娑女蛇神。因此，印度教寺庙通常有一些可以供奉神的化身的神龛。

笛子是抚养黑天的牧牛者的象征

黑天的皮肤是蓝色的，那是海洋和天空的色彩

黑天

黑天是毗湿奴（见30页）的第八个化身，他本身也被认为是神。他通常被描绘为一个孩子或年轻人，常常带着一支笛子，这是抚养他的牧牛者吹奏的乐器。黑天有一个快乐的童年，黑天的信徒认为，他会给他们带来快乐作为回报。在《摩诃婆罗多》（见40页）和“往世书”里讲述了黑天许多丰富多彩的故事。

罗摩与他的配偶悉多坐在王位上

罗摩

罗摩王是毗湿奴的第七个化身，也被当作神来崇拜。在讲述他英勇行为的史诗《罗摩衍那》（见38页）中，他不仅被视为完美的儿子、丈夫和统治者，也被视为诚实和高尚的人。这些优秀的品质使罗摩成为所有印度教诸神中最受欢迎的神之一。

筏罗诃潜入海底拯救地球

长着公猪头的化身

长着公猪头的筏罗诃是毗湿奴的第三个化身。当一个名叫伊烂拿刹的魔鬼将大地拖入海底时，筏罗诃随之跳进海中。经历了数千年的搏斗，筏罗诃杀死魔鬼，然后用獠牙承载起大地的重量，将它托出海面。

象头神的形象

象头神坐在象征纯洁的莲花之上

象头神

象头神是智慧之神。他有帮助人类的能力，并且以“障碍消除者”而闻名。在进行任何新的重大事情之前——从参加考试到结婚，信徒们都习惯向象头神祈祷并献祭。象头神最初并没有象头，他的父亲——伟大的湿婆误砍了他的头。为了使儿子起死回生，湿婆砍下一头正路过的大象的头，放在了他的肩膀上。

死神阎摩

作为第一个死去的人，阎摩成为亡人的统治者。当人们死亡时必须接受他的评判，并被他引导到先辈们居住的地方。他做出一副令人恐惧的样子，骑在野牛上，有时还有两只外表凶猛、四只眼睛的狗相伴。人在死后，他的灵魂必须尽快经过这些可怕的生灵，进入阎摩的王国。

神

度教的月神旃陀罗通常被绘成一个年轻人。据说对人们的健康有着特殊影响。旃陀罗也被视生育神，因为晚上落植物上并赋予它们生的露珠而一度被认为自月亮。

月神旃陀罗

战神羯提计耶

战神羯提计耶是湿婆的儿子，在印度南部广受人们的欢迎。关于他的诞生，有一种说法是为了让世界免遭恶魔多罗加的毁灭。他骑着象征其不朽的孔雀投入战斗，杀死了多罗加和其他许多魔鬼。

伟大的女神

印度教众多的女神在性格和能力上有很大差别。然而，她们中的大多数都被视为一个存在——母亲女神大天的不同方面。大天以“伟大的女神”而著称。她可以表现出不同的形象，大多数是印度教三大主神——梵天、湿婆和毗湿奴的配偶。在不同的形象中，这些女神可能表现得温柔慈爱，也可能表现得凶猛好战。很多等级较低的女神也受人崇拜，她们往往是印度某些地区受到崇拜的自然神灵。

女神娑罗室伐底

娑罗室伐底通常被描绘为一个有四只手的美貌妇女

盛开的莲花是灵魂的象征

辩才天女

梵天的配偶娑罗室伐底是知识和艺术女神。她被认为能创造出丈夫想到的任何东西。据说她创造了用以撰写印度教经典的梵文。在学校和图书馆她受到广泛崇拜。娑罗室伐底也以辩才天女而著称。

幸运之神

作为最受爱戴的印度教诸神之一，吉祥天女被视为财富、美丽和幸运的女神。作为毗湿奴的配偶，她被毗湿奴显现的每一个不同化身守护。比如：当毗湿奴显现为罗摩时，吉祥天女就成为他忠实的妻子悉多。因为她是幸运和幸福的赐予者，所以吉祥天女的形象往往被人们雕刻在房门上，以便她将好运带给所有住在房子里的人。

女神向她的信徒赐予财富

吉祥天女通常被描绘为踞于莲花之上

吉祥天女被描绘为浮在水面上。相传在创造世界时，她从海中浮出

许多印度教徒家里都挂有这种类型的吉祥天女画像

外貌可怖的神

凶猛的迦利女神以魔鬼杀手而著称，通常带着武器出现，偶尔也带着死者的头颅出现。她是湿婆的配偶，经常被描绘成在火葬场起舞或手持一个被割下的头颅的形象。尽管如此，由于她与世界上的恶魔及所有坏势力斗争，因而她也有与其毁灭性相对的积极一面。

相爱的夫妻

帕尔瓦蒂是湿婆温柔的配偶。她名字的意思是“山的女儿”，据说她诞生于喜马拉雅山的岩石之中。她温柔而细心，是毁灭之神湿婆的最好搭档，受到广泛的崇拜。帕尔瓦蒂通常被描绘为坐在湿婆的身边。

迦利女神的雕像

女武士

难近母和迦利一样，往往是湿婆好战的配偶的化身。她因与魔鬼尤其是水牛头恶魔摩西娑苏罗作战而著名。摩西娑苏罗总是与诸神作战。难近母也有创造性的一面，尤其因种植植物特别是栽培香草的技艺而闻名。在收获季节，人们举行纪念她的节日，显示了她与土壤的肥沃之间的联系。

作为配偶的女神

在绘画和雕塑作品中，印度教女神和她们的丈夫往往被表现为像一对人类夫妻一样，亲密地坐在一起。但有时人们对神与女神之间的亲密加以另一种不同的、更加精神层面的解释方式。每个神不仅有男性的特征，还有被称为“萨克蒂”的女性特征，这种特征由女神表现出来。

黑天和他的配偶罗陀

圣典

印度教主要有两类圣典：第一类被称为天启文献（听说的事情），因为信徒们相信它们是一直存在的、由学者从神那里直接聆听到的教导。因为是神的教导，所以这些以吠陀文献而著称的圣典有着最高的权威。另一类圣典是传承文献（人们记忆的事情），由学者和诗人在很久以前撰写而成，内容包括仪式、法律、神学及两部史诗的文献，以及对毗湿奴、湿婆和伟大女神等诸神崇拜的论著。

诵读和书写

印度教经典最初由祭司口头传授，最终被人们用印度古梵文书写下来，后来又印刷出版。但是，即使到现在，印度教徒仍然非常强调聆听圣典，祭司们往往更愿意背诵圣典而非朗读印刷的圣典。

天界的统治者伐楼拿

阿耆尼的三个头上都顶着火焰

火神阿耆尼

战神因陀罗

因陀罗骑着白象爱罗婆多

吠陀时代的神

在距今3000年前汇编的吠陀诗歌中许多印度教最早的神受到赞颂。这些神以很多不同的形式出现。例如，火神阿耆尼可能呈现为闪电、太阳和灶火。战神因陀罗被认为是吠陀诸神中最有能力的，圣典中将他描述为天神之王和恶魔的摧毁者。

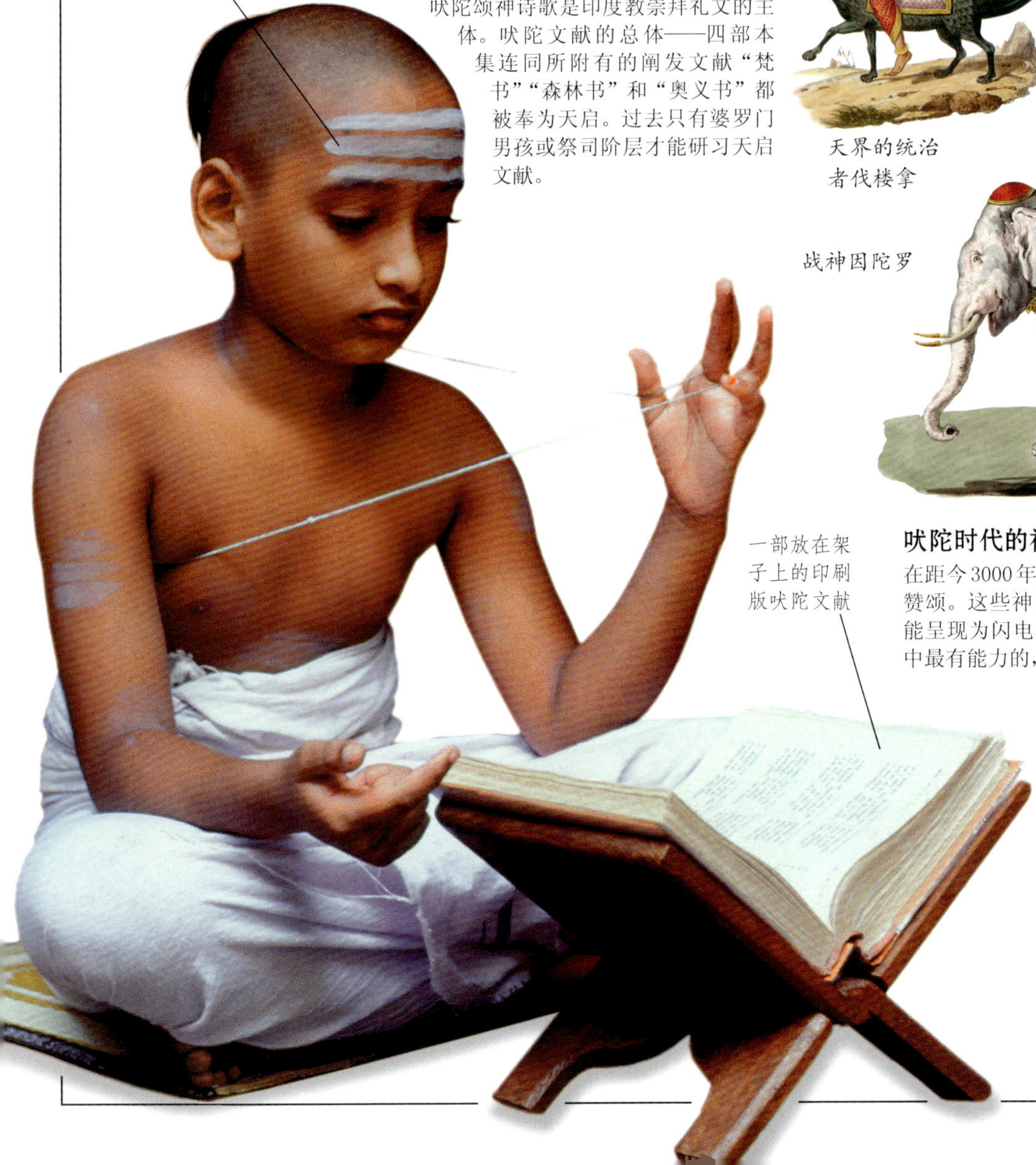

这个婆罗门男孩前额上涂抹的三条白线表示他是一个湿婆崇拜者

"吠陀"

用古梵文创作的颂神诗歌和宗教诗歌。吠陀颂神诗歌是印度教崇拜礼文的主体。吠陀文献的总体——四部本集连同所附有的阐发文献"梵书""森林书"和"奥义书"都被奉为天启。过去只有婆罗门男孩或祭司阶层才能研习天启文献。

一部放在架子上的印刷版吠陀文献

"将我由幻想引向真理，从黑暗引向光明，从死亡引向永恒。"

《大林间奥义书》1,3,28

卷轴上的插图描绘的是黑天的生平

复制在丝帛上的圣典和插图

用天城体字母书写的梵文经典

“往世书”

“往世书”是最重要的传承文献。这些文献包含了神的故事，讲述了世界的创造、毁灭和再生，以及人类的祖先摩奴的传说。“往世书”也包括从神学、宗教仪式到科学、星相学等一系列题材。最著名的往世书是《薄伽梵往世书》，讲述了黑天的一生。在梵文中，“薄伽梵往世书”的意思是“主的事迹”。

《薄伽梵往世书》的一部分（左）

一群教徒聚集在一起，朗读和讨论印度教经典

“奥义书”

神圣的经文传授是以导师的教导为基础的。学生紧挨着导师而坐，倾听他们的教导。在梵文中，“奥义书”一词的意思是“相近而坐”。“奥义书”阐述了一些重要的信条，包括这样一些信念：灵魂经历数次死亡与转世的轮回；在这个过程中，灵魂可能获得解脱。

巴厘岛的印度教徒在祈祷

正确的仪式

和这些在巴厘岛寺庙里祈祷的妇女一样，印度教徒在祈祷或举行宗教仪式时要遵守一定的规则。“梵书”是婆罗门或祭司用以传授这些教义的圣典。除包含祈祷方式和祭祀仪式的教义外，“梵书”还说明了各种祭祀动作的象征意义。

《罗摩衍那》

《罗摩衍那》和《摩诃婆罗多》是印度教历史上最伟大的两部史诗。《罗摩衍那》大约有24000颂。尽管传统上认为《罗摩衍那》是传说中的圣人蚁垤的著作，但实际上史诗是由几个不同时代的诗人用古梵文写成的。史诗充满了引人入胜的故事，蕴含了许多令人感兴趣的话题——爱与欺骗，战争与和平，善良与邪恶。《罗摩衍那》讲述了毗湿奴的化身之一罗摩一生的事迹。从他的青少年时代开始，到被流放，以及和恶魔罗波那进行的斗争，最终回到祖国并成为一个合法的国王和平地治理国家。尽管史诗大量的篇幅在描述斗争与战争，但是，其最终的意图是宣扬和平与宽容，善良战胜邪恶。

罗摩斜躺在一条五头蛇上

一位少女，可能是悉多

罗摩

罗摩是毗湿奴的第七个化身，印度东北部阿逾陀国国王十车王的长子。十车王有三个妻子四个儿子，罗摩是四兄弟中最年长的。十车王的妻子之一吉迦伊劝说国王让其儿子婆罗多取代长子罗摩成为王位继承人。罗摩娶了遮那竭国王的女儿，漂亮贤惠的悉多为妻。

哈奴曼的塑像

哈奴曼

神猴哈奴曼是最受欢迎的印度教神之一，他在《罗摩衍那》中扮演了重要角色。史诗赞美了他的机智、勇敢、魔力和对罗摩的忠诚。在一个故事中，罗摩的敌人用在油中浸泡过的布裹着哈奴曼长长的尾巴，并将布点燃了。哈奴曼则利用这一机会飞向敌人的城市楞伽，使城市燃烧。然后他飞到海面上，将尾巴伸入水中，将火熄灭。

十首魔王罗波那在王宫内观战

罗摩军队的士兵与猴子军队并肩作战

罗摩倾听僧侣们描述罗波那和他的恶魔们

1. 流放

婆罗多成为王位继承人后，罗摩被流放到森林中14年。他的妻子悉多和他忠实的弟弟罗什曼那陪伴着他。隐居在森林中的僧侣们告诉他们，他们曾经遇到的人都被十首魔王罗波那控制的恶魔们杀死了。罗摩和罗什曼那发誓要铲除恶魔，打败罗波那。他们不久就遭遇了罗波那的妹妹首哩薄那迦，双方发生了一场战争，在这场战争中，他们杀死了许多恶魔。

2. 悉多遭绑架

罗波那听说了悉多的美貌，决定绑架她。他诱使罗摩追逐一只漂亮的金鹿，进入森林深处，然后模仿罗摩的声音求助罗什曼那以引开他，使悉多独自一人。罗波那将悉多绑架到自己在楞伽的王国使之成为王后。当悉多不愿意遂其意愿时，罗波那就将她囚禁在王宫的御花园中，由100个恶魔看守。

罗波那伪装成圣人，绑架了悉多

猴王须羯哩婆

3. 猴王须羯哩婆

在寻找悉多的时候，罗摩和他的弟弟遇见了一群猴子。猴王是须羯哩婆。猴子哈奴曼告诉罗摩，他看见罗波那绑架了悉多。须羯哩婆告诉罗摩，他自己是怎样被他的兄弟剥夺王位的。如果罗摩帮助须羯哩婆夺回王位，他和他的军队将帮助罗摩夺回悉多。于是，罗摩和罗什曼那帮助须羯哩婆打败了他的兄弟。不久之后，哈奴曼就前往楞伽寻找悉多。

4. 楞伽之战

在猴子大军的帮助下，一条很长的堤道修筑而成，罗摩和他的盟友渡海到达楞伽。随后开始了一场大规模的战斗，很多猴子伤亡了。为了治愈他们，哈奴曼飞到凯拉萨山，并将整座山连同长在山上的草药都背了回来。猴子大军很快恢复过来，杀死了罗波那及其恶魔。

恶魔被描绘成长着野猪头

罗摩的追随者举行宴会，庆祝他加冕为王

5. 罗摩加冕

在打败了罗波那之后，罗摩和悉多回到了阿逾陀国，罗摩在那里加冕为王。在一段时间内，悉多遭到流放，因为罗摩怀疑她对自己不忠，但最终夫妻达成和解，罗摩和平地统治着国家。故事表明，在邪恶势力变得强大的时候，毗湿奴怎样化身到凡世，维护正当的秩序。印度教徒在每年的排灯节（见46页）庆祝罗摩凯旋。

《摩诃婆罗多》

和《罗摩衍那》一样，《摩诃婆罗多》也是一部备受人们喜爱的史诗。该史诗用梵文写成，经过几代人的补充得以完善。它包括了大量神话、民间故事和哲学思想。故事主线讲述了婆罗多族后裔俱卢族和般度族争夺王权的斗争，其中的一场大规模战争是故事的高潮，最终代表“善”的家族——般度族五兄弟赢得了胜利。故事还同时塑造了数百个恶魔、神和人的形象。史诗通过般度族首领坚战看到战争造成两大家族毁灭所流露的悲伤，强调了战争的恐怖。《摩诃婆罗多》同时强调以印度教信仰为核心的教导，其最受欢迎的部分《薄伽梵歌》（意为“主颂”）教导人们对至高无上的神的奉献和忠诚的重要性。

1. 般度族五兄弟

《摩诃婆罗多》主要讲述般度国王的5个儿子的事迹。长子坚战在他父亲去世后即位为王，但是，他的家族不得不面对他们的100个堂兄弟的竞争，他们也宣称有权继承王位。

因同情盲人丈夫，甘陀利用围巾蒙住眼睛

2. 持国百子

持国百子是盲国王持国和他的妻子甘陀利的儿子。他们都是专事挑拨离间的魔鬼的化身，也是护佑般度族五兄弟的神的敌人。他们不断地谩骂和攻击对手，设计诱使坚战离开自己的王国。

黑天

黑天是《摩诃婆罗多》中最重要的人物之一。在般度族五兄弟与他们的堂兄弟——持国百子决战前夕，黑天给双方一个选择：一方可以得到黑天大量的军队，另一方则可以拥有黑天本人。般度族五兄弟选择了黑天。

般度族五兄弟和坚战的妻子黑公主一起被流放

3. 掷骰子赌博

持国百子在掷骰子赌博中欺骗坚战，赢得了他的王国和财富。然后，他们长期流放了般度族五兄弟。但当般度族五兄弟最后可以回来时，持国百子仍然拒绝将王国还给他们。

般度族五兄弟之一阿周

阿周那在战斗中充当弓箭手

4. 血战

般度族五兄弟在与他们的堂兄弟持国百子进行了18天的激烈战斗之后赢回了他们的王国。但是，对般度族五兄弟来说，这是一场令人伤心的胜利，因为他们家族的许多成员都在战斗中惨遭杀害了。

5. 前往弥楼山的最后旅程

史诗结尾时，许多人物都已经年迈。在大战数年后，般度族五兄弟决定远离尘世，去众神的家园——弥楼山。这是一个漫长而艰难的旅程，一些人在途中死去。

般度族五兄弟之一阿周那

黑天充当阿周那的御者

《薄伽梵歌》中的一个场景

《薄伽梵歌》

《薄伽梵歌》包含有般度族五兄弟之一阿周那在大战前与黑天进行的谈话。其中，黑天启示，人们怎样通过工作、奉献和责任而实现解放或解脱——摆脱生死轮回。只有在实现解脱后，印度教徒才能与梵合一。

“对于那些怀着爱心，一贯忠诚并崇拜我的人，我便给他真正的智慧，让他走近我。”

《薄伽梵歌》10：10中的黑天

寺庙与崇拜

印度教徒修建精美的寺庙，在寺庙中对神进行礼拜。礼拜也叫普阇，也可以在家里的小神龛前进行。寺庙和神龛的中心位置摆放着印度教诸神的塑像。印度教徒认为这是神的居所。普阇仪式的关键部分是注视神像“见”神的显现。此外，普阇仪式还包括向神奉献食品、钱财或香火，诵唱圣歌和背诵祈祷文。

可移动的神龛

为了日常的礼拜，许多印度教徒都在家里设立了小神龛，敬奉他们自己喜欢的神。这是一个供奉毗湿奴的神龛。供品可以放在神龛前，独自一人或所有家庭成员都可以在此祈祷。

净化

在印度教中，仪式前的洁净非常重要。教徒往往在礼拜仪式之前沐浴，礼拜者还要往神像的脸和脚上洒水，象征为神像清洁。教徒还要燃香以净化空气。

祈祷盘

祈祷盘中的物品都是祭司为寺庙礼拜祈祷时准备的。他通常用红色的染料或颜料，并加入一些米粉，在礼拜者前额做一个红色标记。牛奶和水的混合液体被用来清洁神像。

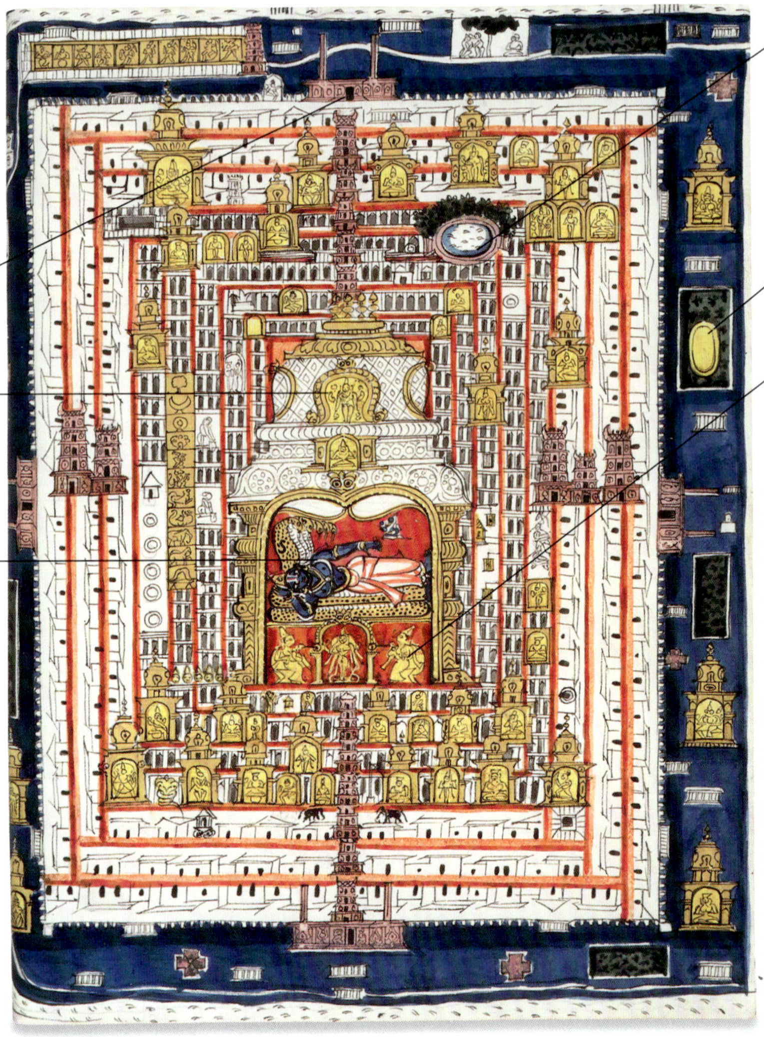

毗湿奴寺庙

印度教寺庙规模宏大而复杂，这幅平面图显示了19世纪早期印度南部一座毗湿奴寺庙的布局。拜神者在到达主神龛之前，要经过许多神龛，这些神龛都可以膜拜。在主塔下面安放着毗湿奴的神像。

一位祭司在湖边准备供品

婆罗门祭司

婆罗门（祭司阶层）的成员一般主持印度教寺庙的礼拜仪式。他的职责就是充当礼拜者与神之间的联系人。他唱圣歌开始礼拜，呼唤神的到来，然后代表礼拜者奉献祭品。

文艺女神娑罗室伐底

象头神

寺庙雕刻

印度教寺庙外部通常装饰着各种神灵的塑像。这些色彩鲜艳的寺庙雕刻装饰着印度亨比村附近的斯利•穆卢干寺庙。寺庙内景通常装饰朴素，这样可以使礼拜者专注于主神像。

山形寺庙

印度教的寺庙通常装饰着尖塔，它们在周围较为低矮的建筑中显得格外醒目。这些尖塔提醒信徒敬奉弥楼山——传说中神居住的地方。它们的另一个象征意义是连接天上和人间的可见通道。最大的塔一般建在寺庙主神殿的屋顶上，而寺庙的其他地方可能会有较小一些的塔。

装饰着华美雕刻的庙檐

印度尼西亚巴厘岛的印度教寺庙

节日与年历

节日在印度教信仰中是极其重要的，节日被看作庆祝神所创造的生命本身。许多节日是地方性的，印度的乡村和城市有很多不同的节日。大多数节日都会有丰富多彩的庆典活动，当音乐从寺庙中传出、游行队列充满街道时，欢乐的场面使节日气氛达到高潮。印度教年历是阴历，节日往往设在月亮的某个特定运行阶段，或夏至、冬至，或日食、月食这类天象偶合的时候。不同节日的庆祝方式各不相同，有炎热旱季纵情狂欢的户外庆祝，也有雨季里举行的较为清静的室内宗教仪式。在这个时候，危险的动物如蛇和蝎子从它们的藏身之地出来，人们庆祝节日以祈求神警惕他们所要面对的危险并保佑他们。

收获的节日

1月中旬，当太阳运行到摩羯座的时候，人们庆祝冬至节的到来。在印度许多地区，人们认为1月中旬是一年中幸运的时刻，也作为丰收节，欢庆大地的丰收。而在旁遮普邦，1月是一年中最冷的月份，人们点起篝火，欢庆这个被称为“奶粥节”的节日。在这个节日里，放风筝是孩子们传统的活动，一些人参加放风筝比赛。

放五颜六色的风筝是欢庆冬至节活动的一部分

用于庆祝霍利节的色彩鲜艳的粉末和香料

印度瓦拉纳西的孩子们庆祝霍利节

洒向路人的彩色的水

颜色与活动

霍利节在每年3月或4月举行，用来迎接春天的到来，庆祝印度教新年，同时纪念黑天打败冬天的恶魔霍利卡。在霍利节期间，可以打破许多日常的禁忌，素食者甚至可以吃肉。人们点燃篝火，互相抛撒彩色粉末或喷洒彩色的水，据说这是年轻的黑天习惯开的玩笑之一。由于有那么多有趣的活动和游戏，霍利节尤其被孩子们所喜爱。

卐字符号在古印度是太阳和好运的象征

一个手镯

手链总是戴在右手腕上

保护的标志

每年7月或8月举行的系绳保护节（佩镯节）用来提醒印度男人保护家里女人的责任。年轻女人将线或金属丝做成的手链系在她们的兄弟或其他男人的手腕上，男人们则以礼物和保护她们的承诺作为回报。被称为拉克夏的手镯上往往带有印度妇女崇敬的象头神的女儿——满意女神的像。

一些节日甜点用纯银叶片装饰

盛着印度传统甜点的托盘

节日食品

在印度，人们以丰盛的宴会来庆祝许多节日。宴会中闻名的是一种名为米提司的甜点。一些甜点是用特别的成分做成的，例如，在冬至节宴会上享用的提古尔，就是一种用芝麻籽做成的甜点。

百万人的聚会

无遮大会是印度最盛大的宗教集会，每12年内举行4次，地点分别为赫尔德瓦尔、乌贾因、纳西克、安拉阿巴德。在此期间，成千上万的信众在这些河中沐浴。无遮大会名称来源于“kumbha”一词，意思是“罐子”。据说从前人们当此盛会期间，就把装入罐中的谷物浸入河中，然后再把这种“圣谷”作为种子同一般种子一起播在田里以保证丰收。现在，无遮大会的节日气氛愈加浓郁，货摊、杂耍和其他娱乐活动营造了一种生机勃勃的节日景象。

献给恒河的祭品

在无遮大会期间，恒河扮演了主要角色。印度教徒相信，恒河不仅可以洗净人的身体，而且可以净化人的心灵。他们认为，集会期间在恒河水中沐浴可以冲刷掉生生世世所有的罪孽。人们还将水果、钱、蜡烛或花作为供品献给给予人们生命的恒河水。

恒河岸边的蜡烛灯

敬奉诸神

除了依据印度历而确定的节日外，还有许多重要的节日是为敬奉某个神而设立的。这些节日通常用来庆祝某神诞生或结婚，或者某神一生中的重要事件。例如，一些节日是为了纪念《罗摩衍那》中讲述的罗摩的成就而设立的。节日的庆祝活动可以是地方性小规模地在某神专门的寺庙里进行；也有全世界印度教社团共同举行的重大活动，比如敬奉湿婆这样伟大的神。此外，许多印度教家庭每周都举行庆祝活动，用较长时间的仪式和特殊的食品，敬奉他们个人崇拜的神。例如，崇拜湿婆者在星期一举行庆祝活动，信奉象头神者在星期三举行庆祝活动。

排灯节

排灯节是每年10月或11月举行的为期五天的节日。主要为了庆祝罗摩流放期满回国，人们按照《罗摩衍那》中讲述的那样，用油灯、蜡烛和彩色电灯装饰他们的房子、寺庙和街道。

赞颂帕尔瓦蒂

干高尔节主要是赞颂帕尔瓦蒂女神。这一天，人们清洗帕尔瓦蒂女神像，并为她穿上为这一节日特制的盛装。图中这些妇女正在给帕尔瓦蒂塑像穿上盛装。

湿婆的第三只眼睛象征着太阳、月亮和智慧的火焰

湿婆通常手持三叉戟

印度的湿婆塑像

象头神诞辰

象头神的崇拜者在8月或9月的象头神节庆祝象头神诞生。信徒们在家里摆放一些小的象头神泥塑像，大的象头神神像被人们抬着在街道上游行。在节日庆祝活动结束时，这些雕像被带到河边或湖边，抛进水里，以示它们带走了来年的灾祸。

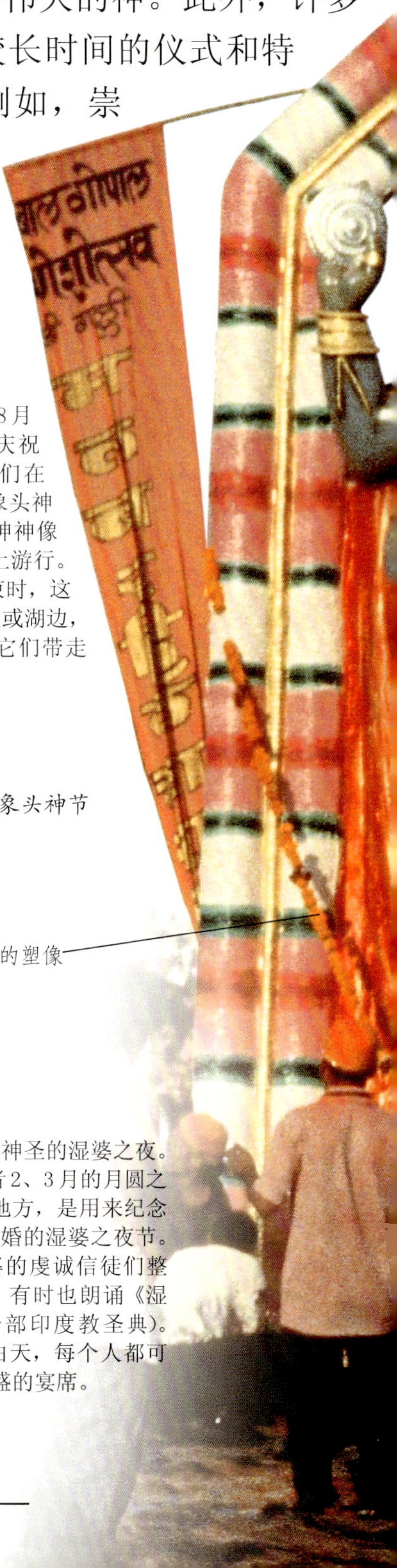

印度孟买的象头神节

用花环装扮的塑像

湿婆之夜

每轮新的月圆前夜是神圣的湿婆之夜。不过在1、2月，或者2、3月的月圆之夜，在印度之外的地方，是用来纪念湿婆与帕尔瓦蒂结婚的湿婆之夜节。节日的夜晚，湿婆的虔诚信徒们整夜唱歌赞颂湿婆，有时也朗诵《湿婆往世书》(一部印度教圣典)。接下来的白天，每个人都可以享用丰盛的宴席。

难近母节

难近母节也叫九夜节，在每年9月或10月举行，以赞颂难近母女神。节日的主要内容是庆祝难近母女神战胜水牛头恶魔摩西娑苏罗。人们装饰女神的塑像并围绕着供奉女神的神龛跳舞。节日的第九天，信徒们将特制的难近母像沉入水中，此时举行隆重的庆祝活动，所有人都表示对女神的敬意。

十胜节

十胜节紧随难近母节之后举行，用来庆祝罗摩战胜恶魔罗波那。庆祝活动中，《罗摩衍那》中的一些情节被再现，罗波那的像被烧毁；丈夫和妻子一起对神敬拜，如罗摩和悉多那样。

舞蹈者装扮成《罗摩衍那》里的角色

在印度卡纳塔克举行的十胜节庆祝活动

以国王头饰装饰的象头神

印度教徒婚礼

在印度教信仰中，结婚被视为一种心灵成长的方式。两人之间创建的这个纽带使他们把注意力集中于心灵的愉悦和创造家庭的和睦上。结婚典礼是漫长而复杂的，仪式也因国家和地区的不同而不同。但是，大多数婚礼都有一些相同之处：仪式都是新娘和新郎在祭司的引导下，在天篷下面举行的；主要内容包括向神祈祷、立忠贞誓约和一些围绕着火进行的仪式。

1. 交换花环

在举行一系列祷告之后，新娘和新郎以交换花环的方式迎接对方。他们也可能彼此交换礼物，如大米、椰子和种子，象征带来好运。

曼海蒂仪式

在举行婚礼前，新娘的女性亲属
散沫花植物颜料在她的手和脚上
上图案的第一笔，然后由手绘师
着画出精美复杂的图案。这种手
艺术称为曼海蒂。曼海蒂图案不同
含义也不同，但总体都是祝福
意思。

一根细绳将两人连在一起

在这个仪式中，夫妻双方的衣服也被连在一起

2. 细绳

在仪式的这个阶段，新娘和新郎被双方肩膀上系的一根白色细绳连在一起。这根细绳表示婚礼已将这对新人永久地结合在一起。在有些婚礼上，细绳也可以系在两人的手腕上，表示双方已连在一起。

放在槟榔叶上的红色粉末叫红丹粉

3. 红丹粉仪式

在许多婚礼仪式上，尤其在印度北部和东部，新郎将红色染料红丹粉涂抹在新娘的头发中央。在印度教文化中，这种红色通常是已婚的标志。

新郎领着新娘绕着火走

圣火被认为是净
化的动因和精力
的源泉

作为生育象征的椰子，上面画有神圣的印度教的太阳标志

4. 七圈

绕走圣火的仪式是婚礼的重要部分。圣火被视为凡世与神界之间的纽带。这对新人牵着手，绕着圣火共走七圈，每一次都在祈祷神的恩赐——食物、力量、财富、幸福、孩子、牛和忠诚。

花环告诉人们，新郎和新娘在他们的婚礼上得到像神一样的对待

新郎的长袖衬衫被称为库塔

在天篷下的圣地上不能穿鞋

整个仪式中，一直燃烧着香

鲜花象征着美丽

新郎送给新娘的带有黑色珠子的项链，表示新娘现在是已婚妇女了

新娘的衣服部分是红色的，有时新娘也穿红色长袍

庆祝活动

一旦举行了七圈仪式，就表示这对新人永久地结合了。然后他们立下誓言，承诺忠实于对方并互相关心。在结束了好运与平安祈祷后，家人和朋友向新人抛撒鲜花和大米，预祝他们幸福长寿，随后庆祝活动开始。

障碍消除者

在结婚仪式上，象头神被视为最重要的神，他的像总是被放在天篷的西北角。人们相信他能带来好运，因此称他为“障碍消除者”。

印度教在世界各地

12世纪，印度教由商人从印度带到东南亚等地区，印度教开始传播。后来，印度的印度教徒利用印度与英国长期的关系，移居到与英国有密切联系的地方，如加勒比海地区。此外，许多印度教徒因为内乱而移居国外，比如，斯里兰卡的冲突迫使大量印度教徒离开这个国家，许多印度教徒移居到加拿大。在非洲也有信仰印度教的团体。这种因内乱引起的移民使得西方国家对印度教有了更多的了解。

瑜伽的传播

许多印度教徒修练瑜伽。瑜伽是一种集
精神，将心理潜能和身体结合在一起的
动。瑜伽流行于全世界，许多将瑜伽作
锻炼身体方法的人也对它的精神理念感
趣了。

用金线装饰的织锦缎服装

表演《罗摩衍那》的巴厘岛舞者

传播印度教

印度哲学家和僧侣辨喜（1863～1902）对印度教在世界的传播起到重要的作用。1893年，他参加了芝加哥世界宗教大会。在会上，他情绪激动地宣讲了印度教与所有宗教所共有的真理。正是由于他的努力，世界上许多人信奉了印度教。

巴厘岛的印度教

在西南非洲的部分地区和印度尼西亚的巴厘岛等地，由于印度移民而有大量的印度教社团。在巴厘岛，传统的宗教已经和印度教融合在一起，人们既敬奉当地的神，也敬奉印度教的神。

柬埔寨吴哥窟的寺庙群

吴哥窟

12世纪，高棉王国的统治者苏利耶跋摩二世修建了柬埔寨这个规模宏大的寺庙。吴哥窟由一条护城河围绕着，经一条石道可达中心建筑群。寺庙的墙上雕满了毗湿奴神像。吴哥窟内也有很多苏利耶跋摩诸王的塑像，因为高棉人相信他们的国王是神。

]度教在英国

)95年，一座传统的印度教寺庙在英国伦敦开放。上图的斯]·斯瓦米·那罗阇那寺是一个建筑杰作，它的许多雕刻都:自印度。英国是除印度以外拥有最多印度教徒的国家。20纪五六十年代，许多人从印度、非洲及加勒比海地区这些大量印度教徒的国家和地区移居英国。此后，他们的家庭员不断增长，现在英国的大多数印度教徒都生于英国。伦敦的印度教徒最多，他们初就是在那里定居，寻找工作。

国际黑天觉悟会的成员以吟诵黑天名号的做法而闻名

国际黑天觉悟会

国际黑天觉悟会以“黑天运动”被西方人了解。20世纪中期，印度教在英国和美国流行起来。它教导人们要献身于黑天，提倡纯洁高雅，倡导素食主义和拒绝毒品。

斯瓦米·纳拉扬
（1781～1830）

印度教布道团分支的领袖，一个敏锐的社会改革家。他鼓励兴办医院和关爱穷人。他和他的继任者赢得了大量追随者，尤其是在英国和非洲的古吉拉特人中。

英国的查尔斯王子和时任布道团领袖斯瓦米·马哈拉杰在一起

主神龛顶上盖的圆锥形的宝塔

环绕寺庙群的圆柱回廊

佛教

佛教简介

佛教诞生地

很多人认为佛陀在印度北部靠近贝拿勒斯（今称瓦拉纳西）的鹿野苑第一次说法的时候（见64页），佛教就正式诞生了。佛陀出生在迦毗罗卫国（见56页），在菩提伽耶顿悟，涅槃于拘尸那迦（见59页）。这些地方都是佛教故事的中心。

佛教产生于公元前5世纪的印度北部（今尼泊尔境内）。它的影响遍及亚洲，现在世界各地都有佛教的信奉者。佛教并不是基于对一个神或多神的信仰，相反佛教是建立在它的领袖——佛陀，亦即“觉悟的人”的教导之上。佛陀教导他的信奉者如何克服痛苦与悲伤，以及如何生活。通过追随佛陀的榜样，佛教徒们一步步向觉悟或称为明觉的境界靠近，而这种境界正是佛陀所实践的。

瑜伽修行者各种不同的沉思方式

思维训练

早期的佛教徒从古代印度传统的冥想方式，例如瑜伽中，借鉴了很多沉思的技巧。沉思是一种强化思维、平静内心和净化心灵的方法。佛教徒希望能够更深一步地了解生命的本质。

在印度教中，佛陀被视为毗湿奴的典型化身

因陀罗对佛陀表达敬意

佛陀坐在用莲花图案装饰的宝座上

反映佛陀与梵天、因陀罗在一起的石刻残片

印度孟买的耆那教圣殿的大雄

跟随领袖

佛陀在世的时候，另一位伟大的宗教领袖大雄已经吸引了众多的追随者。他是耆那教的领袖，耆那教徒认为他们的信仰早就存在了，只是在他们所处的时代被重新发现了而已。佛陀和大雄两位宗教领袖的受欢迎程度表明，当时的印度处于一个多种宗教并行不悖的时期。

来自神的劝告

佛陀在世时的印度，很多人都是印度教徒，而佛陀也经常被与印度教中的神相提并论。作为创始者的梵天和作为神王和战神的因陀罗，是当时印度教中两位最重要的神。据说在佛陀顿悟的时候，这两位大神曾经劝说佛陀把自己的顿悟所得教给世人，而佛陀知道这是很难做到的。

对佛陀形象的描绘

对佛陀形象的描绘随着地域和时间的不同而有很大的差异。但是所有描绘都成功表达了他们对佛陀所持有的敬意。佛陀的造像往往是金色的而且很高大，这表明佛陀的地位很重要且值得尊敬。

佛陀穿着带边饰的袈裟

这尊现代佛像由石膏镀金制成

的右手覆膝，指头，意为大证，称为印

佛陀的左手放在右脚上做禅定状

佛陀的双脚交叉呈莲花坐，这种姿势在打坐沉思时经常会用到

传说佛陀长着蹼状脚趾、圆润的膝盖和突出的脚踝，而这些正是伟人的32种标志之中的内容。（见62~63页）

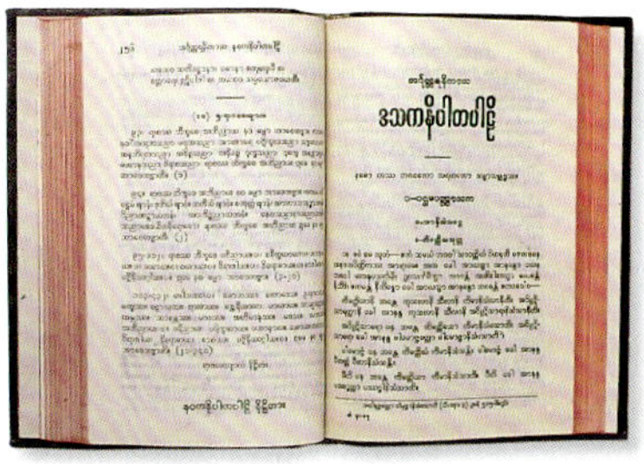

这是一本现代版的巴利文佛经

佛教的语言

早期佛教经典使用的是巴利语与印度语言。在佛陀时代，古代印度的语言是梵语，但佛陀鼓励他的追随者们使用当地的语言及方言书写经文。佛教使用的文字主要有两种形式，巴利文主要在上座部佛教及其经典中使用（见68~69页），而梵文、藏文和汉文主要在大乘佛教中使用（见72~73页）。

泰国的沙弥在练习打坐

佛教的流传

今天，佛教徒遍布世界各地。这些佛教徒来自不同的地区并且拥有不同的文化背景。佛陀是一个伟大的导师，他花费了一生中的大部分时间带领着一批追随者到处旅行说法，其追随者越来越多，进而建立了第一个佛教僧团，继续致力于弘传教法。

> “我能够完全理解应该理解的东西，而别人却做不到这一点，这就是我能成为佛的原因。”
>
> 《佛所行赞》与托钵修行者的会面

缅甸的佛陀幼年雕像

幼年佛陀

很多关于佛陀幼年的造像都表现了他一手指天一手指地的形象。据说佛陀出生之时，他向东西南北各走了七步，然后宣称，天上地下，唯我独尊。

佛陀的生活

佛陀，又称释迦牟尼。他本名为悉达多，姓乔答摩。他出生于公元前5世纪的迦毗罗卫国（今尼泊尔南毗邻印度的地方）。其父净饭王，属刹帝利种姓。作为王子，他的生活虽然非常优裕，但几次出游后，他目睹了人生的悲惨现实，因而离开王宫，寻找人类存在的真谛和觉悟的境界。最终他成为最古老的世界性宗教之一的佛教的缔造者。

伟大的标志

根据记载，佛陀出生时的种种现象，预言了他将成为一个与众不同的人。在其母回娘家的路上，佛陀出生在鹿野苑附近小树林里的一片灌木丛中，而且是从他母亲的身体侧面降生的。传说，佛陀出生时全身洁净无瑕，并且一生下来就能正常行走。

“出生之时佛陀浑身光亮，神态坚定，他的出生就像年轻的太阳落到了地球上。”

《佛所行赞》菩萨的诞生

18世纪，在中国西藏绘画作品中描绘佛陀出生后迈出第一步的情景

被庇护的生活

悉达多出生后不久，就有一位智者阿西塔来到了他父王的宫殿。阿西塔预言悉达多要么会成为一个伟大的国王，要么会成为一位伟大的宗教领袖。悉达多的父亲想要他子承父业，因此将悉达多保护了起来，让他在王宫中生活。

艺术家们用中国建筑的外观描绘这些宫殿

18世纪，在中国西藏绘画作品中描绘了悉达多父亲的宫殿

准备继位

年轻的悉达多王子过着奢华的生活。这幅绘于10世纪的中国画表现了他与一名仆人一起骑马的情景。由于悉达多的父亲不想让他选择宗教，便尽其所能地满足他的所有愿望。悉达多娶了一位年轻美丽的妻子叫耶输陀罗，这一切都表明不久的将来他就会继承王位，统治人民。而这正是他的父亲所希望的。

悉达多第一次见证死亡

18世纪，这幅中国西藏的绘画作品中描绘了悉达多看见送葬队伍的情景

亲属在哀悼死者

感觉到痛苦

当悉达多想要走出王宫的时候，他的父亲就命令必须将能看到的所有痛苦的迹象隐藏起来。但是有一天悉达多看到了一位弯腰驼背拄着拐棍的老人，第二天他又看到了病人，第三天又看到了一场葬礼。在接下来的一天，悉达多遇到了一位安详而喜悦的弃世修行者。

悉达多的忠实仆人与他永别了

神托着悉达多坐骑的马蹄，这样悉达多就可以悄无声息地离开王宫

悉达多骑着他的马离开了王宫

印度南部阿马拉瓦蒂大塔上的浮雕局部

王子悉达多放弃了自己的马

放弃一切

悉达多决定放弃舒适的王宫生活，放弃他的宝马和马车，离开爱妻和刚刚出生的儿子——罗睺罗。他认为出走是发现人类痛苦真相的唯一途径，同时也是达到他所见到的智者心无挂碍境界的唯一途径。

伟大的前行

悉达多通过“踏入”真实的世界达到觉悟的境界。如果他成功了，他不但能脱离轮回之苦（见64~65页），还能获得一种对生命和宇宙的全新理解。悉达多追求的境界并不能轻易而迅速地达到，在成功之前，他不得不尝试各种不同的路径。

18世纪中国西藏的绘画作品中描绘的佛陀故事

世俗与浮华

悉达多通过告别过去世俗世界的一切来为他的精神追求做准备。他把自己的长发全部剃光，因为在当时的印度，长发被认为是浮华的象征。

17世纪日本塑造的一尊羸弱的悉达多的雕像

悉达多的追寻

在受业于几个修行者之后，悉达多决定独自追寻。他变成了一个苦行者——放弃了所有舒适的生活条件——睡在户外，只吃很少的食物。而苦修并没有使他获得他想要的真理。

兽面魔鬼围绕着摩罗

摩罗手持重头棒准备袭击悉达多

由魔鬼组成的摩罗军队的石质浮雕

摩罗的军队

摩罗是死亡与欲望的象征。在他美丽而狡诈的女儿们和他那由魔鬼组成的军队的帮助下，他经常攻击悉达多。悉达多请求大地女神来主持正义（见63页），于是摩罗和他的军队由于惧怕而逃跑了。

中国画中描绘的菩提树下的佛陀

觉悟者

悉达多在印度东北部菩提伽耶的一棵树下打坐（这棵树就是菩提树），经过七天七夜的沉思之后，他终于顿悟了。他从对痛苦的恐惧和生死轮回中解脱了出来。终于，悉达多成为觉悟真理的佛陀，即成道者。

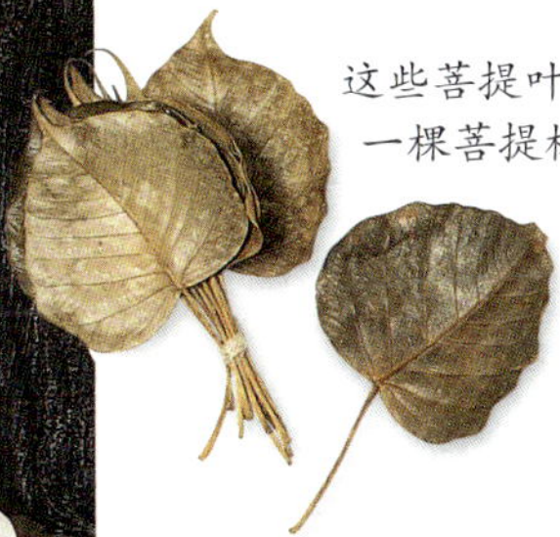

这些菩提叶来自第一棵菩提树的后代

木雕刻画的是佛陀和他的两个追随者

早期追随者

佛陀在顿悟之后独自冥想了几周。之后，他开始教导其他人。很快地，舍利弗和目犍连等追随者就开始学习佛陀是怎样顿悟的了。佛陀的成功既不是通过极度的奢华，也不是通过苦行的方式，而是通过遵循中道（见66～67页）而实现的。

> “肉体从此不再成为负担，眼睛永远不会闭上，直视自己的内心，他想：‘我终于找到了自由。’”
>
> 《佛所行赞》顿悟

涅槃

在顿悟成佛大约45年之后，佛陀走向了涅槃，亦即最终的入灭。有文献记录他吃了一些有毒的食物。在知道这些食物有毒之后，佛陀告诫其他人不要再吃这些东西。随后，他侧身而卧沉思至入灭。

佛陀告诉他的追随者们保持镇静，因为他正走向死亡的终点

在表现他涅槃的作品中，佛陀总是头枕右臂而卧

野兽与魔鬼也为佛陀的逝世而哀悼

成佛而活

菩萨鸟

西藏故事“鸟中的佛法”在形式上与《本生经》非常类似。观音菩萨（见75页）将自身变为一只杜鹃。经过一年的彻悟，他告诉其他的鸟类不应该满足于生死的轮回，而应该追寻佛陀的教义。

有数百则帮助人们理解佛陀教义的故事（见64~65页）。很多故事传说关注着佛陀轮回成为乔达摩·悉达多之前的生活。这些故事被称为本生故事，并且成为了巴利文经典的一部分。这些故事表明佛陀以多种形式获得重生（见64~65页）。多数情况下，他做出高尚的行为或自我牺牲的行为，表明了他独特的品格，保证了他的每一次重生都是成佛的一个阶梯。

中国古代猴形

修桥

“猴王”是一个关于贝拿勒斯国王猎猴的传说。他看到猴王在河面上伸展身体搭成桥以使种群中的其他猴子得以逃脱他的猎杀，猴王自身却由于背部受伤而无法逃脱。这位国王被猴王的自我牺牲精神所震撼，于是亲自给猴王的伤口抹上药。

18世纪缅甸的象形棋子

感人的传说

“白象”是一头为国王工作的大象的故事。一天，国王发现大象很悲伤，于是就问它出了什么事。大象告诉国王，它想回到森林中照顾自己年迈的、瞎眼的母亲。国王被感动了，于是允许其重返森林。

蛇经常被描绘为长有几个头

石质那伽蛇头像

蛇的灵魂

“蛇王”讲的是一条经常离开自己的水中王国的蛇的故事。一天，蛇王被人类的国王抓到了，蛇王给国王展示了自己华美的水下王国。国王问道：“你为什么离开自己的王国呢？”蛇王回答说：“因为我想轮回成人，并且要净化我的灵魂。”

伟大的牺牲

“饥饿的母虎”是一个佛陀成佛之前的故事。佛陀和他的一个追随者有一次遇到一只因为饥饿打算吃掉自己幼崽的母虎。未成佛的佛陀遣开他的追随者而将自己的肉体献给母虎，这只母虎和它的幼崽饱餐了佛陀的肉体。

描绘曼陀多王本生的砂岩浮雕

致命的欲望

“曼陀多王本生谭”讲述的是居住在天堂的帝王曼陀多王，感到厌烦并且渴望人间的欢愉。于是，他来到了人间，结果很快就变老死亡了。这表明所有的欲望都会带来痛苦。

教材

正如这些出自印度安德拉邦的浮雕作品一样，《本生经》故事多出现在佛塔上（见92~93页）。这些故事宣扬的是一些自我牺牲精神和美德，因此它们经常被用来教育人们如何生活。在很多人还不具备读写能力的时候，僧侣们就用这些石刻的内容作为教材。

无私的雄鹿

“国王与鹿”的故事发生在国王打猎的时候。当国王要打死一只正哺育小鹿的母鹿时，一只公鹿一步步地向国王走来，并且要求替代母鹿。这位国王被公鹿的勇气所感动，发誓不再杀害任何一只动物。

18世纪泰国的木雕鹿

特征、姿势与姿态

缅甸早期佛陀塑像的复制品

在佛陀降临人间很久之前，印度的智者就曾预言有一位伟人身上将兼具32种标记或特征。不论是头部的凸起还是脚底的轮形印记（见91页），佛陀身上都具备了这些特征。佛陀的各种姿势和手势，以及32种特征中的每一种，都包含着特殊的意义。它们代表了佛陀性格的方方面面，以及他生活中的事件和行为。

日本镰仓时

佛像的复制

手指与拇指

在表示佛陀禅定姿势

佛像中，佛陀的掌

向上并且双手拇指

触。构成一种平三

形，是佛教三宝的

征（见67页）。

缅甸有目支邻陀的佛陀造像

遮挡暴风雨

这座造像表现了佛陀生命中的一个故事。一次佛陀正在暴风雨中打坐，一条叫目支邻陀的眼镜蛇将自己的身体围绕佛陀盘了起来，并以七个头为佛陀遮风挡雨。

佛陀头部代表智慧的肉髻类似于皇族和神的包头巾

佛陀两眼之间的慧眼有时会被称为天突或天眼

佛陀的面部特征

正如这里所展示的那样，佛陀经常半闭着双眼，以一种平静而内敛的姿态示人，看起来他一直都在沉思。这尊雕像还具有32种特征中的一些特征，佛陀在双眉之间有慧眼，顶上有凸起的肉髻。一般来说，佛陀塑像都有长长的耳垂，这代表他的智慧和灵性。

火焰状的发髻代表了最高的智慧

国青铜佛像，佛右手指向地面

呈禅定姿态的泰国木质佛像

中国木质描金佛陀侧卧像

涅槃的姿态

传说佛陀是以侧卧的方式入灭的。卧佛经常身着僧服（见96~97页），头枕右臂，左手置于臀部，整体姿态非常安详。

结跏趺坐

这显示了佛陀在禅定时经常使用的双腿交叉在莲花座上的形态。几百年来瑜伽中的沉思方式一直采用这种姿势。

没有武器

在立佛的形象中，一般佛陀的右手会举至齐肩高度。这表示佛陀的无畏以及对友情的护佑，同时也明确表明，他没有手持武器。

佛陀以无畏而友善的姿势站立

呼唤大地女神

这里展示的触地姿势代表的是佛陀一生与摩罗斗争时触他的时刻。他以这种姿势可以呼唤大地女神。佛陀请求大地女神见证自己过去的善行，以及自己与摩罗斗争时的坚定性。

使大象沉静

有时候佛陀会用举起双手的姿势表达自己的力量与无畏。据说，有一次佛陀被一头愤怒的大象攻击，这时，佛陀用这种简单的姿势向大象传递了自己伟大的力量并且使这只大象沉静了下来。

“他的脚底有轮形印记……他的手指和脚趾有网状交合……他的眉骨之间有柔软的环形……”

《佛所行赞》阿斯塔的拜访

中国西藏布达拉宫金顶装饰

佛陀的教诲

佛陀的学说关注生存的真相，亦教导他的追随者应该如何生活。他告诉人们，生命只是一种生与死的不断轮回。佛陀将这些问题归纳为大多数人都要体悟四圣谛（见66~67页）。于是他提供一种通过八圣道来解脱痛苦的方法和途径。这种方法可以使人摆脱轮回之苦而达到真如境界。

生死轮回图中六道重生的界域

初转法轮

成佛之后，佛陀来到北印度贝拿勒斯附近鹿野苑的一个鹿园中，他向世人阐释了他在菩提树下的彻悟，并且告诉人们如何才可以达到涅槃的清凉境界。

法轮

佛陀在鹿野苑的首次说法被称为初转法轮，而佛陀的教诲也被作为佛法而广泛引用。佛法也被认为是原则、真理及法律。佛法归纳了佛陀关于人类痛苦的阐述以及解决痛苦的根本方法。

佛陀的这种手印代表说法的意思

重生

从六道中不断地重生叫作轮回。佛教徒相信，如果一个人死了，他或者她将会重生，一个新的存在将被创造。重生可以是动物也可能是神。佛教徒不相信一贯的灵魂或自体，因此任何一个重生的存在都与他的前生截然不同。

生死轮回

藏传佛教徒用生死轮回（也称六道轮回、生命之轮）图展示生死轮回的过程。轮回图的主体显示，只有经过了六道的人才可以重生。这六道包括天道、人道、畜生道、阿修罗道（好战的魔鬼）、恶鬼道以及地狱道。轮回图的最外圈有12幅图画表明佛法在人生中发挥的作用（见88页）。

西藏挂毯中的

打破

中国人刻画的地藏菩萨，被称为六道轮回之主。佛陀旨在通过顿悟或涅槃打破轮回，获得清净无碍的境地，但是很少有人能达到这一境界。这就意味着每一个生命在重生之时都要向上一界发展，这就可以一步步靠近涅槃。

善行

宿命意味着行为和活动。对于佛教徒来说宿命是很重要的，因为它是因果律的一部分。这意味着人类的活动——思想、言辞和行为——影响着他的来生。与恶行相比，善行可以带来更有价值的重生。

生死轮回图中的制陶匠

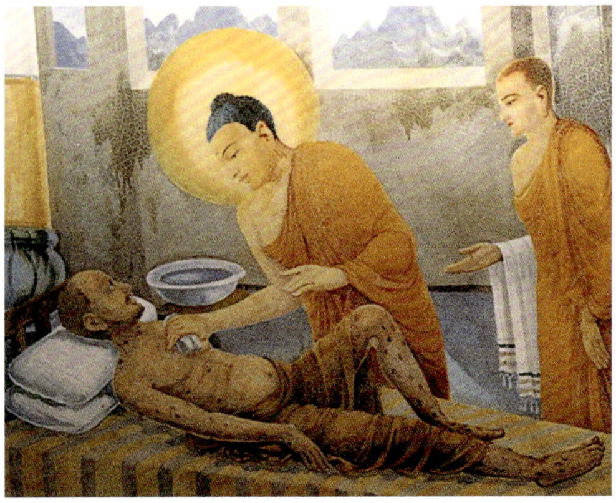

受病痛之苦

这幅画描绘的是佛陀正在帮助一名患病的僧人。作为佛陀教义中心的四圣谛是与人类痛苦息息相关的。佛陀看到很多人都在追求不能实现的东西，比如每个人都会死，但很多人还是要追求永生。

中道

苦谛、集谛、灭谛、道谛四圣谛是佛陀教义的中心。而追寻道谛则能从痛苦之中解脱出来。为了追寻作为道谛指引的八圣道，佛教徒必须在寻求享受与自我施加的苦行之间找到一个平衡点，也就是所谓的中道。他们既不穿华丽的衣服也不穿破烂的衣服，而是穿着实用朴素的衣服；他们既不沉迷于盛宴也不忍饥挨饿，他们分享简单的食物。

明师

这幅中国西藏壁画向人们展示了佛陀正在讲说八圣道。八圣道包括：正见、正思维、正语、正业、正命、正方便、正念、正定。八圣道教给佛教徒如何克服给人带来痛苦的贪、嗔、痴三毒。

欲望

生死轮回图中心的三种动物代表了佛陀认为的人们必须克服的三毒——贪、嗔、痴。三毒都与欲望有关，嗔包含了对毁灭的渴望，而贪和痴则包含着对不需要的事情的渴望。三种动物在无尽的圆中互相追逐的画面，代表了三毒之间的密切联系。

印度尼西亚婆罗浮屠佛塔上的人物雕像

欲望的后果

一些人沉浸在欲望的世界里而忽略了八圣道。佛教徒相信，寻找到从欲望中解脱的方法是非常重要的，因为欲望会导致道德缺失，从而带来悲惨的来生。

泰国的沙弥在照
顾一只小猫

和睦与和谐

佛陀说人们在对待其他物种时应该持关爱的态度以创造一个和谐的世界，这被称为善行。佛陀教导人们不要杀生和偷窃。早期的佛教徒用“五戒”强化这种观念，这就是不杀生、不偷盗、不邪淫、不妄语、不饮酒。

善业

泰国的素贴山森林是由佛教徒保护和管理的。佛教徒们力图在他们的生计和工作过程中遵守八圣道，而且在闲暇时也如此。他们避免从事一些会给他人或其他生命造成痛苦的工作，比如屠夫或军火交易，而且试图从事有益于他人的工作。这就是所谓的善行。

9世纪的青铜佛塔

泪珠状的宝石代表珍贵的三宝

处见八圣道

圣道的特性经常会以佛塔上环绕八个圆盘来表示。法轮有八个轮。而婆罗浮屠被建成了八级。连使用数字八是为了提醒佛教徒八道的重要性。八圣道中每道都是等重要的，佛教徒致力于同时行八圣道，而八圣道之间是相补充的。

小宝石

佛陀给佛教徒讲述的三件事，称佛教三宝，在佛教徒追寻八圣道的时候可以求助于三宝。三宝指佛陀自身、佛法或称佛教教义以及僧团，即僧伽（见96~99页）。每一次修行三皈依时，佛教徒们经常用三颗宝石来代表三宝。

公元前3世纪印度鹿野苑阿育王石柱局部

上座部佛教

壁毯中的守护神形象

上座部佛教是流行于斯里兰卡、泰国、老挝、柬埔寨和缅甸的主要佛教部派。上座部佛教认为，用古巴利文记载的佛陀及其教义的经籍是非常重要的。在上座部中，僧伽（或称僧团）也处于信仰链条的中心位置。过去打坐严格限定在能够达到觉悟境界的僧侣范围内，而普通佛教信徒唯一的生活价值只能是希望获得一个满意的重生。然而，现在很多上座部佛教徒都在苦修冥想，希望能迅速获得澄明的真如境界。

传播佛经

狮形柱头的石柱是伟大的佛教国王阿育王的标志。这位国王在公元前3世纪的时候长期统治印度。他建造了很多佛塔（见92~93页），并且将其追随者送到印度以外的地方宣扬佛法。阿育王也建造了很多雕刻着佛经和佛教标志的巨大石柱。

大象背上驮着三藏

宝贵的上座部佛经

这幅壁毯描绘了大象正在运输巴利文经典的情景。这些经典也被称为上座部三藏，或称三篮，因为最初这些经典是被盛放在篮子里运输的。每一个篮子盛着经典的一部分——《律藏》《经藏》《论藏》。

具有200年历史的、书写在贝叶上的的巴利文经典。这些经典是用缅甸文手写而成的

贝叶上的巴利文

在东亚和东南亚，巴利文经典通常写在经过压制的贝叶上。窄条形的树叶用细绳或者缎带连接，用木板保护。据说巴利语是佛陀使用的语言，它是一种口耳相传而没有专用字母的语言，因此可以用任何语言文字记录。

20世纪的贝叶用木制夹经板定，缎带捆绑

面是什么？

座部三藏的第一部分《律藏》，包括227条戒律，上座部僧门都必须遵循（见96~99页）；第二部分《经藏》，包括佛教义和其他经典，比如《本生经》传说；第三部分是最后部分的《论藏》，由关于佛教徒对人的看法的哲学著作所组成。

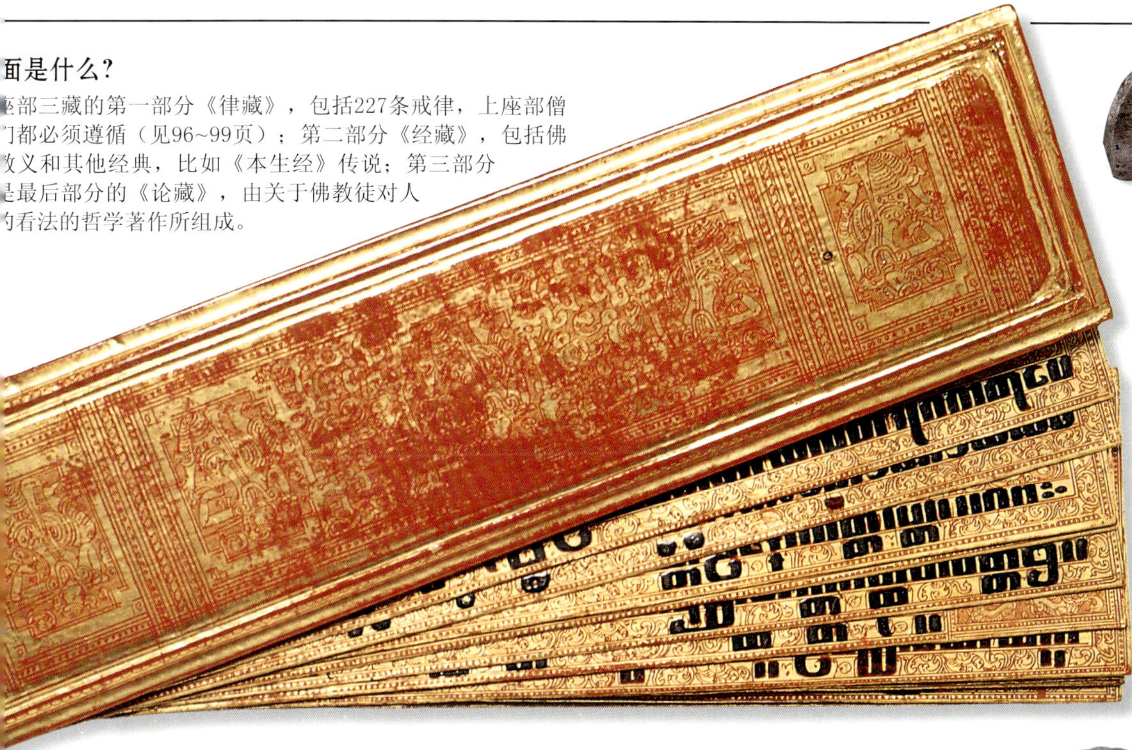

初版

最早用巴利文在贝叶上书写的人使用这种青铜笔。他们首先要把叶子切割成合适的尺寸，并且在牛奶或水中煮沸，再将这些叶子进行压制，然后才能做出平滑发白的成品。然后他们使用青铜笔蘸墨水书写。一些贝叶文献用金叶包裹装饰。

经过涂漆处理的贝叶上是缅甸文书写的巴利文三藏

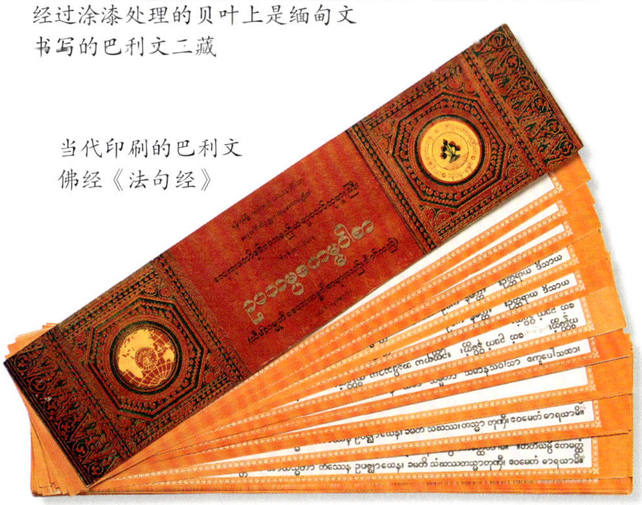

当代印刷的巴利文佛经《法句经》

巴利文印刷品

像这种现代印刷的经文，常常模仿早期的贝叶经版本形式。今天三藏中最流行的是《法句经》，这是佛陀教诲的箴言集，属于《经藏》中的一部分。它是由一些关于如何更好地生活、行善和净化灵魂的教导组成的，许多佛教徒对此用心学习。

斯里兰卡波隆纳鲁瓦的阿难陀雕像

最亲近的弟子

佛陀的堂弟，也是他最亲近的追随者——阿难陀是最初的几位阿罗汉之一，也称为佛教中的圣徒。在佛陀涅槃之前，他并没有开悟，但此后由于他对佛陀的无私奉献而很快顿悟。所有的上座部佛教徒都希望能够修成阿罗汉。

南传佛教

公元前3世纪，佛教从印度向南传到岛国斯里兰卡。从这里开始，有关佛陀的生平与教义的信息沿着贸易路线跨越印度洋传到缅甸、泰国、柬埔寨和老挝。随后，在缅甸的蒲甘、柬埔寨的吴哥等城市修建了精美的寺庙。同时佛教教义开始在这些地区广泛传播。直到今天，上座部佛教依然在这些国家非常盛行。例如，泰国90%以上的人口都信奉佛教的这一分支。

典型的泰国式

在泰国，常见的佛陀造像是手呈触地印，发卷紧密排列，发髻向上，姿态安详。

大象身上装饰性的覆盖物称为象衣

缅甸皎勃东地区的佛教徒正在参加宗教游行

佛国缅甸

游行是缅甸佛教中的重要仪式。这种传统是由于当地的统治者与佛教国家印度、斯里兰卡的联系密切，并成为佛教徒而形成的。他们建造了巨大的庙宇，参加奢华的仪式。现在缅甸的佛教徒占人口的大多数。

英国伯明翰缅甸式的和平塔

伯明翰缅甸式的和平塔

上座部佛教已被广泛传播。如今在西方世界中有很多缅甸式的建筑。缅甸庙宇往往修建有金色的屋顶，缅甸仰光大金塔是世界上最大的镀金建筑。佛教徒建造这些纪念物是为了积累功德。

牙舍利寺庙

斯里兰卡最珍贵的文物是佛陀的牙舍利。牙舍利保存在康提的舍利庙中。16世纪早期，葡萄牙人入侵了斯里兰卡，并声称已毁坏了佛牙舍利，但是当地人宣称牙舍利奇迹般地被保存了下来，还建立了寺庙来保存它。

奇异的节日

这头大象和男孩正在参加佛牙巡游节。每年在斯里兰卡康提举行的这个节日是为了表达对佛牙的敬意。庆祝活动会持续几个晚上。节日的高潮是一支由舞者、乐者和身披漂亮象衣的大象组成的队伍在大街上游行。其中一头大象驮着盛有佛牙的箱子。

数以百计的金色饰品装点着红色的天鹅绒象衣

参加游行的人身着白色的衣服

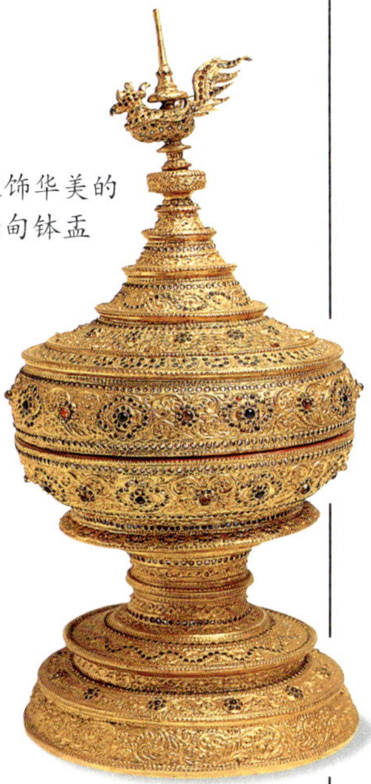

装饰华美的缅甸钵盂

丰厚的礼物

这个装饰华丽的钵盂（见99页）有一个与缅甸佛寺的屋顶相似的尖顶盖。这是一件典型的豪华礼物，是由普通的佛教徒送给僧侣的。僧侣过着简朴的生活，但是人们希望通过送这些昂贵的礼物为自己积累功德。

> “现在这些罐子里盛着伟大美德的遗存，就像山脉中蕴藏着宝石矿。”
>
> 《佛所行赞》遗存

大乘佛教

公元1世纪从佛教部派中发展出来的一个分支被称为大乘佛教或北传佛教。大乘佛教首先传到中国、蒙古，之后又传到越南、朝鲜半岛和日本。大乘佛教的一些修行方式和理念与上座部佛教不同，大乘佛教徒们希望修成菩萨（见74~75页），他们对佛陀和菩萨有着更虔诚的追随方式，而且大乘佛教经典中的一些众所周知的佛经，也是上座部佛教中所没有的。

《金刚经》的中文译本

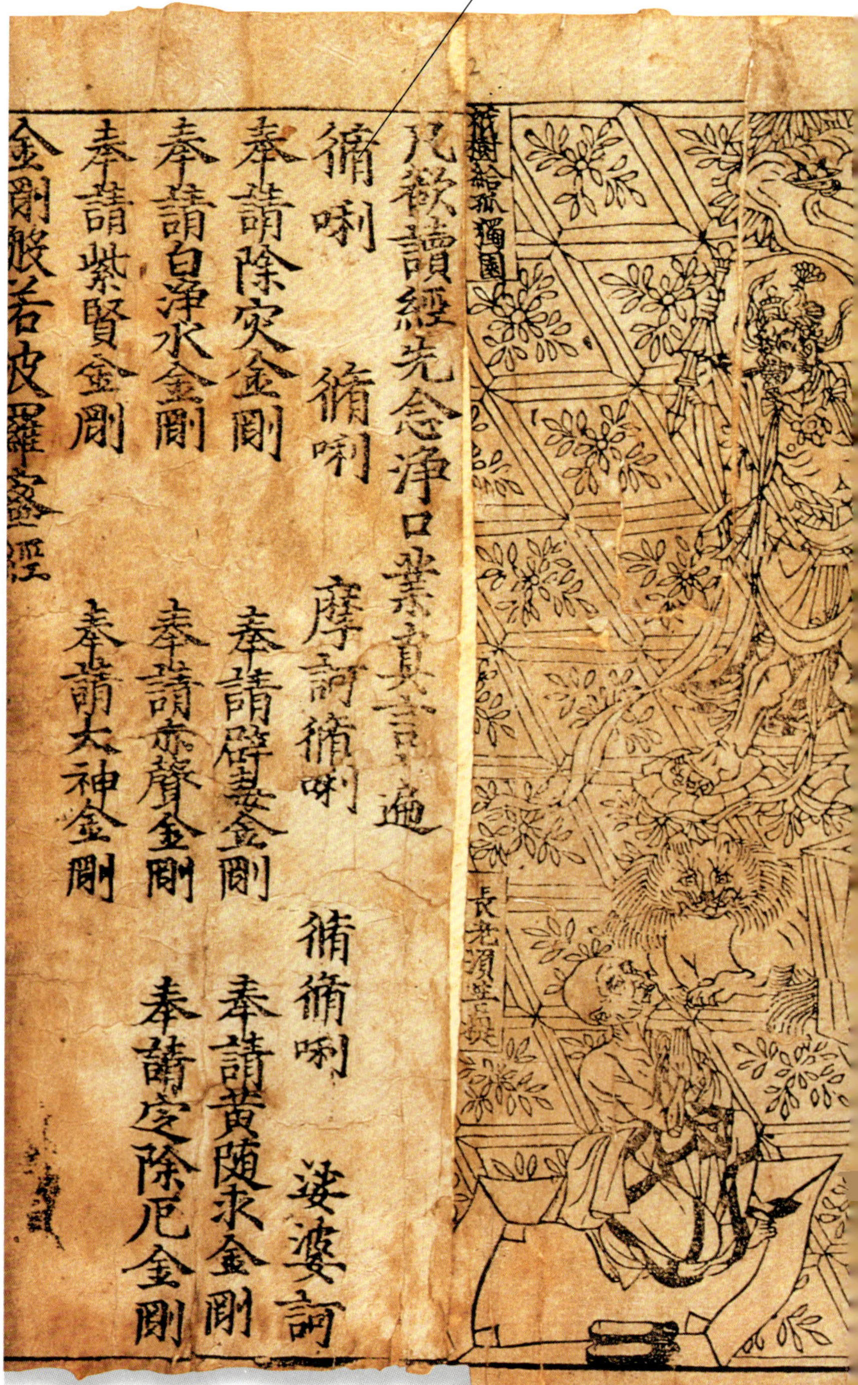

《金刚经》中的飞天

刻字

中国在868年印刷的《金刚经》，是世界上印有年代的最古老的印刷品。与其他大乘佛教的经典一样，《金刚经》最初使用梵文书写。它的名称就表明研习《金刚经》可以拥有像金刚石般的意志以割断痴念。《金刚经》的内容是佛陀对僧众和菩萨的说教，阐述了成道的境界。

大约7世纪的木质雕版

镜像

为了制作更多的佛经，印刷术在朝鲜半岛发展了起来。雕工们必须在木板上雕刻出每一个字的镜像，然后在雕版上涂上墨汁，把纸张覆盖在版上，用刷子轻匀揩拭，揭下来就完成了一张印刷品。

简短而美妙

《心经》是一部篇幅较短却很流行的经典。众多的大乘佛教寺院都会定期念诵，特别是日本的禅宗寺院（见86~87页）。此经被称为“空的学说”，它宣说要修成菩萨正果，一个人首先要通过智慧和慈悲对待众生，进而达到无私的境界。

这幅中国古代绘画作品描绘的是抄写《心经》的场景

佛陀右手的手势表示正在说教

带有光环和头冠的菩萨聆听佛陀的教导

佛陀胸部绘有象征吉祥的标志

当佛陀初次讲《金刚经》的时候，很多僧侣都在聆听

富有的佛陀追随者聚集在一起聆听佛陀讲道

印度斯佩提基寺院的龙树菩萨画像

创立

学者龙树出生于印度，大约生活在2世纪。他创立了中观派，试图找到极端思想、信仰和行为之间的中间道路。这对大乘佛教产生了巨大的影响。

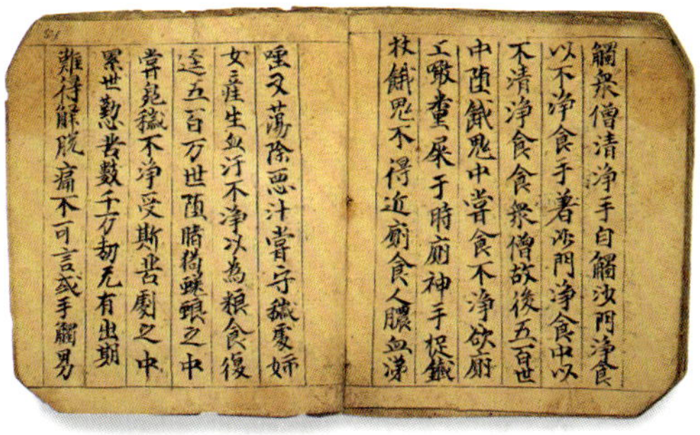

守护者和他的引导

汉译《妙法莲华经》描述的是在天堂有着成千上万追随者的佛陀，以他伟大的慈悲之心关注着地上的人们。《妙法莲华经》是一个巧妙地令佛陀教诲被世界各地的人广泛接受的典范。

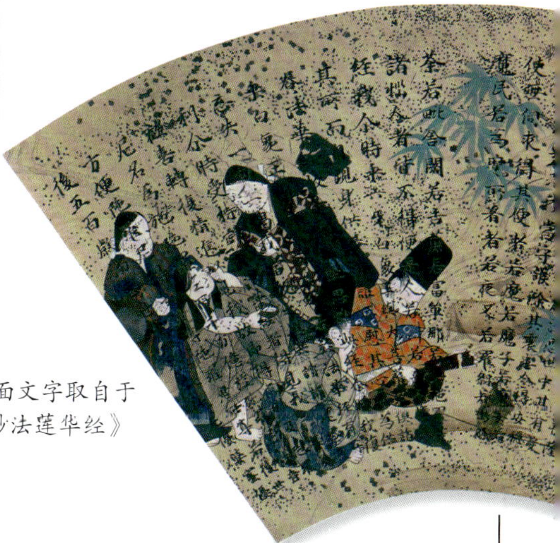

扇面文字取自于《妙法莲华经》

《金刚经》中的音乐神，他们被称作飞天

意义重大的佛经

佛经对大乘佛教徒们如此重要，以至于这些经文经常会被写到日用品上，比如扇子。最早的经文是大乘佛教徒们用梵文记录下来的佛陀语言，包括巴利文的经文，但如今只剩下这些经文的译本。

其他的佛与菩萨

乔答摩·悉达多说自己只是许多佛陀中的一个。在他之前已经有其他的人像他一样得到了最高的教化，从而超越了生死轮回。佛教徒们相信有些人已经修得觉悟的境界，但仍然留在世间，他们经历的生死轮回是为了帮助其他人觉悟成佛，这些人被称为菩萨。与佛陀一样，他们也受到了广泛的崇拜，特别是在大乘佛教的传说中。

避免动怒

阿閦，意为“不动”（冷静又不兴奋）。阿閦佛为了实现自己设定的目标，避免产生像愤怒这样的情绪。据说他居住在东方的净土，那里没有邪恶与痛苦。他是自生佛之一，或者称为组成宇宙的佛之一。

阿閦佛的右手接触大地，昭显着他的启示

燃灯佛的右手做出说法的姿势

不空成就佛的右手做出无畏和心安的姿势

不空成就佛的左手做出沉思的姿势

毗卢遮那佛的双手做出禅定也是沉思的姿势

光的制造者

早期第一位佛陀被称为燃灯佛，意思是“光的制造者”。《本生经》讲述了释迦牟尼早年如何遇到燃灯佛，深受其智慧和慈悲心之启发的故事。

精神上的成功

不空成就佛是宇宙佛之一，最常见的是与其他佛在一起被描述。此佛名字的意思是：“他不徒劳做事”或“他总能取得成功”。

宇宙的佛

毗卢遮那佛也是宇宙佛之一，他在佛教的不
分支中都有表现。在一些佛教分支中，毗卢
那代表了历史上的佛陀；但在另一些分支中，
他是至高无上的，代表了整个宇宙。

站立的弥勒佛，准备进入这个世界

未来佛

弥勒佛的名字就意味着仁慈和友善，被称为未来佛。据说在数千年之内他将离开他居住的兜率天，随后来到尘世，从而成为下一个人类的佛陀。

充满慈悲心

除了广为人知的慈悲心之外，观世音菩萨还被认为是“世界的保护者”。他准备以任何的形式重生以拯救生灵的苦难。尽管他在很多地方都是以男性形象被人尊崇，但是在东亚，观世音菩萨被视为女性。她在中国被称作慈悲女神——观音（见83页）。

众佛之母

度母，意味着运气，也被看作拯救之神。在藏传佛教中，度母被作为众佛之母而受到广泛的崇敬。度母可以有很多种化身，最著名的是平和的白度母和威猛的绿度母。

度母头戴珠宝王冠，这是典型的菩萨形象

殊菩萨手持宝以割断愚痴

温柔的圣者

文殊菩萨，被视为温柔的圣者，以智慧闻名。在中国西藏，一些伟大的佛教导师也被说成是文殊菩萨的化身。文殊菩萨也被看作所有菩萨的主导，据说他住在五台山顶端的净土中。

藏传佛教

大乘佛教的一个独特分支，又称藏语系佛教，俗称喇嘛教。主要流行于中国西藏、青海、甘肃和四川西部的藏族聚居区。7世纪佛教初传入西藏。像大乘佛教的其他分支一样，藏传佛教徒们尊崇观音及“众佛之母”——度母。但同时他们也像上座部佛教一样，认为僧侣的角色像学者和导师，同样非常重要。藏传佛教也有一些独特之处，比如一些神秘的译籍和被称为佛教密宗的特有仪式。由于传承不同，藏传佛教形成了不同的派别，如宁玛派、噶举派、萨迦派、格鲁派等。中国信仰藏传佛教的民族主要有藏族、蒙古族、土族、裕固族、珞巴族、门巴族等，佛教在这些民族生活中有着重要影响。

家庭价值

这组西藏木雕展示了一个佛教徒和他的两个家庭成员。当僧侣打坐的时候，他的家庭成员也在转动转经筒。这组雕像表明了在藏传佛教中僧侣的重要性及其与一般信徒的平等关系——他们都可以成佛。

古老的践行

这幅17世纪的法国插图画的是一个苦行者正在苦练瑜伽。在藏传佛教中，打坐冥想是非常重要的。藏语中表示冥想的词是“傻子”，这意味着打坐人的头脑中只冥想有精神意义的事情。藏传佛教的导师们正是通过打坐冥想的方式将精神境界和佛教教义传播下去。

纯净的思想

西藏喇嘛（见78~79页）正在念诵真言。真言是一个字或一系列字的重复叙说，以帮助僧侣在禅定时集中精神。当喇嘛把注意力集中在他忽高忽低的嗓音和对真言的理解时，所有其他心念都被赶走了，他达到了一种沉静而空明的状态。

喇嘛在诵经时手捻用以计数的念珠

西藏喇嘛的僧袍在样式上与其他佛教僧尼的相似（见96~97页）

由象牙、玉石及檀木制作的念珠

佛珠

许多藏传佛教徒都带着念珠以记录他们重复真言或三句皈依语的次数。大多数的念珠都是108颗，这是达到开明境界前必须克服的欲望数。有的念珠是由故去的圣人或喇嘛的骨头制成的。

红帽子，黄帽子

这些戴黄帽子的喇嘛来自藏传佛教格鲁派的寺院，格鲁派又称“黄教”。在藏传佛教中因修行制度等不同而主要形成了四大教派，其他三派是宁玛派、噶举派和萨迦派，这三派的喇嘛都戴红帽子。

米拉日巴尊者举手至耳，专注地倾听他写的歌

18世纪西藏铜质米拉日巴尊者像

米拉日巴尊者身着薄层棉质僧袍，因为他的冥想会产生热量

歌唱的圣者

米拉日巴尊者年轻时曾是一名罪人，后他对自己的行为幡然悔悟，成为了一名佛教徒。米拉日巴尊者加入了智者玛尔巴开创的藏传佛教中的噶举派，并且成为西藏最伟大的圣徒。他写下了数千首佛教歌曲并且成为其他圣人的导师。

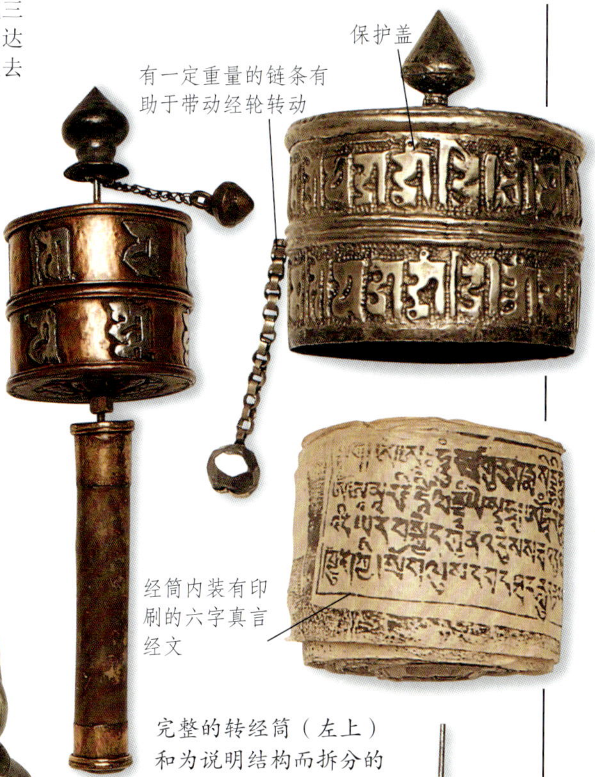

保护盖

有一定重量的链条有助于带动经轮转动

经筒内装有印刷的六字真言经文

完整的转经筒（左上）和为说明结构而拆分的转经筒

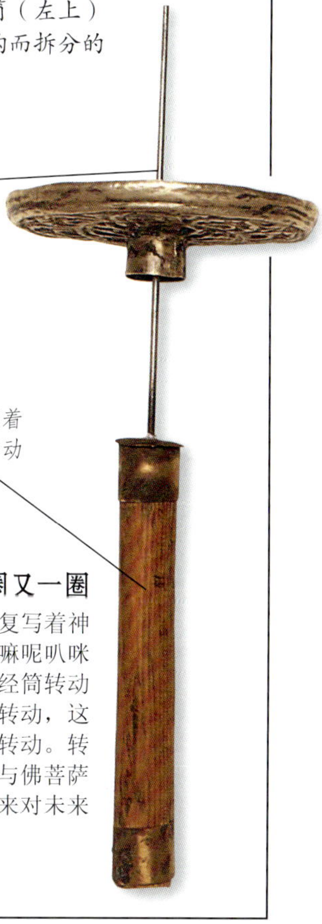

能够转动的主轴金属钎子

通常用右手握着转经筒手柄转动

一圈又一圈

转经筒里有一卷重复写着神圣的六字真言“唵嘛呢叭咪吽”的经卷。当转经筒转动时，经卷也会随之转动，这样经文也在重复地转动。转经筒传递着信徒们与佛菩萨间美妙的沟通，带来对未来美好生活的祝福。

> “如果你应得的……一束白光将引导你进入一个极乐世界……你将获得与众神在一起的快乐。”
>
> 《西藏度亡经》六道轮回的曙光

喇嘛

在藏传佛教中高级别的僧侣（见96~99页）尊称为喇嘛。他们往往是藏式禅修及相关仪式的专家。喇嘛中最崇高的人被称为“转世尊者”，汉地人习称为活佛，藏语称“朱古”。这些活佛被认为是圣徒或菩萨转世。活佛的转世是为了教导和帮助人们遵循八圣道。一些喇嘛或活佛成为最具影响力的佛教导师。

第十一世班禅额尔德尼·确吉杰布

被崇拜的泥佛像

这些像纪念章的模制泥佛像，是用圆寂的活佛、高僧骨灰混合黏土，捺入刻有佛像的凹形模具，压制成型脱范而成的。这种模制的泥佛像藏语称“擦擦”。其题材大多为诸佛菩萨等造像。

转世灵童

活佛圆寂后，寺院上层通过占卜、降神等仪式，寻觅活佛圆寂的同时出生的婴童若干名，从中选出一个灵童作为他的转世，继承其地位。这个灵童就称“转世灵童”，是已故活佛的转世。

用喇嘛的骨灰混和黏土制成的擦擦，受到格外尊崇

> “现在我传授给你的意义深刻的教义，是我从我的导师那里得到的，而我的导师是经过开创者一系列的传承获得的。”
>
> 《西藏度亡经》序言

精致华丽的头冠

智慧佛

喇嘛在进行仪式时所佩戴的头冠，往往会用大乘佛教的宇宙佛装饰。宇宙佛也称五方佛、智慧佛。这些佛是非常重要的，据说他们可以将负面的情绪转化为智慧，这种特质与慈悲心一样是教化的重要内容之一。

布达拉宫

西藏桑耶寺中的第五世达赖喇嘛像

布达拉宫

这座宏伟的建筑位于中国西藏自治区拉萨市，它是历代达赖喇嘛的冬宫。布达拉宫依山垒砌，主体建筑分为红宫和白宫，其中宫殿、灵塔殿、佛殿、经堂、僧舍、庭园等一应俱全，是当今世界上海拔最高、规模最大的宫堡式建筑群。

五世达赖喇嘛

阿旺罗桑嘉措（1617～1682）是中国藏传佛教格鲁派第五世达赖喇嘛。他建造了布达拉宫并且与清朝通好，得到顺治帝册封的金册金印，自始“达赖喇嘛”在西藏的地位得到中央政府的承认而确立。他是一位强大而仁慈的宗教领袖，在西藏他被称为伟大的第五世达赖喇嘛。

用冥想的音乐

个喇嘛一手拿着铃铛，一手拿达如鼓。在藏传佛教的仪式中常会使用这些乐器。这些乐器出的声音被称为“智慧的菩”。这种音乐有助于人们进入想状态。

西藏喇嘛借助铃铛和鼓冥想

铃铛的把手被制成金刚杵的形状（见91页）

木质达如鼓，饰以锦缎流苏

据说铃铛的美妙声音可以使聆听者从痴迷中被唤醒

不空成就佛将嫉妒转化为智慧

佛教密宗

藏传佛教密宗是以坦陀罗为基础建立的。它认为，所有的思想和感情，包括负面的感情和思想都是佛的基本本质的一部分——所有人都有达到觉悟境界的潜能。在上师和灵魂导师的指引下，密宗教徒学习如何认同宇宙佛之一，以期达到对佛的本质的更深入的理解。通过冥想与特别的仪式，密宗教徒们希望能够更快达到涅槃的境界。

完美的世界

佛教密宗修法时使用复杂的、聚集了众神的象征性图形，这种图形形式称为曼陀罗。他们认为曼陀罗有助于他们修行以及对佛性的更为直接的理解。在这幅16世纪绘制的曼陀罗图像中心，是时轮金刚和无我佛母，他们的外围一层一层布满了神，组成了一个完美的世界。佛教密宗认为曼陀罗使他们与时轮金刚更为接近，是他们最终要到达的理性世界。

对抗邪恶

喜金刚是阿閦佛的一种。他经常以抱着明妃无我佛母、脚下踩着一些人的形象出现。喜金刚有5个头，16只手分别持有骷髅杯，里面盛着神、法器以及动物。他是一位愤怒的护法神，用他恐怖的形象对抗邪恶。

喜金刚的左手执盛有神的骷髅杯

喜金刚的右手持的骷髅杯里盛着动物

18世纪的铜质喜金刚和无我佛母像

时轮金刚和无我佛母位于中心位置

64位“所有真言之母”女神位于第二层（院）

第三层12朵盛开的莲花中有360位明王

坦陀罗大师出现在曼陀罗的外层边缘

西藏镀金青铜莲花生像

花童

传说印度高僧莲花生以阿弥陀佛的法身出生在盛开的莲花中。他引导一些人转变为佛教徒，并教授他们佛教密宗仪式。传说他用超自然的能力驱逐了妨碍佛教在西藏传播的魔鬼。

扫清道路

日本奈良的密宗教徒将谷物一类的东西扔进寺庙里的火中。扔进火中的物品代表了愚昧，以及一些影响顿悟的思想和感情。火摧毁了这些象征性的物品，帮助人们清除了通往涅槃境界之路的障碍。

密宗导师

密宗大师指导他的追随者冥想时，帮助每一个人选择合适的冥想方法。他们教授技能，如控制呼吸、记忆经文、仪式和手印、曼陀罗冥想等。所有这些都会帮助他的信徒们接近佛的本质。

汉传佛教

约在公元纪年前后，佛教开始传入汉地。最初，佛教与中国的哲学像儒家思想产生了一些冲突，但随后，不同的信仰体系实现了共存。它们甚至融合成了一种流行的宗教。人们将菩萨看作神灵，能保佑他们的日常生活。汉传佛教也发展出自己的流派，有的侧重于理论研究，有的则倡导更简单的修行方法。

中国敦煌莫高窟壁画中的玄奘

旅行的导师

玄奘出生在中国河南，他在612年家，并且进行了从中国到印度的长途行。据史书记载，玄奘西行求法，往十七年，旅程五万里。玄奘的旅行途阿富汗及全印度。在印度，玄奘还学了梵文。他将很多佛经带回中国，并其译为汉文。

儒家学派的创始人孔子教导人们要尊重他人

道教的创始人老子，教导人们过一种简单自足的生活

婴儿时期的佛陀

三种信仰

这幅18世纪的中国画是艺术家根据想象绘制的佛陀到中国后出现的情景：两位中国最著名的思想家老子和孔子在照顾婴儿时期的佛陀。不同哲学家有不同的思想体系，但是他们相互尊重，并且三种思想在中国并行发展。

佛经的保存

这是13世纪高丽王朝时期用来储存佛经的漆器箱子。7世纪时佛教在中国很流行，而且很多皇帝也热衷传播佛教。僧侣们复制佛经，不仅在中国传播，而且将它们传播到相邻的朝鲜半岛。这些珍贵的手稿经常被保存在漂亮的箱子里。

圣灵

观世音菩萨在中国以特有的菩萨相貌得到中国人的崇奉。她是富有同情心的"慈悲观音"，会聆听痛苦的呼声。很多人会将其画像供奉在家中，把她看作能够保佑他们的神，尤其那些病人、失意者、受惊者。

博学的罗汉

中国佛教徒信奉18位不朽的罗汉。罗汉是佛陀涅槃以前信任的可传教的追随者。这18位罗汉都深入学习了佛法并最终开悟。

中国河北的罗汉塑像

观音一般都被塑造为戴着象征高贵的王冠

清洁仪式

这是12世纪高丽王朝时期的水罐。类似的水罐可以经常在韩国画的观世音菩萨像中看到。在寺庙举行仪式期间，僧侣们要经常洒水，以保证神像和供品的清洁，这也成为一种必需的程序。像这样的储水器一般放在祭坛或神龛附近。这些储水器与柳枝制成的洒水器一同使用。

8世纪或9世纪的陶质观音头像

日本佛教

大约从6世纪中叶开始，佛教从中国经由朝鲜半岛传入日本。这时中国已经有了很多佛教宗派，这些宗派都是大乘佛教的分支。日本佛教宗派比如净土宗、天台宗和临济宗都来源于中国。一位天台宗的追随者在日本创立了一个新的宗派——日莲宗。

净土天堂

阿弥陀佛在净土宗中是极为重要的，又称无量寿佛、无量清净佛等。净土宗教徒相信阿弥陀佛，认为他是“无量光明的佛”，居住在西方净土或称西方极乐世界中。阿弥陀佛无始无终显示出至高无比的慈悲，而且只要皈依就能在净土里重生。

木质阿弥陀佛头像

淡定

大乘佛教的各个派别在日本都很流行，因此各种寺庙和造像在日本名目繁多而且富于变化。这尊造像呈现出佛陀高贵而淡定的姿态。这种姿势也被认为是一种放松的姿势，它表示和谐以及佛陀的明悟状态。

日本广岛举行的蹂火仪式

纯净之火

天台宗学校成员的仪式练习包括火的仪式。天台宗僧侣祈祷1000天，每天少眠少食，而且他们相信围绕火的行为可以起到净化的作用。他们其中的一些人会走过灼热的灰烬以证明他们的灵魂得到净化，可以保护他们免受肉体的伤害。

保护的力量

观世音菩萨在日本被称为观音，并且被天台宗、净土宗、临济宗以及其他一些日本佛教宗派所崇拜。观音可以是男性也可以是女性的形态。观音经常被描绘为坐在水中的鱼上面，或者与其他海洋生物在一起。这是提醒人们，观音可以保护船员和渔民。

镀金观音塑像

观音左手托着一朵金莲花

共享圣地

在日本中部的日光市，天台宗有一个非常美丽的、画满动物和众神的庙宇，数百年来它被作为一个朝拜的圣地。日光市的神庙对佛教徒和日本本土宗教神道教的教徒来说都是非常神圣的。这一圣地之所以流行主要是因为很多日本人都追随这两种宗教。

日光市神庙里的孔雀雕像

避难

在这幅三联画中，描绘了致力于《妙法莲华经》传播的日本僧人日莲，他用信仰的力量平息了海上的风暴。日莲创立了以研究佛教经典为教义的日莲宗。日莲宗提倡只背诵《南无妙法莲华经》。

佛教禅宗

6世纪一种被称为“禅”的佛教形式在中国兴起。这种佛教流派被在中国天台山受法的日僧荣西带到了日本。中国词语“禅”的意思是静中思虑。禅宗的主要特点是用冥想感悟存在于每一个人和事物中固有的佛性。禅宗的教育方式也很奇特，他们经常用禅机和故事来帮助人们更清楚地理解佛的本质。

长期打坐

据说印度僧人菩提达摩（右）创立了禅宗。他来到中国宣扬佛教并教导人们如何修禅。据传说，达摩以莲花坐面壁9年导致双腿残疾。

美景环绕

正如这幅日本丝绸画中显示的一样，禅宗僧侣能够感受到他们周围美丽的景色和佛性。他们花费很长的时间修禅，是为了激发出心灵原有的清明，并且接近一直存在的佛性。

抽象的环境

禅宗寺院以及修禅的佛教徒的家里都有花园，这些花园用石头和沙子摆设成抽象的形式，达到一种简单而宁静的效果。这种禅宗花园所产生的气氛对禅修来说是完美的。菩提达摩的言论中允许禅宗信徒“看到自己的本质”，或许能修成正果。

“那些执行打坐的人可以化解无数累积的罪恶；如何对待错误的来源呢？”

白隐冥想的歌曲

日本京都市的大德寺花园

书法

对中国人而言，书法是一种人们修习了千百年的艺术形式。不论是中国的还是日本的禅宗学者都极为重视书法。他们在书写的时候专注于每一个字的美感，他们希望书法能真实反映物体或它描绘的东西的本质。

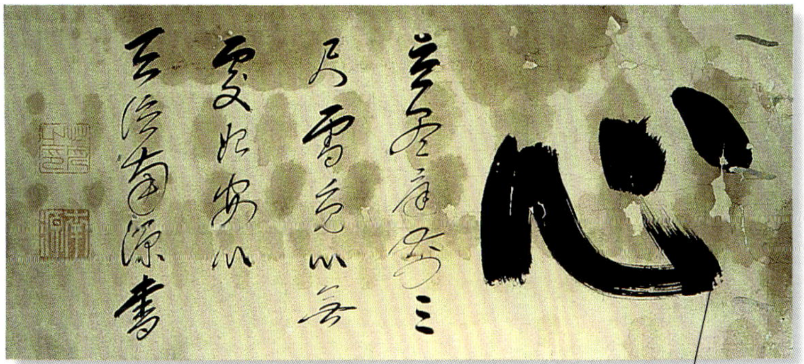

“心”字

室内设计

这个在日本东京的寺庙，其室内呈现出典型的禅宗风格。它的装饰简单而宽敞，并且用山水画装饰。里面有供僧侣聆听教诲时使用的坐垫以及在仪式中使用的铜锣之类的乐器。

日本长崎市的福济寺

龟背屋顶

观音菩萨站在龟背上是一种常见的姿势。在这座建于1979年的禅寺中，整个屋顶被建造成龟背的样式，龟头从门的上方伸出，观音雕像耸立在龟背上。这是一个传统的禅宗建筑的现代版本，其大而弯曲的屋顶是最主要的特征。

魔鬼与神

彩沙曼陀罗

这些西藏的僧侣们正在用彩色的沙子绘制曼陀罗。每一幅彩沙曼陀罗都为特定的仪式而专门制作，仪式结束后销毁。就像其他的曼陀罗一样，沙制曼陀罗也展现了复杂的法界景象，数百个男神与女神的形象出现在其中，而每一个神都将被用不同颜色的沙子绘制出来。

佛教产生于印度那些相信有很多神魔的人中间。而佛陀教导说，这些生灵亦有生、死、重生的轮回，就像人类一样。这些超自然生灵可以是住在天堂的神，也可以是生存于生死轮回底部地狱里的魔鬼。一些佛教徒相信这些生灵有影响世界的能力。他们拜神，希望神能够在日常生活中保佑他们。

口含生命之轮的阎摩

西藏珠宝护身符

心魔

佛教传统中的魔鬼亦即阿修罗，他的样子令人恐惧，常挥舞着武器与神战斗。在一些地方，佛教徒将其作为令人畏惧的力量，做成护身符一类的物件携带，用来保护自己。另一些佛教徒将这些魔鬼看作每个人都有的负面情绪的体现，而这些负面情绪是我们应该避免的。

菩萨持有希望之光

地狱里的希望

这张图截取的是六道轮回中最底层的部分——地狱。这是一个异常痛苦的地方，众生在这里被寒冷和酷热所折磨。在充斥着恐惧与愤怒的魔鬼中间，矗立着一尊菩萨，他传递着希望的信息，而他持有的火光就是希望的象征。

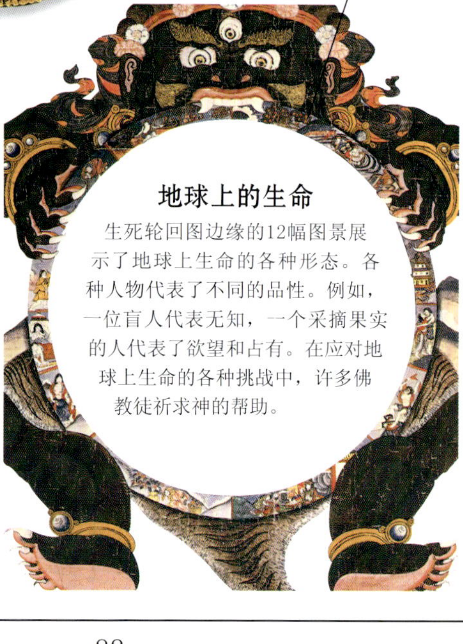

欲望和占有圈

地球上的生命

生死轮回图边缘的12幅图景展示了地球上生命的各种形态。各种人物代表了不同的品性。例如，一位盲人代表无知，一个采摘果实的人代表了欲望和占有。在应对地球上生命的各种挑战中，许多佛教徒祈求神的帮助。

世纪的阎
雕像

死亡之领主

有些古印度的图片显示阎罗骑着一头牛。另外一些图显示他手持牛头。阎罗作为“死亡之领主”“地狱之王”和“护法者”被纳入佛教文化中。根据一些传统，阎罗审判死者，并且决定他们到六道轮回的哪一道中重生。

天堂的快乐

这一部分出自六道轮回的天道，即天堂部分。在这里每一个人都是快乐的。天堂里绿树掩映，花朵盛开，还有精美的宫殿和佛塔（见92~93页）。一位手持鲁特琴的菩萨站在中央，他提醒众神，当他们的福报耗尽时，就不得不到低一道的轮回中重生。

自然界的神灵

这本有百年历史的缅甸折叠书展示了各种不同形式、被当地称为“纳”的鬼。这些超自然的生灵是缅甸有着漫长历史的自然界的神灵。正如男神和女神在印度一样，纳也被吸收到当地的佛教信仰中。

纳的周围围绕着愈合咒语

因陀罗坐在白象的背上旅行。大象是适合国王旅行的交通工具

11世纪印度描写“众神之王”因陀罗的绘画

众神之王

在印度教中，因陀罗是“众神之王”。他在拥有男神和女神的佛国中也有相似的位置。因陀罗也称帝释天，是“强大”的意思。在一些佛经中他被称为金刚手菩萨。他是佛陀的忠诚护卫。

佛教符号

在佛教信仰的早期，符号经常被用于象征性的图像中。比如，一个空的宝座可以代表佛的存在，而一棵简化了的菩提树可以代表佛开悟的时刻。符号不断地出现在艺术品和建筑物上。一些符号来源于自然世界，还有一些来源于仪式器物或与佛陀生活相关联的物品，而另一些则取自其他信仰和宗教。

威严的大象

大象是佛教艺术中经常出现的动物之一。大象是一种安静而强壮的动物，它具有佛教徒渴望的那种沉静与威严的特性。而珍奇的白象甚至出现在了佛陀母亲“梦象受孕”的故事中。其他动物会出现在生命之轮中心或被看作寺庙的守护神。

中国的珐琅双鱼瓶

繁衍昌盛的鱼

鱼有成千上万的子孙，因此，在佛教中鱼被看作生育旺盛的象征。它们通常是金色的，而且头对头地成对出现。宝瓶、宝伞、金鱼、莲花、右旋海螺、吉祥结、胜利幢、法轮是佛教八吉祥的符号。

梵音

在印度，吹海螺是一种传统的召唤人们聚集的方式，就像吹喇叭。海螺的低音会传送很远，它象征着佛陀的声音和他的教导传遍全世界。

在仪式上使用的海螺饰以精

珍贵的印记

佛陀去世前，站在印度拘尸那迦的一块岩石上，面向南方，他说他离开了，但这块岩石留下了他的足印。从此，这些足印的图像被用于佛陀在地球上存在的标志。它们出现在很多寺庙里，都受到了特殊的尊重。在有关足印的绘画与雕刻中，还经常使用其他佛教符号充满画面。

这个结象征着佛陀的无穷智慧

脚趾长而直，而且长度一致，这是传说中的三十二佛相之一

“卐”是古印度好运的象征

印度南部阿默拉沃蒂佛塔上的石雕足印

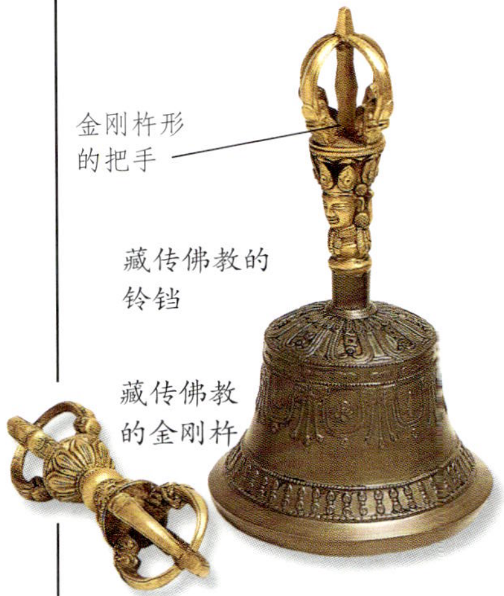

藏传佛教的铃铛

藏传佛教的金刚杵

灵魂武器

金刚杵也被翻译为“金刚石”或“霹雳”，是一种象征性的武器。据说它可以切断任何物质，特别在西藏被广泛使用。它象征着一种可以割断痴念的灵魂武器。一些佛教徒在念经的时候常常是一手持金刚杵，一手持铃。

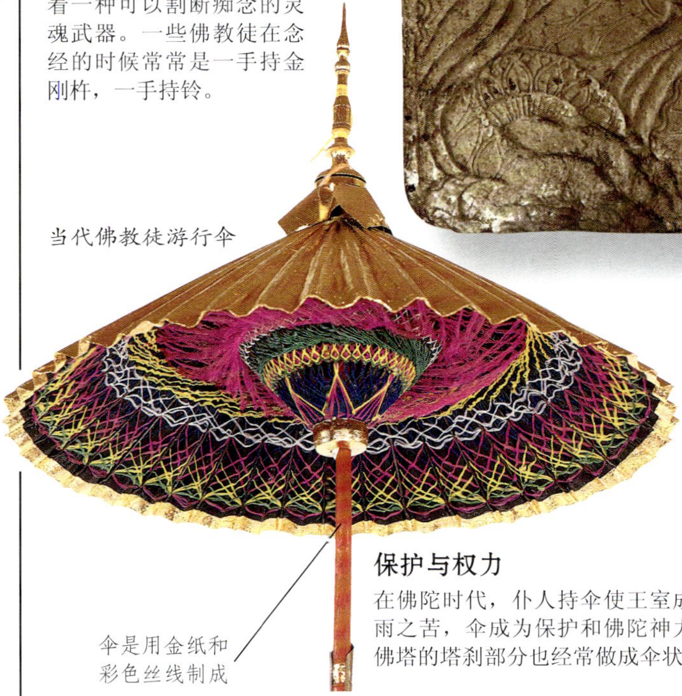

当代佛教徒游行伞

保护与权力

在佛陀时代，仆人持伞使王室成员免受风雨之苦，伞成为保护和佛陀神力的象征。佛塔的塔刹部分也经常做成伞状尖顶式。

向往天空

莲花是心灵净化的标志。它生长在污泥中，但它的花朵和茎却向上伸向太阳，就像走向涅槃的道路。佛陀经常被描绘为坐在莲花瓣宝座上。在佛教寺庙，人们经常用莲花做供品（见100~101页）。

英国伯明翰，狮子守卫在寺庙入口处

狮子守卫

随着佛教在全世界的传播，佛教也吸收了当地的一些传统象征。用狮子塑像来守卫寺庙是中国的传统，而现在很多佛寺都在其入口处设置了狮子雕像。

窣堵波与佛塔

大的与小的

像这种窣堵波模型用于个人在家中使用。当朝拜一个真实的窣堵波时，佛教徒会围绕着它行走，用步行的方式表示对遗迹的尊重。

佛陀去世后，他的遗体被火化。他的骨灰分别埋葬在印度的很多地方，在每一处，都建起巨大的半球形纪念性建筑物，它们被称为窣堵波。后来，佛教徒在世界很多地方都修建了窣堵波，一些是为佛教圣徒的遗骸而建立，而另一些是为了保存手抄本经文。很多现存的窣堵波都覆被装饰性的雕刻和精心设计的出入口。很快它们成为受欢迎的朝圣之地（见102页）。在中国、日本和东南亚部分地区，从窣堵波发展出一种高层结构的佛塔。

成为遗址

这一建筑建于5世纪贝拿勒斯附近的鹿野苑。它标记着这里是佛陀第一次讲法的地方。现在这个窣堵波已经成为遗址，巨大的半圆型顶部已经消失了，但较低墙面上的雕刻依然完好。在如此重要的地点修建第一座窣堵波的是公元前3世纪的印度统治者阿育王。

石砌的外层和大门是在阿育王时期之后加上的

修护

在印度桑奇早期的寺院基址上阿育王建造了窣堵波。他率领他的军队在参加了一场导致数千人丧生的战争后，变成了一位佛教徒。阿育王对自己曾经的暴力行为感到后悔，因此致力于佛教的传播，并敕建上千座窣堵波和佛殿。

在朝圣者进入窣堵波的大门的上方，刻有称为彩花的一排石柱

入口处由狮子守护

一位富有的年轻人来到窣堵波献祭

石刻

这块石雕曾经装饰在印度南部纳加尔朱纳康达的一座窣堵波上。在这座规模宏大的窣堵波拱形入口处的上面，装饰着佛陀题材的华美雕刻。前面站立的年轻人可能是王子和他的追随者。这个年轻人举起手向佛陀致敬，这样做的时候他可以获得佛陀的慈悲。

顶端的伞形是王权的象征，它代表了佛陀在精神世界的最高统治

天人给佛陀献上花环

在窣堵波中心处雕刻着佛陀像

19世纪的婆罗浮屠图像

超级窣堵波

位于印度尼西亚爪哇岛的婆罗浮屠是一个巨大的窣堵波。塔底墙面上装饰着精美的浮雕，描绘了佛陀生活的场景。顶部没什么装饰，由一系列的小窣堵波环绕，在每一个小窣堵波中，都置有一尊佛塑像。

> “在那里，他们用适当的仪式，在都城中为预言家的遗迹建立了窣堵波。”
>
> 《佛所行赞》遗址

版画中的中国佛塔

高大而美观

在中国、日本和韩国，有将佛教圣徒的遗物安置在佛塔里传统。中国和韩国的佛塔一般使用砖或石建成。日本则是木制的。日本的木制佛塔是用一根长柱从里面将埋在地基中的遗物与佛塔顶端相连。佛塔是令人惊叹的建筑，一般来说它们都非常高，并且有华丽的、精致的翘角屋顶。

佛寺与建筑群

所有的佛寺中都有佛像。佛教徒可以聚在这里一起做佛事，这里也是他们祈祷和朝拜的中心。佛寺在外形和大小上有很大差异。有的佛寺很小，只有一个入口和一间简单的佛殿；有的却是巨大的建筑群，其中可能包括许多供奉圣物的佛塔。一些佛寺是简单而朴实的，而另一些佛寺，比如菩提伽耶的大菩提寺以及在中亚丝绸之路上的佛寺，都饰有精美的雕刻和绘画。

墙上有眼睛

在西藏江孜白居寺一个入口处上方的墙上，有一幅绘有一双佛眼和一只慧眼的壁画。这双半睁的眼睛似乎在注视着那些进入寺庙的人。同时，这双眼睛还将人们带入沉静状态。

依树而建的庙宇

菩提伽耶大菩提寺是佛教徒朝圣的一个重要的目的地，它是佛陀成道的地方。大菩提寺始建于6世纪的一棵树旁边，这棵树据说是佛陀在树下顿悟时的那棵树的后代。这一巨大的寺院群在13～19世纪日渐失修，但最终仍被僧侣和信徒们重修并扩大了。

佛面塔

柬埔寨吴哥窟的巴戎寺是由吴哥国王阇耶跋摩七世（1125～1219）重建的美丽寺庙。巴戎寺佛塔墙面上雕刻着巨大的佛面，代表着菩萨。这些佛面有可能是以阇耶跋摩七世面容为原型雕刻的。

埃洛拉石窟

在印度西北部德干高原中部的埃洛拉，人们在当地的峭壁上雕凿出30多座庙宇。人们穿过成吨重的坚硬岩石，雕刻和建造出巨大的大厅和圣坛，还有石窟内部精美的石柱、造像和拱形天花板。

日本日光东照宫的广目天王

绿色守护神

这一造型，即广目天王，是四大天王之一。他们在寺院，特别是日本寺院中保护入口或圣坛，据说护法天王可以保护四方。他们通常做勇士状，穿着铠甲，挥舞着兵器，踩着魔鬼。广目天王守护西方，人们可以从他身上的绿颜色辨识出他。

到彼岸

这座在泰国大城的小寺庙，墙壁和屋顶都倒映水中。水在这里不但强化了寺庙周围的美丽环境，而且还是一个重要的象征。佛教徒有时会用“到彼岸”这一术语描述从痛苦的现实世界达到觉悟的过程。

> “你做出崇敬的动作时，护法天王将给你帮助。”
>
> 《大词》鸟中的佛法

西方寺院东方样式

像西方的很多寺院一样，这座英国佛教寺院也受到了东南亚建筑的影响，具备了斜屋顶、尖窗、局部雕刻等所有这些东方建筑的外观特征。抽发形式据说是大鹏金翅鸟形象的简化，它是印度的一种可以保护人们远离邪恶的神。

佛教僧尼

一些佛教徒参加由比丘和比丘尼组成的被称作僧伽的团体。僧伽成员的一生都在研究和宣传佛陀的教义。为了加入僧伽，佛教徒需要经过一个称为剃度的仪式。他们承诺要遵守一系列的戒律并将这些戒律用于他们从事的一切事情上。佛教僧尼生活简朴，他们着朴素僧服、剃发、修学和冥想。

针线

剃刀

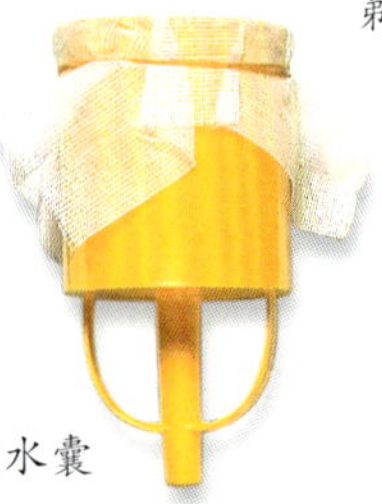

滤水囊

钵

可当盘子用的钵盖

很少的私人物品

每个僧人被允许拥有量的私人物品。最基本私人物品包括僧服、住地方、钵以及药品。他还可以拥有剃刀、用于缝僧袍的针线、一条腰带，以及个用于过滤饮用水的滤水囊，避免吞入水中的虫子。

女性的权力

像这个西藏比丘尼一样，在众多的佛教教派中，女性会被授予神职并成为僧伽的一员。还有一些比丘尼成为了重要的精神领袖。在所有佛教传统中女性都可以成为比丘尼，但是在南传佛教中，比丘尼的地位要比比丘低。

禅裙围在臀部

覆肩衣披于左肩

外层僧服，用于旅行和睡觉

腰带

特定的颜色

正如这幅泰国挂饰上描绘的一样，僧服传统上是藏红色或橙黄色。据说这种传统要追溯到佛陀建立僧伽的时候。当时他和他的追随者们将碎布缝在一起并且将其染成特定的颜色。

僧服的规定

每个僧人只允许拥有三种僧服。僧服的颜色随着佛教分支的不同而有所改变：上座部佛教的僧服传统上是黄色，藏传佛教僧服为褐紫红色，禅宗僧服为黑色。

泰国比丘与两个沙弥

泰国沙弥在其简单的小屋里

让我们快乐

早年，很多僧人居住在山洞或简单的棚屋中。他们生命中的大部分时间都在从一个地方到另一个地方旅行。现在，僧尼们都居住在永久性修行场所，但他们依然过着简朴的生活。一个僧人的生活必须是功德圆满的。正如一部文献记载的那样：“让我们开心快乐吧，除此之外我们一无所有。”

在寺庙里生活

男孩子一般在七八岁的时候进入寺庙，称为沙弥。他们学习佛法并且可以在青少年后期受戒成为僧人。不是所有的僧人终身都会留在寺庙里，在一些地方，传统上年轻男子都会在寺庙里待上几个星期至几年。在这期间，他们接受教育，培养德行。另一些佛教徒将其终身都贡献给了僧团。

僧尼的生活方式

僧尼们需遵守200多条规则，这些规则包括人际交往、穿着及饮食等方面。他们放弃了性接触，住在寺庙里，修行禅定。然而，僧尼并没有与世隔绝。除了传授佛法之外，一些僧伽成员还开办医疗诊所，照顾孤儿，帮助老年人和病人。

日课

像这些泰国僧人一样，佛教僧侣们每天集会吟诵佛经以纪念佛陀。他们也会背诵寺院戒规以提醒自己遵守这些生活中的规定。僧侣们也经常冥想，这可以让他们的心更加沉静，助长正精进、正念和正定。

用于传道的时间

僧侣们用大量的时间向世人传授佛法。佛陀通过他的信徒传递他的理念。这种教义有多种形式，可能包括佛陀留下的文书以及一些可以帮助世人克服自身问题的思想。

"无家可归的流浪者只要有
一点点的快乐就会感到满
足……不会沉迷于社会的、
强有力的、独立的、强硬
的、完美的引导……"

《弥兰陀王问经》俗人与僧

扇子可帮助僧人在炎热的天气里保持凉爽

这个僧人以半跏趺坐姿传教

接受施舍

很多僧尼接受施舍或礼物。施舍是由信徒给予的。佛教早期僧侣必须完全依赖施舍为生。开始时有钱的佛教徒将田地作为礼物送给僧伽。严格地说，这有悖于教规，但却使得僧尼有了落脚之处并能够建造寺院和获取食物。

施舍的米饭和莲花

给予与接受

在一些地方，僧侣仍然依赖于信徒送的礼物，他们希望得到实用的施舍物品，像食物和药品。施舍者希望通过给予获得福报，获得更好的重生，甚至期望在来世成为僧伽成员。

僧侣接受施舍

早晨的巡回

像泰国等一些地方，僧侣们每天仍然会花一部分时间持钵在街道里巡行，以便人们将食物放进其钵中。每天早晨僧侣们持钵巡行，可以收集到足够的食物供给他们的主餐。这些食物必须在中午前吃完。

缅甸比丘尼在讨论经文

集体学习

僧尼们定期聚集在一起学习讨论经文。僧伽成员必须永远保存和学习佛经。在早期，他们通过大声朗诵来学习经文，后来他们手抄经文。现在这些经文已被印刷成书，而且在网上也可以找到。

佛教徒的生活方式

两位王子和一名僧侣将花献给佛陀的石雕

众多寺院中的一个

佛教的佛殿和寺院是非常多的，原因之一就是建立一个新的佛殿或寺院是普通人获得功德的方法。富有的人可能支付建造整个寺院的费用，而贫穷的人可以加入团体集资建造寺院，或者建造上图这种简单的佛殿。

佛教徒定期前去寺院献祭，但他们的信仰远不止于此，信仰影响着他们的整个生活。当佛陀讲述八圣道时，他就是要用这八个方面去影响每一个人的行为。佛教徒无论是在家里、在工作中，还是在节假日，都按照自己的信仰行事。总而言之，佛教徒希望过一种处处有爱心的生活。他们积极向上，乐于助人，提倡和睦相处。通过这些，他们希望累积福报，以获得更好的来生。佛教徒也希望将世界变得更适宜所有人居住生活。

放弃

居士最熟悉的仪式之一是供奉佛陀，就像右图石雕中的王子那样。这是追随佛陀足迹的一种象征性的方式，因为在佛陀的早年生活中，他放弃了所有财产，有时甚至是用自己的生命去帮助他人。

燃香

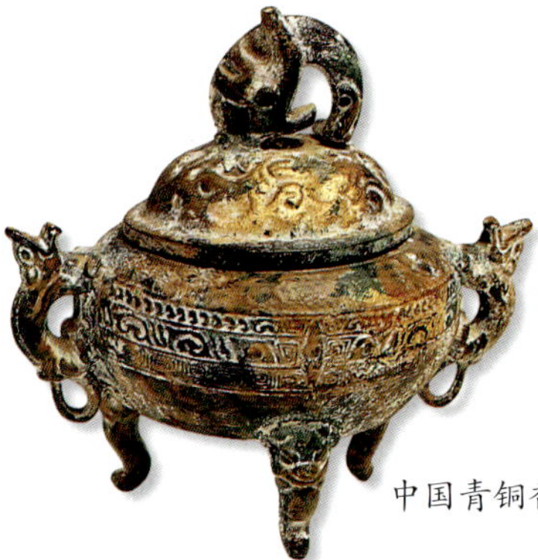

中国青铜香炉

香火供奉

有一种供奉方法是焚香。通过焚香，普通人可以建立福报，以修得一个更好的来生。佛教密宗有时会用火来供奉。

分享福报

这些器皿用于分享福报的仪式中。在这一仪式中，当念经的时候，把水从一个器皿慢慢倒入另一个器皿。传统上，佛教徒认为人们应该为他们自己的福报负责，但也可以分享。比如，将福报传递给一个死者，他就有希望获得好的来生。

用于分享福报的器皿

菠萝

木瓜

香蕉

果祭品

通人可以把水果或其他食物
在寺庙的供台上供奉给佛
，也可以施舍给僧侣。这些
果必须是干净的，并且他们
诚心奉献，水果的种类则不
要。

西藏寺庙里作为祭品的大米

这座精致的曼陀罗坛城，其造型像一座佛塔，上面的供品是大米

大米受到尊重

在亚洲，大米是常见的并且受到僧侣喜欢的礼物。它不仅富含营养，而且象征着福佑。大米也是寺院里最常见的献给佛陀的祭品之一。佛教徒希望这些大米祭品能够给这一地区带来丰收。供台上的大米每满一个月就要调换，旧的大米被拿到外面喂给鸟、鱼或其他动物。

清洗日，苏格兰圣岛

园艺，苏格兰圣岛

准备食物，苏格兰圣岛

日常美德

佛教徒的信仰影响到他或她生活的每一方面，甚至是日常事物，比如洗衣、园艺或做饭等，都应该以佛陀教导的方式进行，并且不能伤害到他人。许多佛教徒不吃肉，因为这涉及杀害生命。一些佛教徒甚至不会挖土以免伤害到土中栖息的生物。

伸出援手

这位僧人正在与英国囚犯一起工作。他告诉他们佛陀教义并解释为什么伤害他人是不对的。僧侣们甚至在监狱里修建了花园，创造了一个祥和的环境让囚犯们参观。这些工作使得一些被判有罪的囚犯改变了他们的生活方式。

和平抗议

1999年，这些僧尼举行游行示威反对科索沃战争。佛教徒反对杀戮并且绝大多数相信非暴力可以解决问题。一般情况下，他们不仅不会参与战争，而且经常参加反战抗议。

足印焦点

佛陀的足印成为膜拜的焦点。足印标记了许多佛陀的关键特征和伟人的部分特征。这使得佛教徒牢记佛陀卓越的一生和他的教导。

献身于佛陀

佛陀是一位得道之人，而不是神，因此，他并不像其他宗教的神那样被顶礼膜拜。佛教徒极为尊敬佛陀。他们举行皈依仪式以确认献身于佛陀、佛法和僧伽的承诺。佛、法、僧被称为佛教的三宝。佛教徒通过各种方式表达他们的虔诚。他们朝圣、沉思、献祭甚至叩拜，每一种崇拜的方式对佛教徒来说都是有益的，这有助于他们遵循佛法并提醒他们遵从八圣道。

朝拜圣地

这些佛教徒来到缅甸仰光大金塔朝圣。这里保存了佛陀的一些圣物。佛教徒到佛陀曾经生活过的地方，或保存佛陀圣物的圣地以及其他一些与佛陀教谕里有联系的地方朝拜。朝圣对普通人至关重要，因为这可以使他们追随佛陀的足迹并且关注精神上的东西。

欢乐与默想

这件器物是用来保存佛教圣徒的圣物。佛教徒要经常朝拜佛陀、著名高僧及圣徒的遗物。对佛陀圣物的朝圣可以在庆祝佛陀生平事迹欢乐的时候，也可以在默想及心灵感悟的时候。

1. 奉献身体

这个喇嘛面向佛像站立，双手合十，手掌微鼓。双手至额处，以表示他的身体已经专注于三宝。

叩拜与沉思

叩拜通常在佛像前进行，叩拜要重复三次以示礼敬三宝。这是一种敬意的表达，同时也是在帮助佛教徒培养谦卑的品质。佛教徒信仰中极其重要的部分是沉思，这种沉静而专注的状态可以激发沉思者更加接近智慧境界甚至是顿悟境界。

2. 正语

喇嘛把手放低到嘴的下边，以示他将其言语奉献给三宝。在这一过程中，他还会想起八圣道的第三圣道——正语。

喇嘛握住他的僧服以防滑落

3. 奉献心灵和思想

接下来，喇嘛将手放至胸前，这个姿势表示他的心以及思想都献给了三宝。然后他准备俯下身体。

在五体投地前，喇嘛先屈膝跪下并双手着地

现在喇嘛顶礼献身

4. 五体投地

喇嘛跪下并双手着地，之后双手向前滑行，将其整个身体俯伏在地。很多佛教徒都采取五体投地的礼拜方式。“五体”指双肘、双膝和额头。

沉思时一个舒适的姿势是非常必要的

锣

槌

净化思想

冥想能净化思想并使思路清晰，可以引领佛教徒达到正精进、正定、正念——八圣道的三种境界。大多数佛教徒以调整呼吸作为沉思的开始。在佛教的一些教派中，教徒们专注于某一图像或物体以帮助他们将思想从日常想法中解脱出来。另一些教徒则在沉思之后击锣，以回向（传播）他们沉思后获得的福报。

节日

佛教适应了很多不同的环境，并且在那里生根，因此佛教节日也随着国家的不同而有所不同。不同信仰的流派庆祝的节日也不同。例如上座部，将佛陀的诞生、成道、涅槃合并在同一天庆祝。他们会在一年中固定的日子让普通人参加僧侣的禁食和沉思活动。大乘佛教有各种节日，包括新年以及佛陀生命中关键阶段的庆祝日。

跳舞的佛塑像

快乐的舞蹈

舞蹈在东方文化中有着重要作用，而佛教也吸收了这一传统。对普通人而言，跳舞是很多快乐的佛教节日的重要组成部分，比如庆祝新年、佛诞节等。僧尼并不跳舞。

人们将水池注满水，为庆祝节日做准备

泼水节

水在一些佛教国家庆祝新年的活动中扮演着重要角色。人们用水清洗佛陀塑像，自身进行沐浴或被水喷洒。这幅19世纪的绘画作品详细描述了缅甸新年泼水节的情景。水可以帮助人们净化心灵，洁净地开启新年。

在英国伦敦，僧人在清洗佛陀塑像

花瓣

放生

这个泰国佛教徒在放生一条鳝鱼，以庆祝卫塞节（或称佛诞日）。卫塞节是上座部佛教庆祝佛陀诞生、成道和涅槃的节日。在这个时间里所有生物都受到特别关照。在泰国，有的人会停止耕种，以免伤害到小生物，并且放生以积福德。

清洗仪式

在一些寺庙中，卫塞节的标志是清洗像孩童的佛陀塑像。此外，人们也会用花或焚香的方式来庆祝卫塞节。人们点燃在寺庙和树木边上的蜡烛来象征佛陀的教化。还有一些地方举行游行、朗诵《本生经》以及再现佛陀出生场景等活动。

金佛像是节日的中心

佛教徒们在佛像前敬拜

国王皈依佛教

在斯里兰卡，僧侣和普通人聚集在一起纪念一个特别的节日——波桑节。印度阿育王时期，佛教传入这个岛屿。波桑节就是为了纪念这一事件而设立的。这些佛教徒聚集在米欣特莱献祭。据说，阿育王的儿子摩哂陀在这里使斯里兰卡的国王皈依了佛教。

日本儿童正在准备花祭的花

花的能量

日本人在花祭节庆祝佛陀的诞辰。人们用花营造整个花园以纪念佛陀诞生地——蓝毗尼郁郁葱葱的花园。在日本，人们把香茶倒在佛陀的塑像上，据说神曾用圣水为悉达多进行第一次沐浴。

戴面具的僧侣

藏历新年藏语称洛萨节。在这个节日里，人们穿着新衣，吃着称为“卡塞”的食物。在节日尾声的时候，僧侣会戴上吓人的面具，表演一种仪式以震慑在前一年出现的邪恶灵魂。

生命的轮回

每种宗教都各自拥有标志人生关键阶段的仪式。佛教有两个仪式至关重要：第一个是入门仪式。在这个仪式中，儿童或青少年被欢迎进入成年人的佛教社会，并且短暂地成为佛教寺院中的一分子。第二个就是葬礼仪式。这个仪式标志着生命的流逝和未来的重生。由于佛教广泛流传于世界各地，因此仪式也存在很大的差异，但它们都是佛教徒们聚集在一起分享特殊时刻并庆祝他们信仰的重要场合。

出生的祈福

像这位在英国的僧侣一样，一些僧侣会应新生儿父母的要求为他们的孩子祈福。但佛教对婴儿出生没有特别的重视，未设定专门的仪式。想要对孩子出生给予特别标记的父母们往往会采用当地的传统仪式。僧侣在这一仪式中并不是必须的。

小王子

在缅甸仰光大金塔，这些男孩正在参加成人礼。仪式后，他们会短期进入寺院。他们不会立刻被给予僧袍，与其他一些佛教国家不同，他们会穿着像乔答摩离开其亲的宫殿寻道之前的那样华丽而富贵的衣服。

僧人用他的剃刀给孩子剃度

泰国曼谷寺院里的壁画

成年

在正式成为僧侣之前，男孩一般被送到当地的寺院。僧侣们为他们剃度并且送给他们钵和僧袍。这些男孩在寺院里的时间有时候仅仅为一夜，大多时候则是住上几天。有过这一段经历之后，他们不会再被视为儿童了。

比丘尼祝福婚礼

宗教提醒

佛教强调僧尼生活方式的重要性，因此婚礼不被作为一种宗教事件。佛教徒夫妇会选择一种非宗教世俗的结婚仪式。不过婚礼有时会得到僧尼的祝福，这种祝福意在提醒新婚夫妇，僧伽在其生活中仍然是非常重要的。

莲花

蜡烛

家庭善举

当一个人去世了，其亲属通常会将花或蜡烛等供品敬献给当地的僧侣。他们认为这样做会获得功德，并希望此功德传递给逝去的人，帮助他们获得更好的来生。

葬礼习俗

当一个佛教徒死后，通常被放入用布和鲜花装饰的棺木中，然后一队人抬着棺木去寺院。在寺院里，僧侣会诵读关于业和往生的经文。对遗体的处理通常采用土葬和火葬。

缅甸的送葬队伍

印度比哈尔邦的佛塔形骨灰盒

“漂亮芬芳的树皮或树叶，比如沉香木、檀香木及肉桂等被堆积起来做成火葬堆，用永久的悲伤点燃，最终他们将圣人的尸体放在了上面。”

《佛所行赞》舍利

为来世

这个装饰华丽的佛塔形容器可能是用来盛放著名佛教圣徒或大师的舍利子的。火葬是上座部葬礼仪式的高潮。家属一般会用骨灰盒保存骨灰。葬礼之后，家属一般会将死者最喜欢的东西烧掉，以使他们在来世可以继续享用。

保持乐观

虽然一位朋友或亲人的死亡是令人悲伤的，但是对佛教徒来说却是件积极的事，因为这意味着他们走向了来生。致敬死者的仪式可焚香。这会使人们想到佛陀的教义及死亡仅仅是今生与来世之间的一个间隔。

东亚宗教

儒教的虔诚

孔子

孔子或孔夫子（公元前551～前479）是中国伟大的哲学家。当他出生的时候，一个传说预言了他将是“素王”，即“无冕之王”。他的教导与言论被结集成《论语》。

儒教由儒家学派发展而来。对很多人来说，儒教与其说是宗教倒不如说是一种生活方式、一套行为准则。儒教的信奉者推崇他们的大师孔子，对其他神则可信可不信。孔子强调“礼”的作用，“礼”表示正当或有序的行为。孔子教导他的弟子要成为君子。一位君子对他的上级应该总是谦恭、忠实而充满敬意的，对平民也应该是友善的。他还应该履行孝道，即敬重和赡养父母的责任。出于对孝道的信奉，他支持祭祀——对祖先给予巨大的尊敬和荣耀。他希望给社会带来秩序与和谐，人人恪守本分。他教导说，崇拜神灵及敬祖除了意味着礼敬先人之外别无他意。

三教

中国是儒教、道教和佛教三教并存的国度。两千多年来，它们都在中国人的思想和生活中发挥了重要的作用。儒教强调秩序与尊敬，道教则为我们提供了一种对世界的神秘理解，而佛教通过慈悲心与奉献提供一种救赎。它们在发展中不断融合，同时也与由来已久的民间宗教相融合。中国人将家庭和家族作为中心。这一绘画通过将三位圣者放在一起象征性地显示了三教融合的情况：佛（左边）、孔子（中间）和老子（右边）。

孔诞仪式

孔子没有试图建立一个宗教，他只倡导一种建立于良好行为规范之上的生活方式。然而，他去世后，很多庙宇为了纪念他而建立，并且儒教成为了中国的重要宗教之一。

中国台湾台北的当代孔庙

祭孔大典

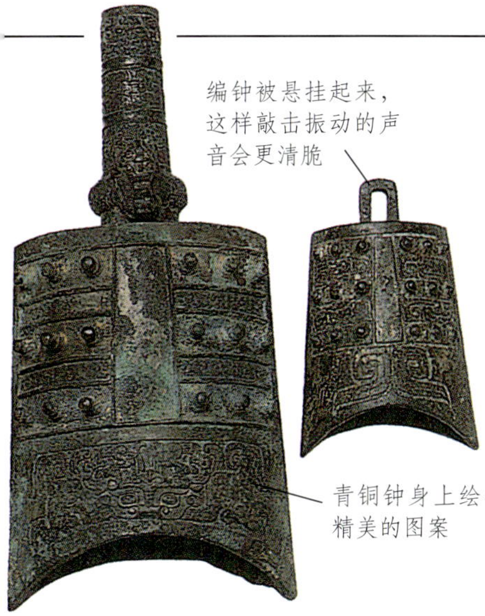

编钟被悬挂起来，这样敲击振动的声音会更清脆

青铜钟身上绘有精美的图案

心灵的音乐

中国人相信钟声可以净化思想并有助于澄清思绪。据说当孔子听到典礼上的钟乐时，受到极大的震动，以至三个月不知肉味。

“己所不欲，勿施于人。”

《论语》

守护神一般有一副凶猛的动物的面孔，这样他们可以更加有效地震慑恶魔

华丽多彩的雕像经常出现在建筑和坟墓中

守护神

中国一些比较重要的建筑物的琉璃瓦屋脊或檐角上，以及坟墓内，都立有象征驱邪镇宅的神兽像。这是一种古老的风俗。图中这一神兽像出土于唐代的坟墓。

祖先的生卒年及称谓等被记录在牌位上

祖先牌位

按照中国民间宗教的做法，祖先以灵魂的方式存在，享用被供奉的牲祭。当一个亲属被埋葬了，人们会立起一座小的石碑。随后牌位会被带回家放置在供台上。

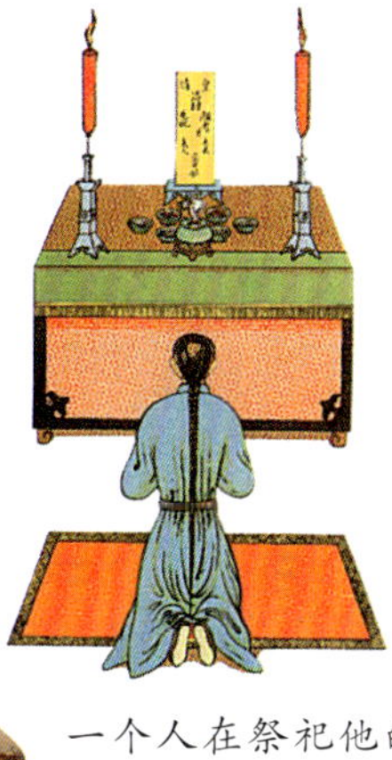

一个人在祭祀他的祖先并献上祭品，这样他的祖先就会护佑他

随葬品

这种建筑模型被放置在坟墓中，以供给死者来生所需。子孙们每年到坟前举行祭祖的仪式。

道的本原

阴与阳

阴阳的符号代表道推崇的观念，即一切事物都有正反两面的对立，且对立的两面可以互相转化。阴——黑夜，女性，被动，柔软；阳——白天，男性，主动，强硬。

道教徒相信整个自然界存在着一种本原的力量，控制着天地万物的存在和运转。他们将这种本原称为道。道意味着道路或方法。追随道就是追随自然的法则。道教主张“水的行为方式”，因为水是温和而柔顺的，它会自动地流入低洼之处。但水也是最有力量的物质，能养育万物。道教有两种派别：世俗的和哲学的。哲学道教的追随者们一般是神秘而沉静的。他们通过清净内心，减少欲望，获得对道的理解，并且追求与道合一的和谐生活。世俗道教与哲学道教有所不同，它的特点是信奉很多神灵，信徒们寻求这些神的帮助，而妖魔鬼怪则害怕这些神。追随者们使用法术和仪式来驾驭“德”——德行或力量——希望长生不老。

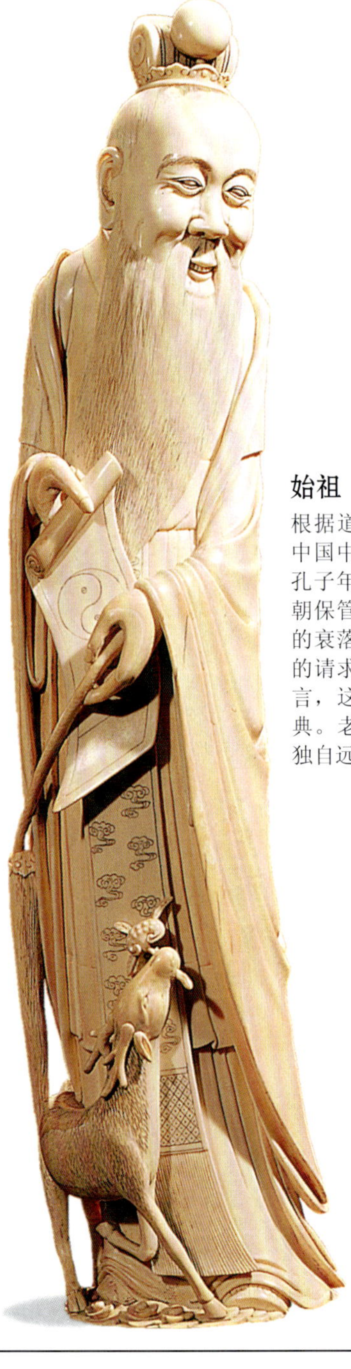

始祖

根据道教传说，老子生活在公元前6世纪的中国中原地区，与孔子是同时代的人，据说孔子年轻时曾经拜访过他。老子的职业是周朝保管文献的官员。到了晚年，他看到周朝的衰落而决定出走。至函谷关，在关令尹喜的请求下，老子著书上下篇，言道德五千余言，这便是《道德经》——后被道教奉为经典。老子将《道德经》留给尹喜后骑着青牛独自远去，从此杳无音信。

铁拐李曾经在神游天国时拜访过老子（太上老君），他在天国待的时间太久了，以至于回到凡间时，他本来的肉体已经消失了，因此他的魂魄只得进入一个跛脚乞丐的体内

吕洞宾抵御了一系列的诱惑之后，被赐予一柄有法力的剑，他用这把剑降妖除魔

何仙姑以云母粉和月光为食，她的法器是荷花

曹国舅是戏院的守护神，戴着官帽，穿着官服，单手拿着法器——云阳板

八仙

八仙是传说中通过修行得道成仙的人。据说他们在人间生活多世，并且每一世都用不同的形态示人：或贫穷，或富有；或贵族，或平民；或年老，或年轻；或强壮，或羸弱。图中他们与令人尊崇的神仙西王母在一起，西王母赐予诸神仙桃，这种仙桃生长在昆仑山瑶池园里。

仙鹤

传统中国人注重死亡、长生及意味着祖先崇拜的葬礼，因此与之相关的仪式是非常重要的。一个纸质的仙鹤经常在送葬队伍的前面被高举着（见图）。纸鹤代表来自天国的有翼信使。当纸鹤被焚烧时，死者的灵魂骑着仙鹤到达天堂。

寿星

中国人非常强烈地渴望长寿。因此，寿星即长寿之神就成为流行的偶像。他要么单独出现，要么与八仙一起出现。他的雕像有石质、木质、铜质及陶瓷等各种材质的。寿星也被作为陶瓷或刺绣作品的主题。他高耸的前额与秃头很容易辨识。

> “万物负阴而抱阳，冲气以为和。”
>
> 《道德经》

仪式的作用

世俗道教提供日常的宗教需要。无论官方哲学是什么，人们都会坚信个人崇拜的神或精神追求，并寻求它们的帮助。图中，道士们正在一个仪式上焚香。他们相信通过仪式和法术能够获得能量（德）。道士们主要致力于治疗疾病和驱鬼。

神道教的和谐

神圣之门

自古以来，被称为鸟居的大门就是神社的一个标志。因为优美的自然环境通常资源比较丰富，所以神社和鸟居都被建在这些被树木或岩石环绕的神圣的地方。著名的严岛神社壮观的红色鸟居矗立在濑户内海的水中，它是日本最佳景观之一。

神道教是日本最古老的宗教。这一名字的意思是“神之路”。神道教是一种自然宗教，核心是“神”——凝聚了自然力量的超自然精神体或海洋、山川、动物、鸟类以及植物的神灵，甚至祖先也可以成为神。据说在日本，包括国家的、地方的以及家庭的神社中，有800万神被崇拜。自然本身的力量也被称为神，并且被视为神圣的，能激发敬畏和奇妙的情绪。最重要的神社都坐落在风景优美的山上、林中和海边。

神道教女神

神道教的神很少会以具体的形象供人崇拜。其中一个例外就是中津舞，她是在天堂之下的八岛国的女神。在异教看来，她是佛教观音的化身。

被称为天手力男的神靠近洞穴，把天照大神拉了出来

神灵用宝石和镜子装点天堂的树，然后起舞作乐以吸引天照大神的注意

天照大神

天照大神也被称为太阳女神，是神道教的最高神。她的主要祀奉地势神宫在日本是最受欢迎的。传说有一次她的兄弟风暴之神激怒她，于是她藏到了山洞里，将黑暗留给了大地。为了说服她出来，他的神祇将珠宝、镜子和很多物品挂到树上，并且为她起舞。她很奇，想看一下外边发生了什么事情。她发现了镜子中的自己，当她再看清楚一些的时候被众神拉了出来。从此黎明总在黑夜之后出现。

富士山

从古以来，山就被看作神灵居住的场所。很多神道教艺术涉及神山、神灵、礼拜、神社等内容。神道教艺术还反映了神道教与佛教长期的相互作用的关系。

神圣

对于“神圣”的理解因人而异。可认为超越于通事物的就是神圣。存在物或地点也可以是神的。当我们感受神圣的时候，我们会感到敬畏奇妙，或祈祷，或恐惧，或平静，或有一种“整性”的感觉。“神圣”这个词也指道德或精上的善。

道教与佛教

其说神道教是一
教义性的宗教，不如
它是一种体验性的宗教。因此，在6
己佛教传入日本之后，神道教很容
就与佛教融合了。在各地神社中，
道教神的形象看起来像当地制作的
和菩萨像，往往佛教寺院就在这些
土中或神社旁。图中这些佛教僧侣
常参加神道教的重要节日。

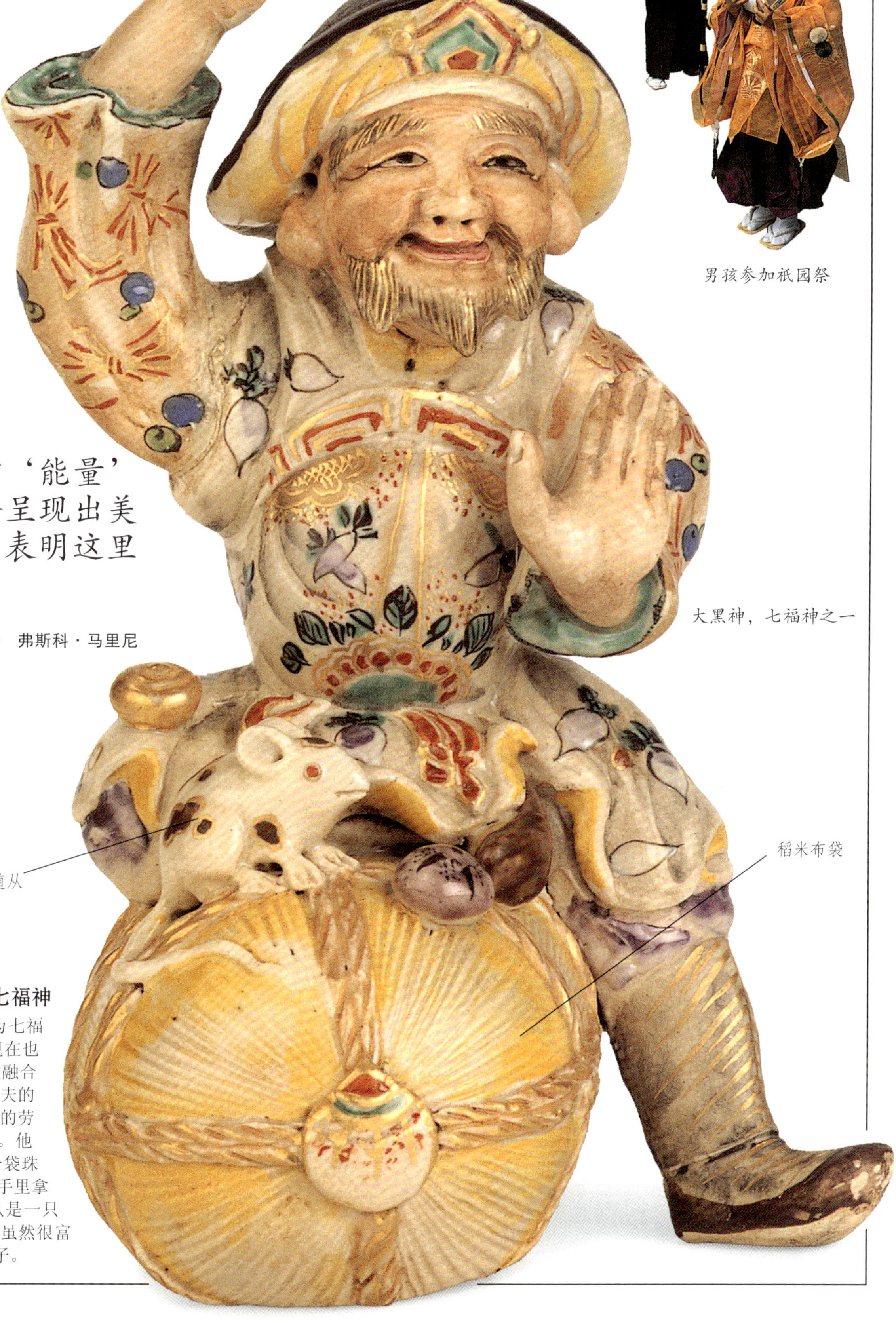

大黑神，七福神之一

神社与节日

在神道教崇拜中，节日是非常重要的，所有神社的礼拜者都会关注它。从16世纪开始，神道教最重要的节日祇园祭每年举行一次。当地居民推着装饰华丽的高大彩车穿过京都的大街。节日中，这个小男孩对当地神祇表达他的尊重之情。

男孩参加祇园祭

> "无论在哪里，宇宙'能量'到一定的强度就会呈现出美、力量以及神奇，表明这里'神'的存在。"
>
> 《日本：国家形态》 弗斯科·马里尼

七福神

能够带来福气和好运的七尊神被称为七福神。他们最早是佛教崇拜的神明，现在也被神道教崇拜——这是佛教和神道教融合的又一个例子。大黑是财神，也是农夫的守护神。他经常与他的儿子——诚实的劳动者之神惠比寿在画作中一起出现。他经常是坐在稻米布袋上，肩上背着一袋珠宝，胸前有金色的太阳形状的盘子，手里拿着一把能满足愿望的木槌。他的随从是一只老鼠，有时表现为在啃咬米袋。大黑虽然很富有，但他非常和善。据说他也喜欢孩子。

锡克教

锡克教信仰

锡克教徒信奉一个神，即古鲁（真正的导师）。古鲁是不朽的、无形的宇宙创造者。对于锡克教徒来说，古鲁最重要的是他的教导，这些教导蕴含在锡克教圣典《阿底·格兰特》中（见120页）。锡克教早期的领袖被认为是神的旨意的传导者，因此他们被尊称为祖师（古鲁）。第一代祖师那纳克（1469～1539）在印度北部创建了锡克教，现在许多锡克教徒依然定居在那里。那纳克是一个很好的导师，创建了一个与他拥有共同信仰的教团。他去世前，指定安格德为他的继承人，即锡克教第二代祖师，其后锡克教还有八代祖师。他们创作圣歌，给予人们更多道义上的指导，这些都为锡克教奠定了基础。

考达抓着马尔达纳置于热锅之上

祖师那纳克向考达讲话

祖师那纳克拯救马尔达纳

在许多古老的故事中都讲述到克非凡的教导能力。其中一个讲述那纳克的同伴马尔达纳被叫考达的食人者抓住，当考达将马尔达纳放进烹锅时，那纳他喊道：“你愿意将自己抛进之火吗？”考达意识到他的行在将自己引向地狱之路，因此改变了自己的行为，成为那纳追随者。

马尔达纳和他的拉巴布琴

信徒聆听那纳克的教导

那纳克和音乐家

祖师那纳克的朋友马尔达纳是一个天才的音乐家，但他很贫穷，以至于买不起一件乐器。那纳克的妹妹同情他，给了他一把形似琵琶被称为拉巴布琴的弦乐器。从此，只要那纳克通过唱圣歌的方式教导人们，马尔达纳就用这把拉巴布琴为他伴奏，创作出许多优美的旋律，使祖师的教导更加容易被吟唱和牢记。

念珠

通过手指的节奏，念珠有助于集中思想念诵神的名字。

流苏是念珠的首端以及末端

祖师那纳克

那纳克出生于今巴基斯坦拉合尔附近的一个印度教家庭。他长大后成为一名政府官员，接触了许多穆斯林，但是，他既不满意印度教，也不满意伊斯兰教，便决定按照自己的方式寻找神。因此，他辞去工作，游历四方，向人们讲述如何找到自己心中的神。他教导说，无论人们处于什么社会阶层，信奉什么宗教，神都存在于每个人的心里。

受尊敬的五人

1699年发生了锡克教历史上的重大事件。第十代祖师戈宾德·辛格寻求愿意为信仰而牺牲的志愿者，五个志愿者前来并且一个个走进祖师的帐内。每次，戈宾德·辛格都带着一把沾满血的剑出现。最后，他带着五个活着的人出来了。他解释说，这些人已经为他们的信仰做好了奉献生命的准备，如所有锡克教徒应该做的那样。这五个人是最早的“卡尔沙”（意为“纯洁”）成员。不久卡尔沙成为锡克教的主要教团。

现代英国锡克教徒表演受教徒爱戴的五人的故事

代祖师

师那纳克逝世前，他指定创古鲁穆奇字母用于书写锡克字的安格德为继承人。之后几代祖师中有阿姆利则圣的创建者——第四代祖师姆·达斯；锡克教圣典的编者——第五代祖师阿尔琼；进行政治反抗而被莫卧儿王皇帝处死的第九代祖师得·巴哈杜尔；那纳克之后最大的祖师——第十代祖师戈德·辛格，他结束了祖师世的传承，将祖师的权威赋予圣典《阿底·格兰特》（见页）。

第一代祖师那纳克（1469～1539）

祖师那纳克逝世后，他身边的花一直盛开着，向锡克教徒提示着他的教导

第十代祖师戈宾德·辛格（1666～1708）

第九代祖师得格·巴哈杜尔（1621～1675）

第二代祖师安格德（1504～1552）

第八代祖师哈尔·克里香（1656～1664）

《古鲁·格兰特·沙哈卜》

左至右：第三代祖师阿马·达斯（1479～1574）、四代祖师罗姆·达斯1534～1581）、第五代祖阿尔琼（1563～1606）、六代祖师哈尔·戈宾德1595～1644）、第七代祖师尔·拉伊（1630～1661）

锡克教圣典

随着锡克教的传播，锡克教徒需要用一种标准的形式汇编他们的圣歌，使教义保持一致性。17世纪初，第五代祖师阿尔琼完成了这项工作，他创作的《阿底·格兰特》，成为锡克教最主要的圣典，其更广为人知的名字是《古鲁·格兰特·沙哈卜》。该圣典包括一系列根据音阶高低分组唱诵的赞歌。《古鲁·格兰特·沙哈卜》是锡克教信仰的核心，教徒在寺庙和家中按时诵读。在整部圣典中，一个主要的信念一再出现：锡克教徒灵魂的拯救依赖于不断冥想神的名字，使人沉浸于神的存在之中。

戈宾德·辛格

第十代祖师戈宾德·辛格宣布他将是最后一位人类祖师。他将祖师作为宗教和政治领袖的权力传给《古鲁·格兰特·沙哈卜》和锡克教教团卡尔沙。这就是这部圣典——《古鲁·格兰特·沙哈卜》本身作为祖师而著称的原因。戈宾德·辛格自己的著作也出现在另一部圣典《达萨姆·格兰特》中。

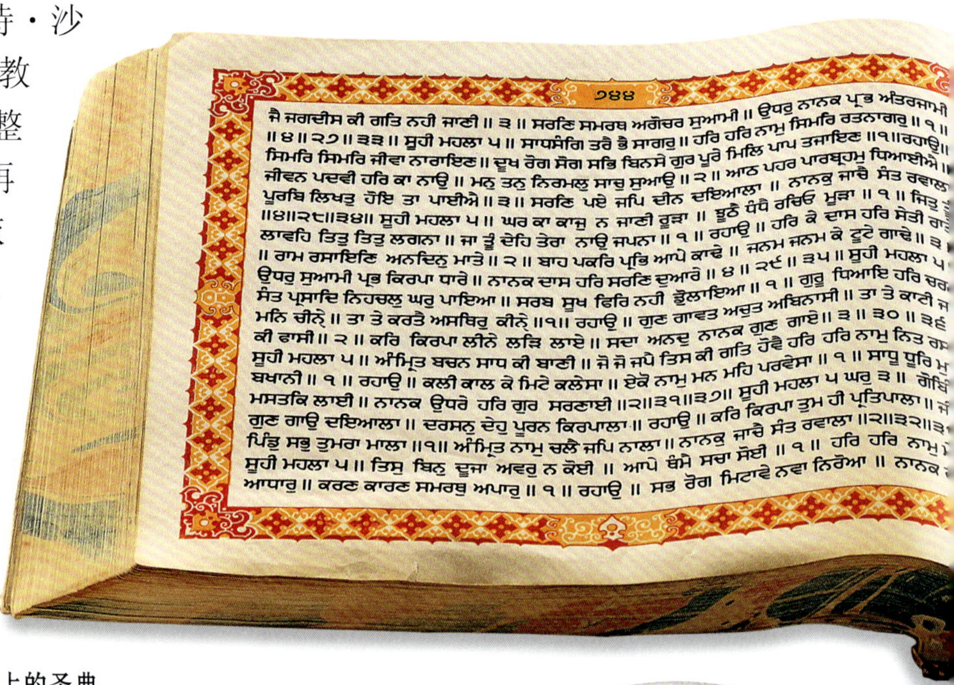

《古鲁·格兰特·沙哈卜》

《古鲁·格兰特·沙哈卜》中的大多数赞歌都是由锡克教祖师自己创作的，少数由印度教和穆斯林诗人创作的赞歌也被收录其中。这些赞歌将神描绘成万物的创造者，是永恒和无穷的，是美丽、仁慈和真理的源泉。

王位上的圣典

《古鲁·格兰特·沙哈卜》极其受到尊重。每一部都被安置在华盖下面一个专有的宝座上，并在整个晚上用防护布盖起来。人们要光着脚、遮盖住头部接近《古鲁·格兰特·沙哈卜》，到附近时要俯下身体。

诵读圣典

锡克教没有专门的祭司。当锡克教徒聚在一起祈祷时，通常由一位格兰缇诵读圣典。格兰缇是管理寺庙并在祈祷时扮演主要角色的公职人员。格兰缇既可以是男性，也可以是女性。他或她必须能诵读古鲁穆奇文字的圣典。

这个拂尘是用牦牛尾巴上的毛制成的

被圣化的拂尘

拂尘是像扇子样的物品。锡克教徒在诵读或抬出《古鲁·格兰特·沙哈卜》游行时，用拂尘拂去圣典上的尘埃。这是向圣典表示尊重的一种方式。拂尘被认为是高贵身份的标志，因为仆人们用它在国王和贵族的头上挥动以使他们保持凉爽。

捐献箱

锡克教特别重视捐献，鼓励个人资助卡尔沙。每个锡克教社区的中央都有一座寺庙，提供像青年俱乐部和图书馆这样的设施。捐献箱放置在圣典《古鲁·格兰特·沙哈卜》附近，便于人们为寺庙和社区捐献钱财。

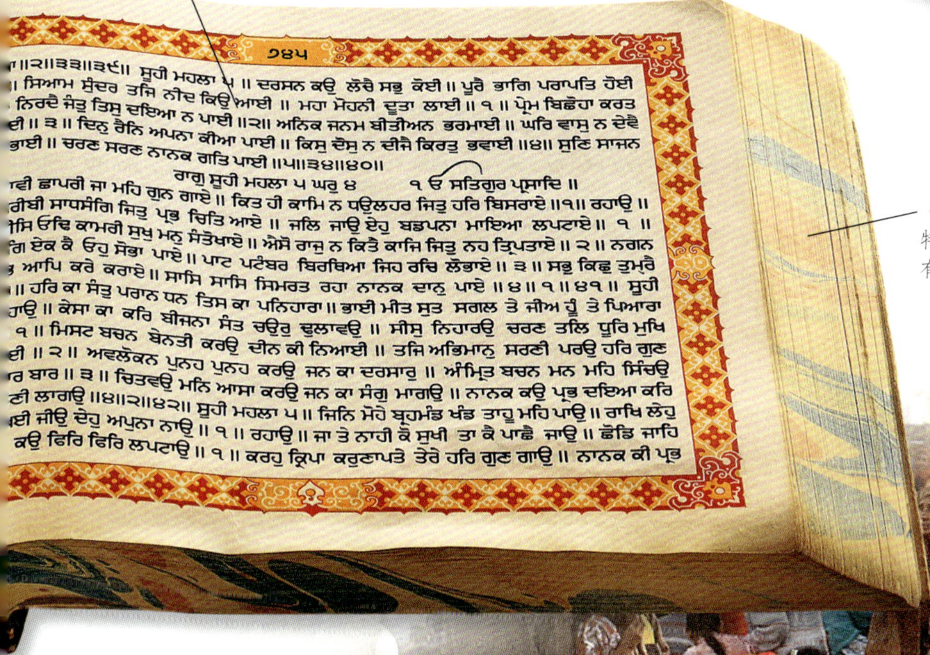

用古鲁穆奇文字书写的赞美诗

《古鲁·格兰特·沙哈卜》有1430页

节日游行

在印度凡是与锡克教祖师有关的节日，锡克教徒都要抬着圣典《古鲁·格兰特·沙哈卜》游行。圣典被放置在用花装饰的华盖之下，由一些年长的锡克教教团的成员护送，其中一些人要佩戴蓝色肩带，以纪念受尊敬的卡尔沙五人。

谒师所与礼拜

取名仪式

为新生儿取名是在谒师所中举行的仪式之一。格兰缇随意翻开《古鲁·格兰特·沙哈卜》，吟诵靠左手一页的第一首赞美诗。第一个词的第一个字母将作为孩子名字的第一个字母，之后由父母选择，格兰缇宣读名字。

锡克教寺庙也被称为谒师所或古鲁的大门。谒师所不一定是一所特别的建筑，只要圣典《古鲁·格兰特·沙哈卜》得到妥善安置，任何地方，甚至私家房屋，都可以成为谒师所。谒师所的主要作用就是提供一个人们可以聚在一起做礼拜的地方。在公共寺庙，人们在祈祷大厅做礼拜，圣典《古鲁·格兰特·沙哈卜》被放置在那里，大厅有足够的空间供礼拜者坐在地板上。寺庙还为每个人提供食物，并且有厨房和就餐的地方。节日庆典也在谒师所举行，在许多锡克教社区，婚礼之类的仪式也在谒师所举行。在印度，谒师所也是社区的中心，许多谒师所开办学校，提供医疗服务。

在寺庙中，每个人都戴着头巾表示尊重

礼拜仪式

锡克教礼拜仪式包括祈祷、简短的布道和全体参与者分享一种特制的酥油糖面饼。仪式在被称为“阿达斯”的正式祷告后结束。祷告首先回顾锡克人经历的灾难，最后以意为“卡尔沙属于神，胜利属于神”的话语结束。仪式无论男女都可以参加，但是，传统上男女分开而坐。

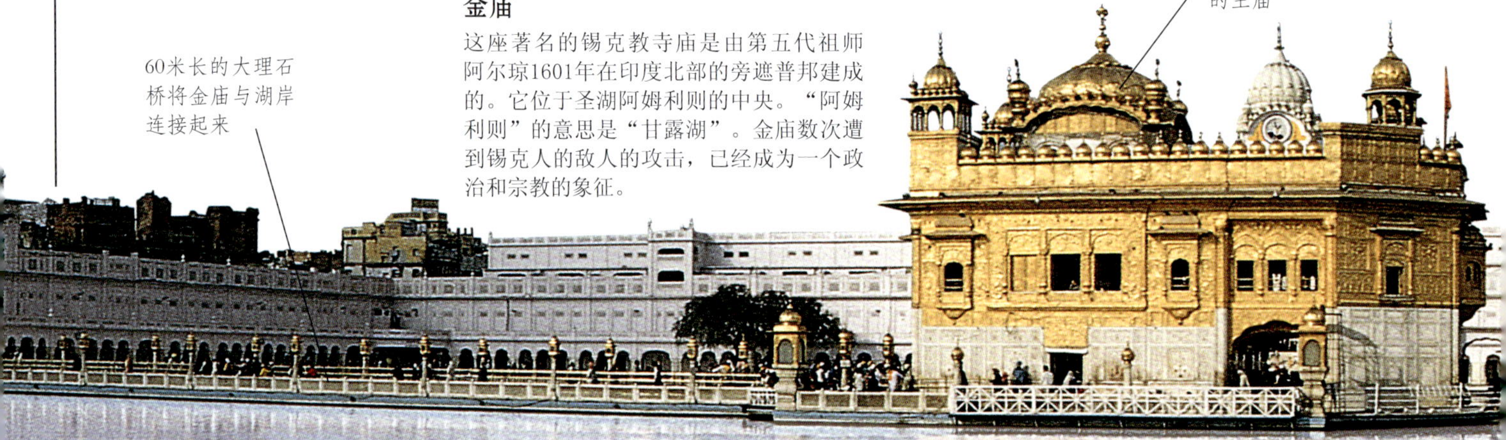

安放《古鲁·格兰特·沙哈卜》的主庙

60米长的大理石桥将金庙与湖岸连接起来

金庙

这座著名的锡克教寺庙是由第五代祖师阿尔琼1601年在印度北部的旁遮普邦建成的。它位于圣湖阿姆利则的中央。“阿姆利则”的意思是“甘露湖”。金庙数次遭到锡克人的敌人的攻击，已经成为一个政治和宗教的象征。

“所有我见过的地方，没有一个可以与你媲美。”

《古鲁·格兰特·沙哈卜》祖师阿尔琼论金庙

社区聚会

锡克教徒除了在谒师所举行礼拜外，还可以聚集在这里讨论他们的信仰或当地社区有影响的事情。这群锡克人在金庙的一个拱门下交谈。他们都光着脚，因为任何人进入金庙前都必须脱掉鞋子和袜子，并洗净脚。

旋律的中心

音乐在锡克教礼拜中起着重要的作用。锡克教礼拜仪式中包括颂神礼，即唱《古鲁·格兰特·沙哈卜》中的赞歌。大多数情况下，都是由坐在圣典旁边的乐师用西塔琴这类乐器演奏。唱这些赞歌是赞颂神，不过还有更深层次的含义。唱神的教导使教徒与神更加接近，从而可以帮助每个人发现自己心中的神。唱赞歌被描述为“心灵和灵魂的食粮”。

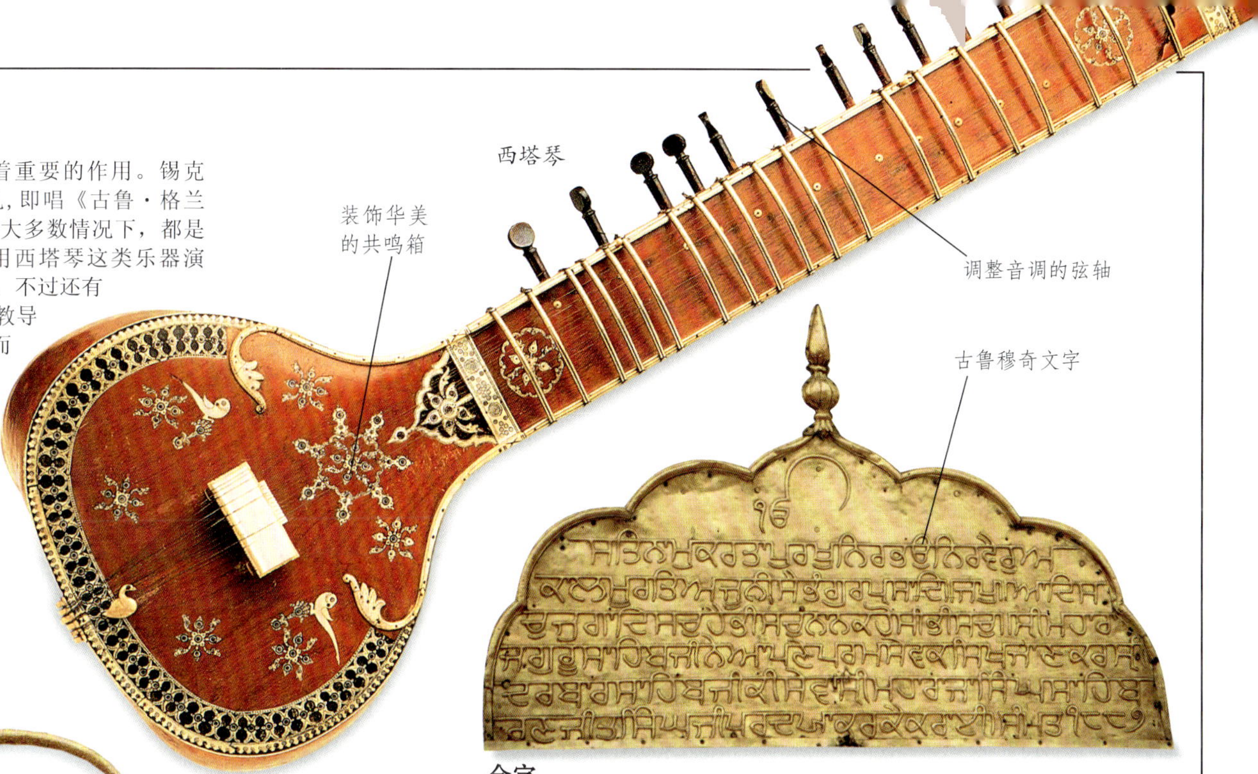

金字

在金庙一个入口上方题写着引颂。引颂是祖师那纳克描述神和总结锡克教基本教义的文献。引颂在《古鲁·格兰特·沙哈卜》卷首的位置，锡克教徒在做礼拜的时候都要背诵。

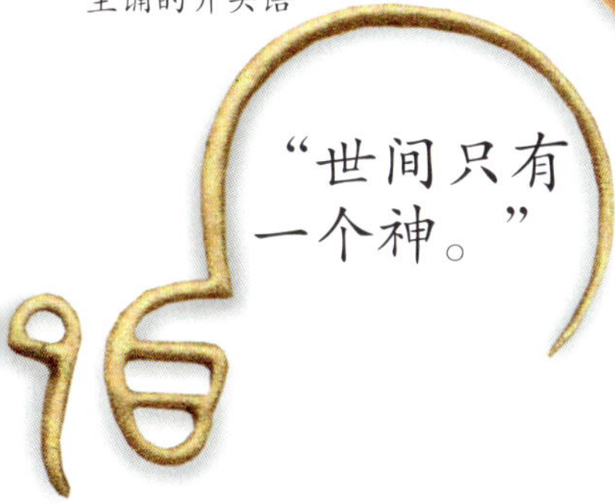

“世间只有一个神。”

“永恒的真理就是他的名字。”

冥想的方式

成年的锡克教徒必须做出三个承诺——努力工作、为他人服务、经常冥想神的名字，希望将自己沉浸在其中。锡克教徒可以采用正规的方式冥想：双腿交叉地坐在安静的地方，全神贯注于神，反复念神的名字。更多的时候，锡克教徒可以随时随地不断地冥想，比如早上起床时或上班的途中。

成为一名锡克教徒

锡克教徒信奉一个神，遵从十位祖师和《古鲁·格兰特·沙哈卜》的教导，而且在青少年时就要加入卡尔沙社团，没有其他宗教信仰。锡克教徒必须定期礼拜，努力工作，穿戴有标志的服饰，如五K和头巾，通过帮助需要帮助的人而服务于他人，无论他们的信仰或社会等级。早期的祖师尽可能避免社会等级对锡克教的影响，因此所有等级的人都在一起吃饭和做礼拜。由于印度人的姓表明了一个人的种姓，祖师戈宾德·辛格就给予锡克人两个新的没有种姓的名字——“辛格”和“考尔”。男人包括祖师戈宾德·辛格在内，用“辛格”（意为“狮子”）；女人用“考尔”（意为“公主”）。

亢达

锡克人的标志

锡克人通常将卡尔沙的标志亢达摆放在家里，或者作为徽章佩戴，以示锡克人的身份。亢达中部双刃剑代表了作为锡克教徒的两个方面——圣徒和武士。圆圈代表神的独一性和人类的团结。两把弯剑表示世俗和精神的两种能力。

亢达徽章

保卫锡克教信仰的长剑

配有精美的鞘的匕首

在头上洒甘露

甘露仪式

这是锡克教徒成为卡尔沙成员的仪式。卡尔沙新成员要饮用甘露（水和糖做的），主持者将甘露洒在他们的头发和眼睛上。新成员可以无限制地饮用甘露，以加强他们对锡克教的承诺。

萨瓦

“萨瓦”一词的含义是服务。锡克教徒相信，为他人服务是侍奉神的一种方式，因此，萨瓦可以使助人者更接近神。萨瓦可以是为当地社团准备膳食，如左图这些妇女正在为谒师所准备免费公共餐。但更重要的萨瓦则是超越了只为自己社团服务的范围，而去帮助所有不同宗教、阶层或种族的人。在印度，一种普遍的萨瓦方式是在公共场所提供水，所有锡

包头巾

男性锡克教徒必须像祖师那样每天包头巾，以显示他们对宗教创建者的爱戴和尊敬，并使他们从未剪过的长发保持整洁。锡克教妇女更普遍的是戴长长的披巾，但有些妇女也戴头巾帽。

将头发梳理成一个发髻

1. 头发

在包头巾之前，要戴上一顶头巾帽或者包一层里布，以防止头发露出来。

这种不同颜色的里层头巾具有装饰作用

2. 包头巾

锡克人将头巾缠绕在头上，每一圈稍微改变一下角度。最终只留下解开头巾的一端。

3. 最后的步骤

将头巾的末端整齐地塞入后，带上装饰，包头巾完成。这个锡克人的头巾装饰有亢达的徽章和轮。轮是一个金属环，最初的功能是在战斗中抵挡剑的攻击。

长剑鞘

礼服

此图显示的整套装束现在主要用于节日和游行。其实，自第一代祖师以来，锡克人为了防御他人的进攻，使自己和群体免受迫害，他们开始佩带武器，这已成为很平常的事情。锡克人经常强调，无论佩带长剑还是象征性的匕首，他们的武器都是防卫性的，战斗是不得已的选择。

钢手镯

梳子

短裤

匕首

五K

卡尔沙成员应该佩带五件物品，每一件都以字母K开头。这些物品提醒他们要忠于锡克教和教团。留长发（Kesh）提醒锡克人他们接受了神的意志；梳子(Kangha)代表个人的整洁；铁或钢制的手镯（Kara）表示对神的忠诚；与束带系在一起的短裤（Kaccha）是贞洁的标志；最后，匕首（Kirpan）代表抵抗邪恶。

犹太教

起源

犹太教是世界上最古老的宗教之一，可以追溯到4000年前。另外两种世界性宗教基督教和伊斯兰教也是从犹太教衍生出来的。犹太教的核心是信仰上帝。犹太人可以将其起源和信仰追溯到希伯来人，即后来众所周知的以色列人。希伯来人在今被称作中东的地区过着一种游牧生活。亚伯拉罕被认为是第一个犹太人，他和他的儿子以撒、孙子雅各一起被视为犹太民族的族长。后来，雅各的12个儿子分别成为了以色列12个部落的首领。他们的故事在《希伯来圣经》（基督徒称为《旧约》）里被提及。

天命亚伯拉罕

尽管亚伯拉罕出生在一个崇拜多神的社会，但是作为一名青年，他拒绝这种崇拜方式，开始崇拜至高无上的上帝。他相信是上帝叫他离开自己的家乡哈兰（位于今天的伊拉克）去成为一个伟大国家的首领。

黏土杯

饮用瓶

苏美尔人的陶器

诸如此类的考古发现，提供了关于传说中先辈的那些故事所发生的时代信息。这些故事，大致发生在公元前2600～前1800年，最早到达埃及的亚伯拉罕的故事以及约瑟在埃及的生活都发生在大约公元前1800年。文物的挖掘有助于我们了解圣经时代的人们是怎样生活和工作的。

契约

《希伯来圣经》上记载了上帝是如何与亚伯拉罕达成协议的。上帝承诺让他的孩子居住在一个称为迦南的地方。作为回报，亚伯拉罕和他的后代必须信仰和遵从上帝。这根古老的黏土柱上刻有亚伯拉罕和他的子孙后代的名字。

游牧生活

据《希伯来圣经》记载，犹太人的祖先是游牧民族，像现在的贝都因人。他们以部落或家庭为单位，群居在朱迪亚沙漠的边缘，为了给动物寻找水源和牧场，他们逐水草而居。

伯拉罕和他即
用来献祭的儿
以撒

以撒

亚伯拉罕和他的妻子撒拉
想知道上帝的承诺怎么才
能实现——因为他们已
经上了年纪，不能生育
孩子了。但是正如上帝
所承诺的，撒拉确实生
了个儿子，叫以撒。上帝为
了考验亚伯拉罕是否遵从自
己，让他牺牲自己的儿子。当
亚伯拉罕准备杀子献祭时，
上帝便叫他杀一只公羚羊取
而代之。犹太人把这个故
事叫作“被缚的以撒”，
希伯来语是“捆绑”的意思，
因为当时以撒只是被绑着，没有
被杀来祭祀。

雅各的故事

以撒有两个儿子，分别
是雅各和以扫。雅各是
第三位也是最后一位
族长。一天晚上，上
帝出现在雅各的梦中
并告诉他：他躺的这
片土地将属于他的后
裔。上帝将雅各改名为
“以色列”。后来，雅
各有了12个儿子，其中
包括即将统领以色列12个
部落的约瑟。

雅各和他的12个儿子

约瑟在埃及

约瑟是雅各最喜爱的儿子。有一天，嫉妒他的哥哥们把他卖给一些商人。于是，约瑟被带到埃及，当了一名奴隶。人们称埃及的统治者为法老。这些法老为自己的坟冢和珍宝修建宫殿、神庙和金字塔。约瑟想方设法在埃及朝中担任要职，并打扮成埃及官员的模样。

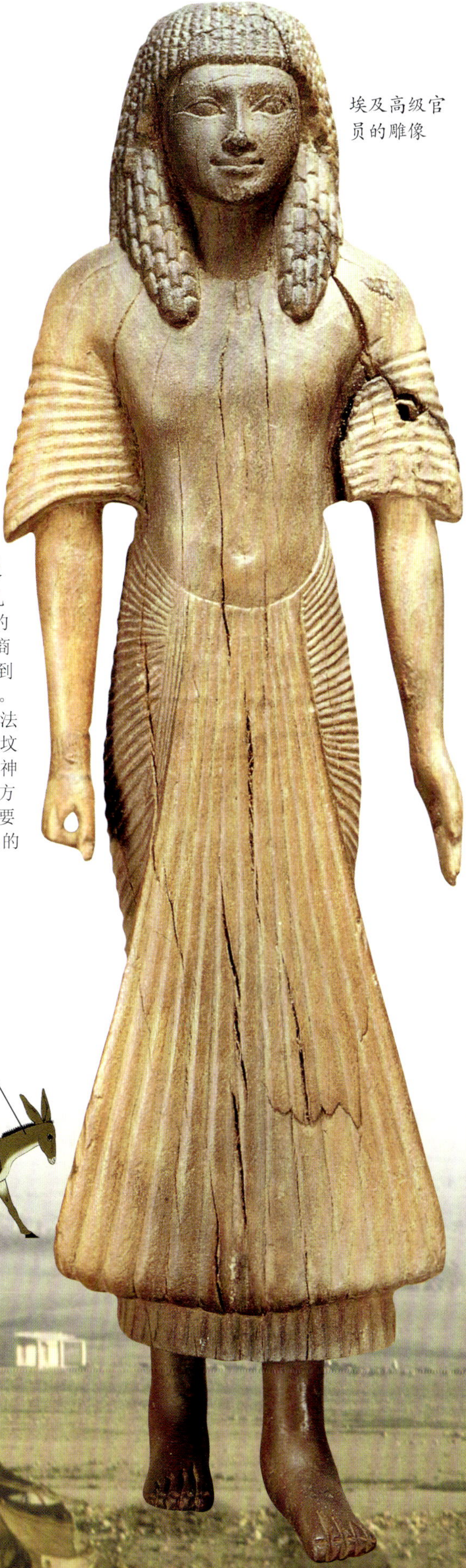

埃及高级官员的雕像

进入埃及

为了逃避饥荒，约瑟的家人来到埃及，约瑟与家人终于团聚了。这幅埃及壁画出自公元前19世纪的克奴姆陵墓。壁画展示了似乎是闪米特人的一队人马前往埃及，就像约瑟的家人一样携带着牲畜和货物。

拉姆西斯二世

摩西时代的埃及法老是拉姆西斯二世（公元前1279～前1213）。据他这一朝代的皇家历史记录，他使用奴隶来建造他的城市。

在埃及的生活

以色列人遭到埃及主人的虐待。他们同别的国家来的人们被法老当作奴隶，一起建造城市和神庙。

应许之地

约瑟死后约300年，埃及的统治者便转而反对以色列人。于是上帝选了一位名叫摩西的人领导以色列人离开埃及，前往“应许之地”——迦南，这就是著名的《出埃及记》。以色列人必须遵从一套律法，其中包括摩西十诫。在旷野中游荡了40年后，他们终于到达迦南。据《圣经》记载，这是一块淌着牛奶和蜂蜜的土地，后来重新命名为以色列。在这里，人们将会建造庙宇，依照《托拉》（亦译《摩西五经》《律法书》）生活；他们会有自己的国王、祭司和先知。最重要的是，上帝应许给他们和平与繁荣。作为回报，他们答应上帝遵守所有的律法，并对迦南居民展示他们的正义和仁慈。

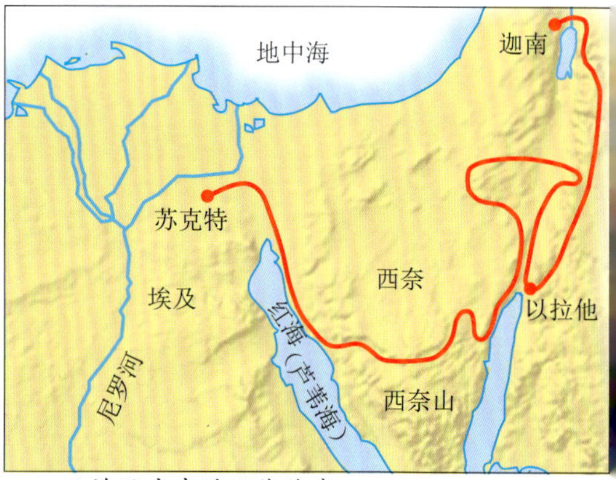

从埃及出走的可能路线

这幅埃及壁画描绘的是奴隶们在制砖

10个灾难

摩西按照上帝的指示离开了在西奈半岛的家，去了埃及。他要求法老给以色列人自由，但是法老拒绝了，于是上帝制造了一系列可怕的灾难。当第十个灾难发生的时候，死亡之神越过了以色列人的家，但每一个埃及人的长子都夭折了，包括法老的儿子。于是法老只好同意以色列人离开——以色列人得救了。在摩西的带领下，以色列人离开埃及去寻找迦南。

摩西领导着他的人民

法老的军队赶到时，大海把他们包围了

穿越大海

法老改变主意后没过多久，就派兵去追赶那些已经在海边安营扎寨的以色列人。这个地方很可能就是芦苇海——最初的希伯来语翻译是红海，但是红海在出埃及路线的南部。对于这些受到惊吓的以色列人来说，这是第一次对他们忠顺的考验。他们指责摩西把他们带到这里遭遇危险。恰在此时上帝把海水分开了，于是他们可以安全渡海。当法老的军队赶到时，这些海水又合拢把大军给淹没了。于是人们欢呼雀跃，再一次坚定了上帝引领他们到达“应许之地”的信心。

“我是你们的上帝，带领你们走出埃及，摆脱埃及人的奴役。除我之外，你们不能信奉别的神。”

摩西十诫之一

上帝的律法

抵达西奈山后，摩西就接到了上帝颁布的《托拉》（所有的律法，包括摩西十诫）。这些律法写在石版上，后来收藏在一个特别的柜子里，即所称的约柜。摩西宣读过这些律法后，就代表以色列人接受了上帝的圣约。

14世纪《圣经》插图，描绘摩西在西奈山上

应许之地

当以色列人到达迦南边境时，他们发现不可能轻而易举地打败当地的居民，于是他们又反悔了。由于他们缺乏坚定的信念，上帝让他们在荒原里游荡了40年，以此作为惩罚。当以色列人的下一代最终占领迦南后，这块土地被分为以色列的12个支派，他们都是雅各的后代。上图是约旦河谷，古迦南的一部分。

迦南人的神

在迦南居住的人崇拜许多神灵。巴力是最受迦南人欢迎的神。对于以色列人的宗教而言，对异教神的崇拜是一种潜在的威胁。

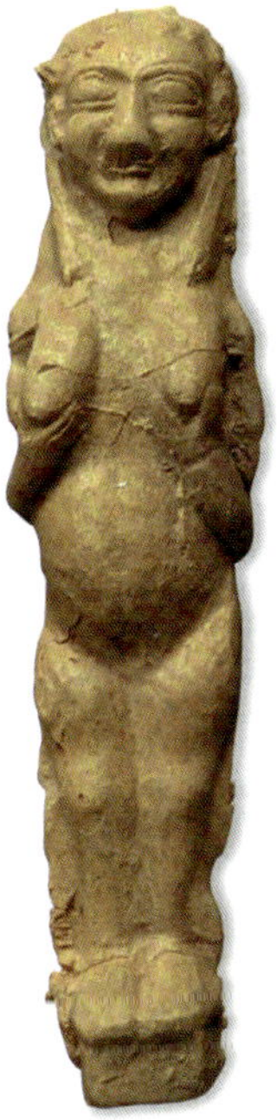

生育女神

巴力的青铜像

第一位国王

扫罗受膏

几个世纪以来，以色列人被部落的首领士师领导。以色列人恳求先知撒母耳请上帝赐他们一个国王。英勇无比的扫罗被选中担任第一位国王来统治以色列，并把所有的部落都团结统一起来。扫罗在位期间（公元前1025～前1004）组建了一支军队，向敌人发动了战争。但扫罗常常违背上帝的旨意。他最终牺牲在同非利士人的战斗中。

在古代以色列，国王的统治是一个循序渐进的过程。当以色列人定居在迦南时，与非利士人的领土纷争此起彼伏。公元前11世纪末，以色列战败。人们呼吁由一个国王来统治，因为只有国王才会把以色列所有的支派团结统一起来。人们期望犹太国王是公正和善良的，但许多国王由于违背了公正的原则而臭名昭著。当国王和祭司镇压穷人，制定不公正的法律时，是先知们批评指责他们。先知们还呼吁实行道德和宗教改革。先知经常被视为国家的敌人，他们往往因直言不讳而受到惩罚。

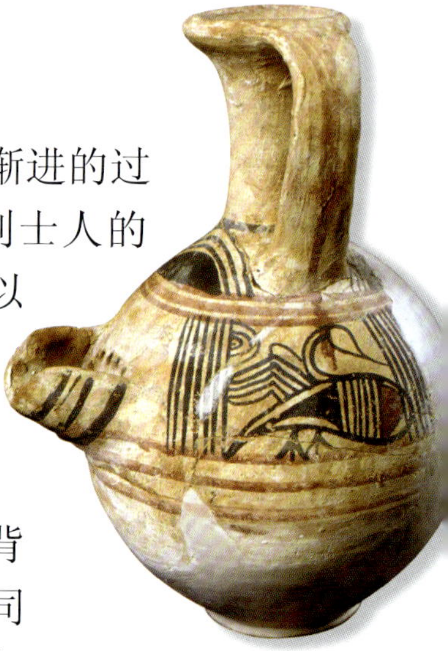

海上民族

非利士人被称为海上民族。他
从爱琴海航行到埃及，最终定
在迦南海岸。上图展示的是公
前12世纪非利士人的水壶，从
体现了他们高度发达的文化。

15世纪绘画作品中的耶路撒冷

耶路撒冷亦称大卫城

耶路撒冷

在耶布斯人（一群来自不同地方的人）占领耶路撒冷之前，这座城市一直是迦南的要塞。公元前1000年，大卫占领了耶路撒冷，并将其改建成他的新王国的都城，把约柜安放在那里。由此，耶路撒冷成为了王国的政治、宗教中心。

“赞美上帝，一切国家！歌颂永恒，你的人民！上帝对我们的爱是伟大的，上帝是永恒的。哈利路亚！”

《诗篇》117

大卫王弹奏的竖琴看上去像这种叫“基诺尔琴”的乐器

大卫王

扫罗的女婿大卫是以色列的第二位国王。在位的30年里，他把所有的部落统一在一个中央集权的领导下。他还击败了非利士人。尽管他是一位行伍出身的国王，但是很多画作描绘的都是他在弹奏竖琴。传说他是《圣经》中的很多赞美诗的作者，这些赞美诗包括圣歌。

所罗门王国

所罗门是大卫王和拔示巴之子，也是以色列的第三位国王。在其领导下，国内和平稳定，整个王国呈现出一派繁荣昌盛的景象。他在位期间，主持建造了许多宏伟的建筑，包括耶路撒冷的圣殿。圣殿成为所有以色列人的祭祀中心，与此同时提高了这座城市的宗教地位。公元前930年，所罗门去世不久，国家四分五裂，由其子罗波安和大将军耶罗波安分而治之。

所罗门国王正在阅读《托拉》，出自中世纪手稿

这个手镯可能是用当年埃及法老示撒从圣殿掠夺来的金子制作的

犹大王国

国家分裂后，由罗波安统治的南方小国——犹大王国不堪一击。埃及王示撒洗劫了耶路撒冷的圣殿，于是以色列人转而信仰其他宗教。直到公元前8世纪，在乌西雅国王的领导下（公元前783～前742）才恢复了原来的宗教信仰。

西尔是耶罗波安王朝的一位官员

以色列王国

耶罗波安统治了以色列的北部，史称以色列王国。以色列王国建立后与它的邻国冲突不断，直到公元前9世纪才趋于稳定，日渐繁华。但是，像南部的犹大王国一样，经济的繁荣使得国家兼容并蓄，也使异教的影响扩大。

12世纪绘制的以赛亚全身像

先知

先知就是一群专门提醒以色列人记住上帝旨意的人。他们向人们解释孰真孰谬；不容忍不公正，尤其是一国之君违背公平正义。譬如，先知以赛亚反对那些违背宗教法规的人，要求给穷人公平正义。

新的统治者

正如先知阿摩司预言了以色列王国的毁灭，先知弥迦也提醒犹大王国将面临同样的命运。从公元前8世纪中期开始，两个国家都相继被外国统治者占领，每一个新的统治者的到来都给以色列人的生活方式和祭拜方式带来了变化。在亚述人和巴比伦人的统治下，以色列人漂泊异乡，圣殿也被摧毁。大约200年后，一位较为仁慈的波斯统治者允许以色列人回到耶路撒冷，重建他们的圣殿。但是到希腊统治的末期，犹太人陷入了动荡；哈斯蒙尼王朝的建立，让犹太人经历了短暂的独立自主时期。

波斯卫兵

波斯王居鲁士大帝允许那些被征服的民族保留自己的风俗习惯。

亚述人

公元前722年，以色列王国被亚述的军队占领。亚述国王萨尔贡阿卡德二世把许多以色列人驱逐到美索不达米亚地区，然后又从亚述帝国分派一些人到以色列。公元前701年又轮到犹大王国与亚述的军队正面交锋。耶路撒冷西南部的拉吉在战争中被毁，但是耶路撒冷没有遭到破坏。

石碑上记载了拉吉围攻战。这个画面描绘的是人们逃亡的情景

巴比伦帝国

公元前6世纪出现了一个新的政权——巴比伦。公元前586年，巴比伦人入侵耶路撒冷，摧毁了城市和圣殿。作为一种打破他们民族认同和防止组建乱党的手段，以色列人被流放在外。这块黏土板上面记载了耶路撒冷的没落。

居鲁士大帝统治时期

公元前6世纪中期，波斯王朝作为一股强大的势力异军突起。公元前539年，波斯王居鲁士大帝占领巴比伦。他允许犹太人回到耶路撒冷，重建他们的圣殿。从巴比伦返回的犹太人并不能跟居住在耶路撒冷当年没有被掠走的以色列人和睦相处。尽管犹太社区里关系紧张，又缺乏资源，但是在两位先知——哈该和撒迦利亚的领导下，第二圣殿的重建最终在公元前516年完成。公元前458年，祭司以斯拉带回了更多的流亡者。他引进了新的律法，这有助于犹太教的留存。

第二座圣殿的重建模型

⋯一时期使用的
⋯斯银币，一面
⋯鹰，另一面是
⋯合花

⋯路撒冷的重建

⋯元前445年，尼希米受⋯斯人任命出任犹大省长，⋯始着手耶路撒冷城墙的重⋯。尼希米是波斯王国历史上⋯一位重量级人物。他不仅主⋯了耶路撒冷的重建工作，⋯且还贯彻实施了旨在加强⋯教改革的措施。这些改⋯措施包括：不提倡与非⋯太人通婚以及禁止在安⋯日从事任何活动。

亚历山大大帝

公元前332年，马其顿和希腊的统治者——亚历山大大帝占领了犹太人家园，结束了波斯王朝的统治。他尊重犹太人的上帝，也允许他们管理自己的事务。当时也出现了新的宗教群体，其中最著名的是法利赛人和撒都该人。许多犹太人接受了希腊文化，称之为“希腊化”。但是法利赛人和撒都该人并没有这样做。法利赛人遵守所有的犹太教仪式、律法，并且强调口头传颂《托拉》的重要性。撒都该人坚持按照字面意义解释《托拉》。

⋯夺回圣殿

⋯亚历山大大帝的早逝导致了许多冲突。犹大最终被统治小亚细亚的⋯塞琉西王国占领。当时，赋税沉重，统治者指派非犹太教的司祭管⋯理圣殿，而且禁止犹太人从事他们的宗教活动。后者导致了公元前⋯164年的一场起义，是由一位叫玛他提亚的司祭领导的。他的儿子⋯犹大·马加比重新夺回了圣殿并恢复了犹太教。直到今天人们仍⋯然通过哈努卡节来庆祝这一胜利。

犹大·马加比凯旋归来

哈斯蒙尼末代国王玛他提亚·安提贡努斯统治时期发行的铜币

哈斯蒙尼王朝

犹大·马加比的胜利导致了新王朝的出现，即哈斯蒙尼王朝。但是令法利赛人和撒都该人沮丧的是马加比家族深受他们所反对的希腊文化的影响。一段时间后，哈斯蒙尼王朝祸起萧墙。而此时，正在崛起的罗马利用时局结束了哈斯蒙尼王朝的统治。

罗马统治

公元前63年，罗马人占领了犹太（罗马人统治时期对犹大的称谓），他们任命了一位新的统治者——安提帕特。他的儿子大希律后来成为犹太国王。希律王执政时期，犹太人虽然被允许信仰自己的宗教，但当局对罗马暴政的纵容和希腊文化的引入导致犹太人多次举行反对罗马人的起义，这些起义都遭到了罗马军队的残酷镇压。作为一种惩罚，许多犹太人被驱逐出境。这就是犹太历史上著名的“大流散时期”的开始。它影响了犹太教的本质。

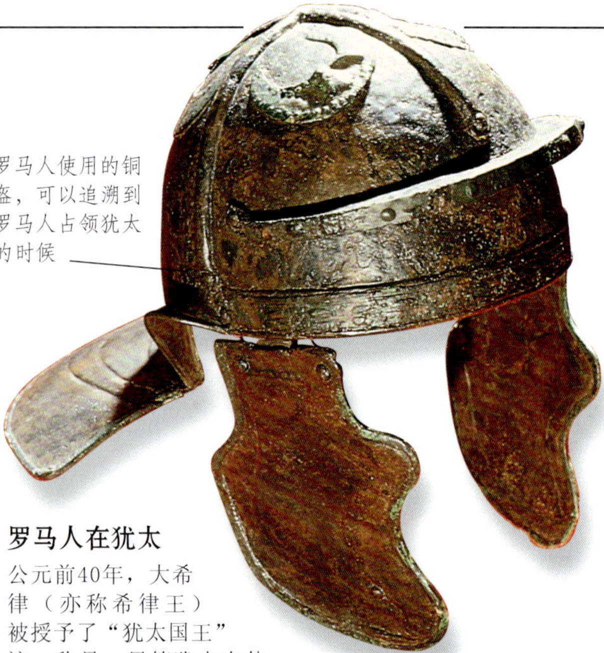

罗马人使用的铜盔，可以追溯到罗马人占领犹太的时候

罗马人在犹太

公元前40年，大希律（亦称希律王）被授予了“犹太国王”这一称号。尽管犹太在他的统治下繁荣发展，但是犹太人的生活方式受到很大威胁。希律王把哈斯蒙尼家族的成员都一一处死了，因为他们被视为对手。他鼓励外来文化，在圣殿的前面放置了一只金鹰（罗马的标志）。

异教标志

彼拉多发行的钱币

总督

从公元6～66年，罗马派总督对犹太人进行统治。这是一个大的动荡时期，犹太人内部出现了不同派别，像激进的奋锐党。彼拉多（统治期公元26～36年）是最差的犹太总督。他持有罗马军队运来的凯撒大帝的画像，用圣殿的钱私建宅邸以及发行刻有异教标志的钱币（一根弯曲的棍，是罗马官员预示未来的标志）——这显然是对犹太人的冒犯。

《托拉》经卷

第一次犹太战争

公元66年，当犹太人正在庆祝逾越节时，罗马士兵长驱直入，直捣耶路撒冷，将圣殿内的财物洗劫一空。这导致犹太人爆发了一场大规模的起义，起义成功地保住了耶路撒冷。公元70年，在罗马将军提多的指挥下，罗马军队攻破了耶路撒冷，这场战争以罗马的胜利而结束。耶路撒冷不再是犹太人生活和祭拜的中心。矗立在意大利罗马的凯旋门就是为了纪念罗马帝国的这次胜利而建。

被罗马士兵从第二圣殿掠走的七枝灯台

提图斯凯旋门上的浮雕

拉比犹太教

尽管耶路撒冷被摧毁了，但是却赋予了他们信仰的新方向。拉比学馆由此发展起来。“拉比”（男教师）一词指研究《托拉》的学者。由于圣殿被摧毁，犹太会堂成了信仰崇拜的中心。

坐落在山顶的马萨达要塞，可以远眺死海

马萨达战争

公元70年，耶路撒冷的陷落并没有让犹太人停止战斗。当时希律堡、马卡鲁斯和马萨达还在奋锐党人手中。希律堡和马卡鲁斯先后沦陷，马萨达成为犹太人最后一处抵抗据点。城堡内的960人在经过两年多的坚守后，面对战败的事实，大部分自尽，其中包括妇女和儿童。

证据

在发掘马萨达要塞时，发现了一批起义者的遗物。在这些文物中，有祈祷披巾、皮凉鞋和箭。这些文物表明这里曾发生过战争。

箭头

这支箭的柄完好无损

"马萨达永不再沦陷！"

今天以色列士兵立下的誓言

哈德良皇帝

在哈德良皇帝统治时期（117～138），犹太再一次出现紧张局势。他推出了许多触怒犹太人的变革。哈德良禁止犹太人实施割礼，并且着手将耶路撒冷变成一座罗马式的城市，并把它的名字改为埃利亚•卡皮托利纳。

科赫巴起义者发行的硬币

哈德良皇帝在发放救济物资

第二次犹太战争

哈德良皇帝对犹太人的政策导致了132年的巴尔·科赫巴起义。这次起义由巴尔·科赫巴领导，得到了当时一些有名望的拉比的支持，如阿基瓦拉比。此次起义持续了三年之久，成千上万的起义军战死了，而其余的人被卖为奴隶。当时，在耶路撒冷没有一个犹太居民居住，因为他们被禁止进入这座城市。就像更改耶路撒冷的名字一样，哈德良皇帝把犹太的名字改为巴勒斯坦。

中世纪

犹太人在中世纪（公元7～15世纪）经常面对巨大的来自于宗教的敌意，因为基督徒把耶稣的死归咎到他们身上。这导致了基督教国家对犹太人的报复和驱除行为。13世纪，英国成为首个驱逐犹太人的国家，法国紧随其后。在西班牙和葡萄牙，对犹太人的攻击在15世纪达到了巅峰。无论住在哪里，犹太人都必须支付特别税，穿戴特定的服饰以显得与众不同。不仅如此，他们通常住在贫民窟（隔离区）。一般而言，犹太人在伊斯兰教统治下的生活比在基督教统治下的生活要好一些。

15世纪的木刻《犹太人大屠杀》

诬告

1144年，犹太人在英国的诺威奇被指控谋杀了一名基督教的男童，用他的血制作逾越节食用的无酵饼。这一诽谤就是流传了几个世纪、众所周知的“血祭诽谤”。犹太人还被指控在井里和河里投毒，导致1348年黑死病的流行。犹太人通常不会被感染黑死病，因为他们常年居住的犹太社区，一直保持着良好的卫生习惯。但是他们的健康仍然受到怀疑，许多犹太人为此遭到袭击和杀害。

耻辱的标志

犹太人在一些国家被迫穿着带有徽章的衣服，徽章上绘有石版或者大卫星。一些犹太人甚至得戴上尖顶帽子，所有这一切都是为了把他们与基督徒区分开来，羞辱他们。

贷款

犹太人不被允许拥有自己的土地，而且其他许多营生也不向他们开放。自从教会禁止基督徒放债和收取利息，犹太人被迫成了欧洲的放债人。于是犹太人有了一个新的形象——贪婪的放债人。

十字军

11世纪，穆斯林占领了许多国家，如叙利亚、埃及和西班牙。居住在这些国家的犹太人在生活上有很大的改观。但到了11世纪末，随着十字军的东征，这一切又发生了根本的改变。十字军东征指的是基督徒对穆斯林发起的一系列征战，其中一场就是把圣地从穆斯林的统治下“解放”出来。当第一批十字军在1096年离开欧洲前往圣地时，他们沿途摧毁了犹太人社区。1099年，他们攻陷耶路撒冷，屠戮了大批犹太人和穆斯林。

基督教与犹太教

基督教教会是中世纪欧洲的主要力量，影响着日常生活的方方面面。教会认为，犹太人和其他异教徒的唯一希望就是皈依基督教。教会至高无上的地位曾一度让以基督教为主题的艺术盛行。代表着犹太教的人物画像，总是低着头，手握一根折断的长矛。然而，代表教会的人物画像总是头戴王冠，一副胜利者的姿态。

14世纪末西班牙十大教堂之一的托莱多教堂

画中形态谦卑的人代表犹太教

画中神态高傲的人代表教会

法国13世纪的壁画

“黄金时代”

10～12世纪，在穆斯林统治下的西班牙和葡萄牙的犹太社区处于兴盛时期。某些城市，如西班牙的格拉纳达和塔拉戈纳，生活着大量的犹太人，以至于这两个地方后来都被称为犹太城。独特的犹太文化在这些地方发展起来，诞生了一大批诗人、哲学家和神学家。犹太人与基督徒、穆斯林和睦相处。然而，到了13世纪末，犹太人的地位不如从前了。基督徒重新控制了西班牙，起初他们宽厚仁慈，但后来强迫犹太人皈依基督教，不然就将其驱逐出境。

马丁·路德正在传教

新教改革

曾领导新教改革的马丁·路德（1483～1546）最初对处于困境中的犹太人表示同情。但在后来数年中，他宣传反对犹太人，主张烧毁犹太会堂和犹太学校。路德还重提血祭诽谤和在井里投毒的诽谤。

散居的生活

沙贝塔伊·泽维

犹太人相信弥赛亚的到来将为上帝的统治铺平道路。最著名的假冒弥赛亚的人是土耳其出生的沙贝塔伊·泽维（1626～1676）。他在犹太人中非常有名，尤其受到那些来自东欧的犹太人的追捧，因为他们曾面临巨大的灾难。当他皈依伊斯兰教时，其许多追随者的幻想都破灭了。

许多欧洲国家在16～18世纪建立了犹太社区，其中包括荷兰、意大利、法国、英国和波兰。生活在这些国家的犹太人享受着不同程度的繁荣和自由。例如，在阿姆斯特丹的犹太社区是整个西欧最富裕、最大的一个社区，而且对当地经济有重大的影响。但是在波兰的情况却截然不同，犹太人与波兰社会交流很少，大多数犹太人都过着拮据的生活。他们希望得到拯救，许多人把希望寄托在虚幻的救世主身上。在波兰的犹太人并不能像西欧的犹太人那样与当地人享有平等的权利。

意大利的贫民窟

在意大利，曾一度优待犹太人的政策在16世纪发生了变化。对犹太人的隔离是强制性的。在威尼斯和罗马这样的城市里，犹太人被迫居住在肮脏、拥挤有害健康的贫民窟里。尽管如此，他们依然坚持自己的信仰，犹太文化便逐步发展、繁荣起来。上图展示的便是19世纪80年代罗马的犹太社区。

西班牙系犹太人

西班牙系犹太人（西班牙或者葡萄牙犹太人的后裔）于16世纪首次迁到阿姆斯特丹。荷兰人对犹太人采取宽容政策的消息很快就传开了。在很短的一段时间里，大批从西班牙和葡萄牙来的犹太人迁到荷兰。许多移民都是受过教育的人，包括医生、作家、科学家和律师。没过多久，犹太社区和整个荷兰的经济便迅速发展起来了。

王冠象征着《托拉》的荣誉

绣在经卷套上的约柜

18世纪阿姆斯特丹的西班牙系犹太人使用过的《托拉》经卷套

在会堂外的德系犹太人

德系犹太人

17世纪20年代，大量来自东欧的犹太人（被称为德系犹太人）进入荷兰。他们起初依赖于西班牙犹太社区。他们中的许多人来自贫苦的家庭，并没有像西班牙系犹太人那样富有和受过教育。居住在阿姆斯特丹犹太社区附近的艺术家伦勃朗·范·赖恩（1606～1669）对他们的生活很感兴趣，常常在他的作品中描绘犹太人，如上图所示。

商人

阿姆斯特丹在17世纪成为重要的国际贸易中心。那里的犹太人不仅被允许践行自己的信仰，而且能够自由参与经济事务。许多商人涉足银行业、海外贸易、商业和钻石业。钻石业后来成了犹太人的专门领域——从交易钻石原料到切割、抛光和加工这些宝石。

钻石

赋予犹太人平等的权利

对于向犹太人提供平等权利这一问题，欧洲人在18世纪晚期进行了激烈的争论。1789年，法国成为第一个赋予犹太人平等权利的欧洲国家。荷兰在法国大革命的影响下迅速废除了所有歧视犹太人的法律、法规。在欧洲其他国家，给予犹太人自由和平等权利的呼声一直持续到19世纪。

拿破仑正在赋予犹太人宗教自由权

奥利弗·克伦威尔

英国的犹太人

犹太人在1290年就被逐出英国。1653年，一些曾被迫皈依基督教的葡萄牙犹太人迁入英国。这些所谓的皈依者依然秘密践行自己的信仰。玛拿西·本·以色列(1604～1657)是一位来自阿姆斯特丹的西班牙系犹太人。他请求奥利弗·克伦威尔(1599～1658)重新接纳犹太人。克伦威尔是英国内战后的统治者。他意识到犹太人有一定的价值，因为他们对荷兰的经济发展起到了一定作用，所以在1656年答应重新接纳他们。英国犹太人直到1829年才被赋予公民权。

生活在东欧

16世纪，许多遭到迫害的犹太人逃往波兰。17世纪中期，约有50万犹太人居住在这个宽容的国家。这里的大多数居民都是穷困潦倒的小贩、裁缝和鞋匠。他们生活在人员密度很高、称为“犹太区”的集镇里。会堂、拉比、授业座（学习机构）和住所是所有“犹太区”的典型特征。

电影《屋顶上的小提琴手》中的情景。故事背景取自于一个“犹太区”小镇的生活

大屠杀

18世纪，波兰被三个强大的邻邦——俄国、奥地利和普鲁士所占领，领土也随之被瓜分。几乎所有的波兰犹太人都在俄国的统治之下，这意味着世界上一半以上的犹太人居住在俄国。这些犹太人被限制生活在一个称为“栅栏区”的贫困地区。他们在那里没有行动自由，供他们选择可做的事情很少。沙皇并不同情他们的困境。起初，沙皇试图迫使他们改变固有的生活习惯，让其遵循俄罗斯人的生活方式。亚历山大二世（1818～1881）比他的前任宽容，这给犹太人带来了希望。他允许犹太人居住在“栅栏区”以外，并且废除了一些强加到犹太人身上的法律。但后来发生的亚历山大二世被暗杀事件，成为俄国犹太人历史上的一个转折点。沙皇政府将这一暗杀行为归罪于犹太人，引发了对犹太人一系列的迫害，即著名的大屠杀，成千上万的犹太人仓惶出逃。

俄国沙皇

亚历山大二世1855～1881年在位。俄国人把他的遇害归咎于犹太人，但这更像是他们自己人干的。随着新沙皇亚历山大三世（1845～1894）即位，犹太人再次被置于无情的统治者之下。反犹袭击此起彼伏，这些通常都是由当局组织和策划的。

大屠杀的开端

第一波大屠杀（1881～1884）导致数百名犹太人被杀害。他们的家和会堂也遭到洗劫和破坏，而警察却袖手旁观。沙皇政府在1882年颁布了限制犹太人的“五月法”。这些法律也有助于加强俄国人的观念：犹太人是谋杀亚历山大二世的罪魁祸首。第二波大屠杀（1903～1906）沿袭了相似的模式：死亡和破坏。

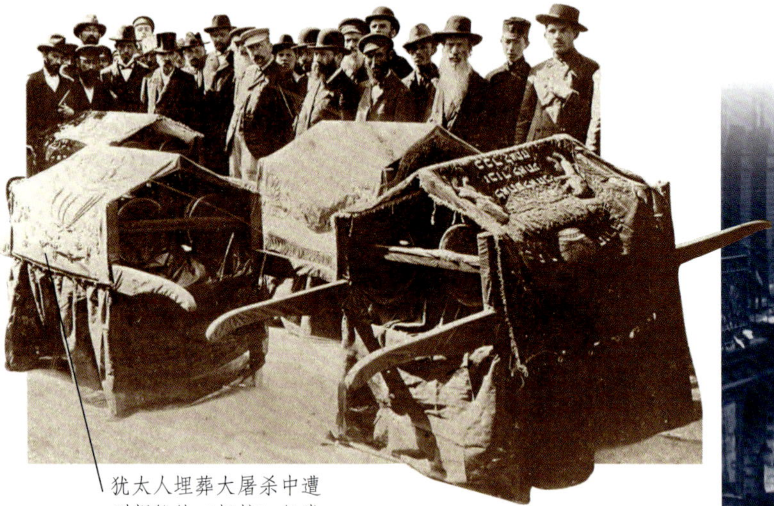

犹太人埋葬大屠杀中遭到损毁的《托拉》经卷

惊恐的犹太人开始逃离俄国

犹太人的反应

极少数的犹太人在大屠杀期间能够躲避迫害，主要应对的方法就是逃离俄国；另外没有外迁的一些人，则想通过支持社会主义者来改变俄国的统治方式。许多社会主义领导人都是犹太人，这进一步加剧了当局对犹太人的打击。

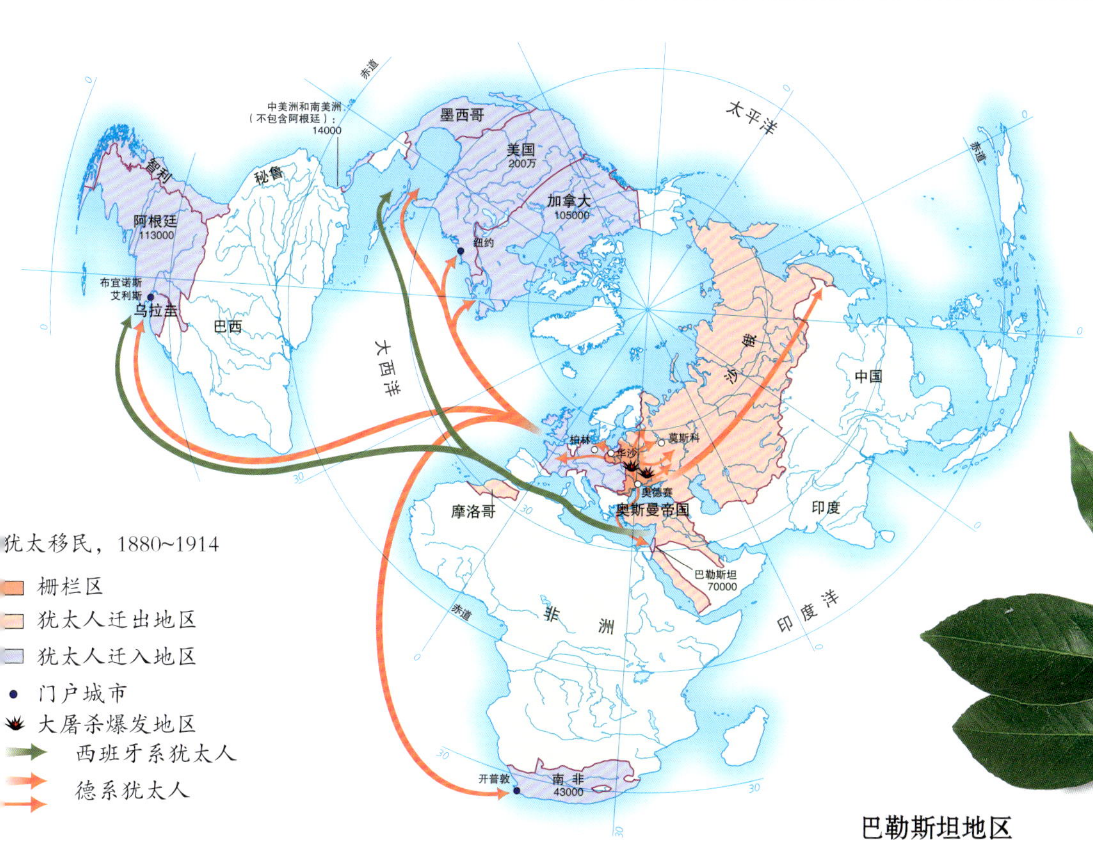

新大陆

从1881年大屠杀开始到1917年俄国二月革命期间，约有200万犹太人逃离了俄国。俄国二月革命标志着沙皇政府统治的结束，以及一系列迫害和限制犹太人政策的废止。虽然部分犹太人选择定居在欧洲和巴勒斯坦地区，然而更多的人则远逃至南美及加拿大、美国、南非等地区和国家。

柑橘是巴勒斯坦地区普遍种植的作物

巴勒斯坦地区

第一次进前（指犹太人移居到巴勒斯坦地区），有近7万犹太人到达巴勒斯坦地区。然而，面对艰苦的条件，只有一半人留下了。那些留下的犹太人得到了法国籍犹太慈善家埃德蒙·德·罗特席尔德男爵（1845～1934）的帮助。他为犹太人定居而购买土地，向他们介绍那些当地能够生长的庄稼，还为他们引进一些新的农作物品种。

犹太移民到达美国

美利坚合众国

1654年，第一批定居在美国的少数犹太人是为躲避葡萄牙和西班牙政府迫害的一些人。19世纪晚期，对俄国犹太人的不断攻击导致数千犹太人逃到了曼哈顿码头，希望在那里能够有美好的生活。美国是接收犹太人最多的国家，1929年就有大约500万犹太人进入了美国这个避风港。

新生活

这些移民定居在纽约这样的城市里，他们住在拥挤的街区。大多数人在犹太人经营的服装厂里做工。纽约东区是一个典型的犹太街区，有将近35万犹太人居住在这个狭小的区域里。

20世纪纽约东区的犹太市场

犹太复国主义

“锡安”这个词是《圣经》用语，通常用作“以色列地”的别名。犹太复国主义（也称锡安主义）运动是一场政治运动。19世纪的大屠杀以及对法籍犹太人阿尔弗雷德·德雷福斯案件的审判所见证的反犹主义成为这场运动的推动力。犹太复国主义者认为，避免迫害的唯一途径就是拥有他们自己的家园——以色列。这一运动的发起人西奥多·赫茨尔，是报道德雷福斯案件的一名记者。1897年，赫茨尔召集了第一次犹太复国主义者代表大会，随后建立的犹太国民基金会用于在巴勒斯坦地区购买土地。英国在第一次世界大战期间控制了巴勒斯坦地区，复国主义者得到了进一步的帮助，并且英国承诺归还在巴勒斯坦地区的犹太人定居点。

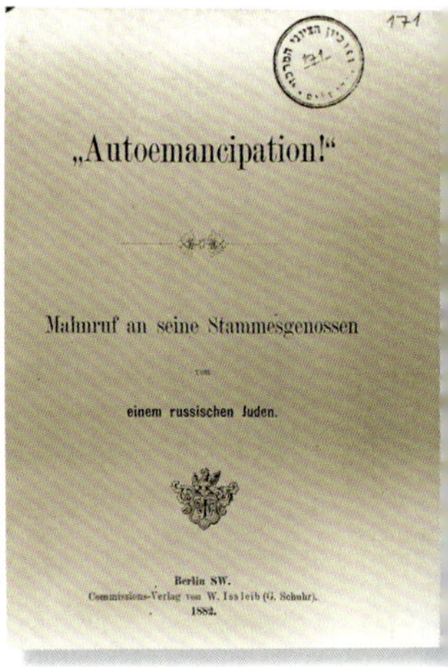

对家园的呼唤

1882年，列奥·平克斯写了《自解放》一书。他把反犹主义描述一种疾病，认为治愈的唯一方法是允许犹太人建立自己的家园。太复国主义的思想可以追溯到2500年前，当时流亡在外的巴比犹太人渴望回到他们的家乡。犹复国主义在19世纪成为一股重要政治力量。

阿尔弗雷德·德雷福斯被卸下绶带、折断剑，这是羞辱军人的一种方式

德雷福斯事件

阿尔弗雷德·德雷福斯（1859～1935）是法国军队的一名军官。1894年他被误判为叛国罪入狱。作为反犹主义的受害人，德雷福斯受到了法国社会要员的支持，如作家左拉（1840～1902）。德雷福斯的罪名直到1906年才被彻底推翻。

犹太复国主义运动的发起人西奥多·赫茨尔

解决方案

西奥多·赫茨尔（1860～1904）是一位在匈牙利出生的犹太人。他对德雷福斯的遭遇大为震惊。赫茨尔意识到，有必要给犹太人依旧面临的反犹主义寻找一个解决方案，甚至在那些犹太人已经享有平等权利的国家亦然。1896年，他出版了《犹太国》一书。赫茨尔在书中呼吁，在巴勒斯坦地区建立犹太国是彻底解决“犹太人问题”的唯一方案。

犹太复国主义者代表大会采纳赫茨尔使用犹太国旗的提议

第一次犹太复国主义者代表大会

当时并非所有的犹太人（特别是生活在西欧的犹太人）都赞成赫茨尔的这一解决方案。许多人认为赫茨尔的观点会加剧反犹主义。尽管如此，第一次犹太复国主义者代表大会于1897年召开了。大会呼吁在巴勒斯坦地区重新安置犹太人，建立世界犹太复国主义者协会，并把目标付诸实践。

犹太国民基金会发行的海报，呼吁大家回到以色列家园

重新安置

为了给犹太人购买土地，成立于1901年的犹太国民基金会还帮助了第二次进前（1904～1914）的移民。许多人定居在城市，而有一些人选择到农场种地。有一批移民建立了农业社区，在那里所有的生产劳动、产品、收入平均分配。这为基布兹农场的发展奠定了基础，如今这个农场是以色列一道独特的风景线。

20世纪20年代的特拉维夫

城市的发展

1909年，为了容纳日益增多的移民，开始建造特拉维夫新城。它是第一个全部是犹太人的城市。犹太国民基金会为移居者提供资金用于建设工作，这使他们解决了城市建设问题。到1914年，这座日益繁荣的城市拥有1000多人口。同年，在耶路撒冷的犹太居民总计有4.5万人。犹太复国主义者计划在耶路撒冷建立第一所希伯来大学，并最终在1925年实现了这一目标。

《贝尔福宣言》

由于战争的需要，英国在第一次世界大战期间希望赢得犹太人的支持。在1917年，英国的外交大臣阿瑟·贝尔福勋爵（1848～1930）起草了《贝尔福宣言》。这份宣言承认犹太人在巴勒斯坦地区的居住权。对于犹太复国主义者来说，这件事具有划时代意义。1918年，英国占领巴勒斯坦地区。巴勒斯坦地区自1516年以来一直是奥斯曼土耳其帝国的一部分。因为受权统治巴勒斯坦地区，英国就要负责实施《贝尔福宣言》。

《贝尔福宣言》纪念版上的阿瑟·贝尔福勋爵肖像

纳粹党的海报

上面这张海报是纳粹发行的众多海报之一。上面写的是："欧洲的自由。"其宣扬的思想是：纳粹统治是欧洲的唯一选择。

一个新的噩梦

阿道夫·希特勒（1889～1945）于1933年成为德国总理，从此拉开了世界各地犹太人悲剧的序幕。希特勒右翼纳粹党在其灭绝犹太人仇恨计划的驱使下，将这项国策一步一步付诸实践。首先发起了一场针对犹太人的谎言宣传。学校的孩子被教授纳粹政策，而他们的家长被告知要抵制犹太人经营的商店。随着一系列反犹法律的颁布，许多犹太人遭到了袭击和杀害。到1937年，有100多万犹太人逃离德国。而当希特勒率兵长驱直入邻国，这意味着那些逃离的犹太人也面临同样的命运。

经济措施

1933年4月，纳粹组织了对犹太人的商店进行为期一天的抵制活动。他们诱导人们认为犹太人是贪婪的资本家，对他们还击的最好办法就是不购买他们的商品。纳粹卫兵站在一些犹太人的商店门口，门上贴着禁止入内的标语。上面这幅标语写的是："德国人！抵制！不要从犹太人这里买东西。"

散布谎言

宣传动员工作为纳粹政权的成功起到了关键作用。各种形式的媒介，诸如传单、无线电广播、电影和宣传海报，纷纷用于宣传犹太人是一个劣等民族，是德国经济危机的罪魁祸首。为散布这些谎言，他们专门任命了一位宣传部长。纳粹分子坚信，通过改变人们的思想意识，他们就能够毫无阻碍地把各项政策付诸实现。

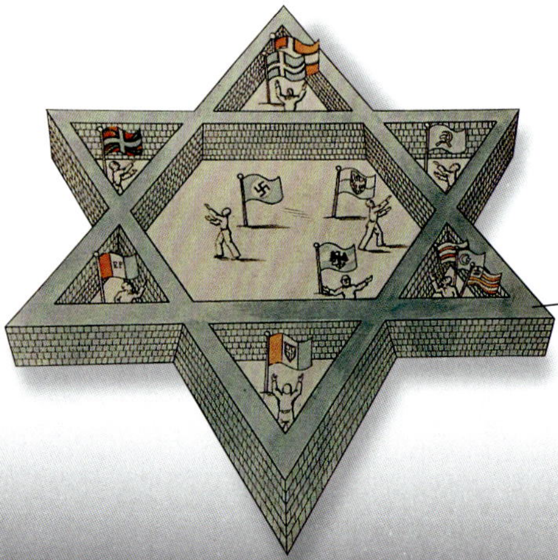

纳粹传单的设计细节暗示犹太人建墙与他人隔开

焚书

在1933年和1936年，纳粹分子抢占各大图书馆和书店，抢走了成千上万册书籍。许多书籍都是犹太人编写的，但也有一部分不是犹太人写的，像美国作家海明威，他并不赞同纳粹党的政策。纳粹分子鼓励德国人焚烧书籍来表达他们的反犹主义情绪。

一位犹太妇女的通行证

“J”图章

大约有3.8万犹太人在1933年底离开德国，主要前往英国和美国。1934～1939年，又有21万人离开了。他们为了自由支付了大笔资金。他们的通行证上盖有“J”（犹太人）字样的图章。为了羞辱他们，在每个犹太男人的名字前都加上希伯来文的“以色列”，而在每个妇女名字前则加上希伯来文的“萨拉”。不过，这些人还算幸运，因为犹太人在1939年以后根本就无法离开德国。

学校里的反犹主义

纳粹意识到，为了纳粹党未来的生存，对孩子的思想教育很重要。在学校里，为了加强反犹主义，他们改写教科书，教导德国孩子他们属于雅利安人种（白皮肤、金发的上等种族）。1939年，所有未满18周岁的孩子必须加入纳粹青年组织。最终，犹太教师和犹太孩子被逐出德国的各个院校。

这幅图出自纳粹学校教科书，宣传的是德国孩子的种族优越性

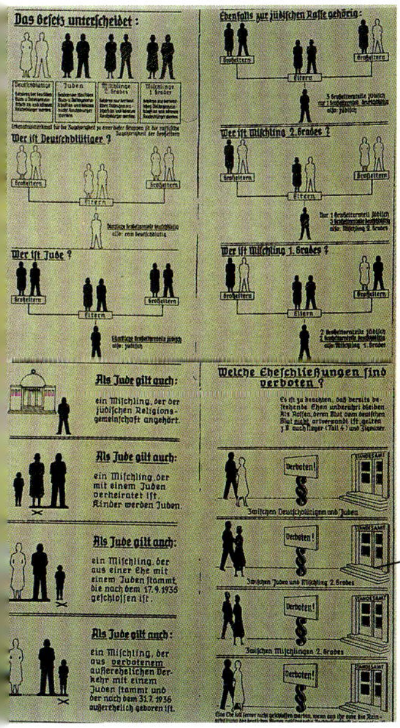

这张图表展示了如何执行纽伦堡法令的具体步骤

纽伦堡法令

纳粹统治时期，颁布了一系列限制犹太人自由的法律。最恶毒的反犹主义法律是著名的1935年纽伦堡法令。法令禁止犹太人与非犹太人结婚，禁止犹太人从事像教师这样的职业。法令的目的就在于把犹太人从德国人生活的各行各业中分割开来，无论是社会生活还是经济生活。这些法令也被引入纳粹分子占领的那些国家。

水晶之夜

1938年，纳粹分子对犹太社区发动了第一轮全面攻击。当时，犹太会堂被放火，犹太人的房屋、商店和工厂遭到毁灭性破坏。这次暴力事件就是著名的“水晶之夜”（意思是“砸碎玻璃的夜晚”）。数千犹太人被逮捕，许多人惨遭杀害。很快周边邻国也遭到了纳粹军队的入侵。这些国家的犹太人遭受了德国犹太人同样的被凶残迫害的命运。1939年，德国入侵拥有300多万犹太人口的波兰，用令人恐怖的方法对犹太人进行了大肆杀戮。

柏林一座正在燃烧的会堂

一座被烧焦的会堂残骸——600座化为灰烬的会堂之一

黄色星徽

自1942年起，在纳粹分子占领的欧洲，所有犹太人必须佩戴黄色大卫星徽章。这旨在诋毁所有的犹太人（这一行动可以追溯到中世纪）。黄色象征着耻辱。每一个10岁以上的犹太人必须佩戴这枚徽章，否则会被枪决。

大屠杀

“大屠杀”一词通常指第二次世界大战期间（1939～1945）发生的最残暴的种族灭绝运动。这次大规模的种族屠杀是纳粹分子企图灭绝所有犹太人的行动。600万犹太人，连同其他一些被认为的不良分子遭到了残酷杀害。在纳粹军队占领的国家里，他们灭绝欧洲犹太人的方法也不尽相同，在东欧国家表现得更为残酷。在纳粹分子直接统治的国家里的犹太人，他们生存的希望极其渺茫。他们被围捕并被限制在犹太人区，然后被送到劳动营或死亡集中营。尽管他们处境绝望，但还是出现了犹太人的抵抗组织。同时也有许多非犹太人冒着生命危险来保护犹太人。

奥斯威辛集中营

华沙犹太人起义

最著名的犹太人抵抗运动是华沙犹太人起义（大约44.5万犹太人被集中在波兰华沙的聚居区）。这场起义开始于1943年，一群犹太人拒不服从德国人的驱赶令，获得武器后，袭击了德国士兵。但是抵抗没有持续多久，德国人烧毁了犹太人用作掩体的建筑物，迫使他们出来。据估计，有7000名聚居区里的犹太人遭到了杀害。那些幸存者也被送到了死亡集中营。

纳粹分子将幸存者逮捕

集中营

起初，纳粹分子通过建立移动死亡行刑队来执行他们的种族灭绝计划。这些死亡行刑队转战各地，不断地杀害犹太人。后来，德国人建立集中营以实行大规模的屠杀。主要的死亡集中营分布在波兰，以奥斯威辛和特雷布林卡为代表。迄今为止，奥斯威辛是最大的死亡集中营，平均每天有1.2万多名犹太人被杀害。

在奥斯威辛集中营发现的装有氰化物的铁罐

毒气室

在奥斯威辛集中营，纳粹分子的种族灭绝计划执行得最彻底。1941年，他们在临时搭建的毒气室里用毒气杀害了一些无辜者。1942年末，纳粹分子把两间农舍改造成毒气室，夜以继日地进行屠杀。这些毒气室每次可以杀害几百人。1943年，纳粹分子建立了4个毒气室，能够一次杀害2000人。

奥斯威辛集中营的囚犯

到了集中营以后，男人、女人和孩子都被迫穿上不合身的肮脏囚服。在集中营如此恶劣的环境下，最终许多人悄然逝去。

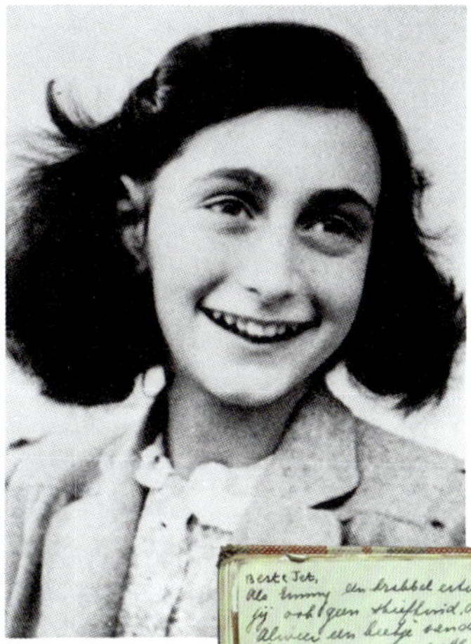

安妮·弗兰克

安妮·弗兰克的故事

当安妮·弗兰克的父母决定离开德国，远离希特勒的反犹主义政策时，她还是一个小女孩。他们迁到了荷兰的阿姆斯特丹。1942年，13岁的安妮和她的家人躲在父亲事务所的配楼上面。她曾有一个小本子，用来记日记。后来他们被纳粹分子发现，弗兰克家的大部分人包括安妮都死在了奥斯威辛集中营。战后，人们发现了她的日记，并于1947年出版。至今，这本日记被翻译成了50多种语言。

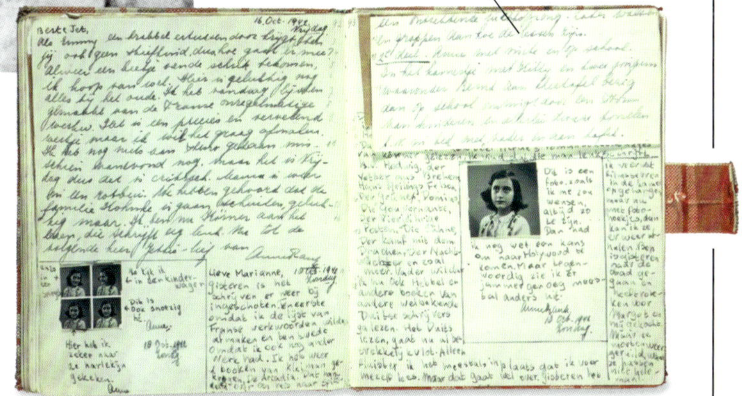

安妮日记

囚服

奥斯威辛集中营，囚犯的上臂都被文上数字，以示区别。纳粹分子不准他们使用名字，旨在使这些受害者丧失作为人的感觉。囚犯们穿着胸前缝有三角形徽章的囚服。犹太人佩戴的徽章是黄色的，政治犯佩戴的徽章是红色的，罪犯佩戴的徽章是绿色的，吉普赛人佩戴的徽章是棕色的，而粉红色徽章则是给同性恋佩戴的。

> “如果我只想我们在这里如何生活，通常我会得出这样的结论：比起那些无处躲藏，又必须谋生的犹太人，这里是一个天堂。”
>
> 安妮·弗兰克

奥斯卡·辛德勒

奥斯卡·辛德勒在波兰的工厂

英雄主义行为

成千上万的人冒着生命危险去帮助犹太人。有些人出身名门，如瑞典外交官劳尔·瓦伦贝里（1913~1945），他们利用自己的职位出具假公文和通行证。但给予犹太人帮助的绝大多数人都来自普通行业。在法国，皮埃尔·马里·伯努瓦神父（1895～1990）是一位来自马赛的修道士，在他的帮助下许多犹太孩子被送出法国，到达瑞士或西班牙。奥斯卡·辛德勒（1908～1974）是一位工厂主，雇佣了许多犹太人。通过这种方法，他营救了1000多名必死的犹太人。

战后余波

在1945年5月第二次世界大战欧洲战事结束，大屠杀也随之结束。战后显示，世界上三分之一的犹太人遇害，这是希特勒计划的一部分。这场战争使上百万的犹太人流亡欧洲各地，许多人都不愿回到自己的家园，担心再次受到迫害。许多难民营纷纷建立起来为他们提供了住所。同时那些大屠杀的刽子手也受到审判。重建犹太民族家园的呼声再次响起，这直接导致了1948年以色列国的建立。遗憾的是，这并没有带来人们所希望的和平与安定。

幸存者

据统计，在大屠杀中约有20万犹太人通过躲藏或者乔装成非犹太人幸存下来。犹太人的孩子通常留给信仰基督教的家庭照看，而其他人则被带到女修道院。照片上的孩子叫亨利·尔德，因为躲开了纳粹分子，他幸存下来。亨利的父母将近3年没有见到他。

这本故事书是亨利避难时他的父母送给他的

犹太复国主义者的宣传海报，号召幸存者去巴勒斯坦地区，而不是其他国家

难民

第二次世界大战结束后，有150多万人流离失所。他们就是人们所熟知的难民，这其中大约有25万犹太人。一些人回到自己的家园重新生活。但这一切并不容易，因为反犹主义并没有随着战争的结束而销声匿迹。比如，犹太人回到波兰后，发现他们的家被占领，许多人遭到袭击。大多数幸存者在难民营寻求庇护，他们在那里能够获得必要的食物和药品。

在难民营里的一位母亲和她的孩子

新的家园

大屠杀结束5年后，许多幸存者依旧家可归。犹太复国主义者希望在巴勒坦地区重建尽可能多的难民营，然而权管理巴勒斯坦地区的英国只接纳1.3人。结果，许多大屠杀的幸存者通过些危险途径被秘密带入巴勒斯坦地区大约有7万犹太人通过这种方式进入了勒斯坦地区。

纽伦堡审判

1945年，英国、美国、法国和苏联4国同意将22名纳粹高级战犯带到德国审判，这就是后来著名的纽伦堡审判。纳粹分子被指控犯了反人类罪。审判持续了11个月，判决包括死刑、监禁和赦免。至今，对罪犯的审判仍然进行着。也许很多罪犯没有被发现，因为他们隐姓埋名或者逃到其他国家躲藏起来了。

1948年，英国的孩子们挥舞着以色列国的国旗

以色列国

对于幸存者来说，重建家园的压力是相当大的。许多人想回到巴勒斯坦地区，但是他们未能如愿以偿。英国在1948年从巴勒斯坦地区撤军，从此结束了在那里的统治。尽管遭到阿拉伯国家的强烈反对，联合国决定划分巴勒斯坦地区，建立以色列国。经过了大约50年，赫茨尔的梦想终于实现了。

的冲突

多犹太人来到新建立的国——以色列国。这些人包括争幸存者以及欧洲以外国家那些想回到自己古老家园的太人。在1948～1951年，大有70万移民居住在这个新建的国家。然而，自1948年以，以色列经历了数场战争，括独立战争（1948）、六日争（1967）以及赎罪日战（1973）。在1967年的战争，耶路撒冷东区（当时耶路冷分为东、西两个城区）被色列军队占领，犹太人得以近圣地之一——西墙。在耶撒冷日，以色列人会庆祝这重要的胜利。

1968年，以色列人庆祝第一个耶路撒冷日

往事

许多国家建立纪念碑，纪念在大屠杀中失去生命的数百万人。对于许多人来说，重要的是要记住战争的恐怖。在以色列，人们通过“大屠杀纪念日”来铭记这场悲剧。

在美国佛罗里达南海岸，矗立着一尊纪念大屠杀的雕塑——一只直指云霄的手

犹太会堂

会堂是犹太人祈祷的重要场所和生活的中心，是犹太人信仰生存的根本。“会堂”一词衍生于希腊文“聚会场所”。公元70年，第二圣殿遭到破坏后，拉比们创建了一种让散居的犹太人保持信仰、举行祈祷的聚集场所，这就是会堂的最初形式。以会堂的聚会代替去圣殿的崇拜。但圣殿的重要性一直未被淡忘，即使在今天，当一座会堂落成的时候，仍然会留下一堵未抹灰的墙以提醒人们记住被毁灭的圣殿。与基督教堂不同的是，犹太会堂的外部设计没有固定的样式。通常它的外部建筑风格体现的是其所在国家的文化特征。然而，它的内部设计通常遵循的是一种常规的模式。

学习和祈祷的地方

会堂在希伯来语中还称为“Be Hamidrash”，意思是“学习之地”。这是在提醒人们祈祷与学习《托拉》的紧密关系。各会堂常举办学习班，男孩子和男青年在那里学习拉比的文章。

一座华丽的会堂

在匈牙利首都布达佩斯的烟草街会堂是欧洲最大的一座犹太会堂，能够容纳3000人。这座会堂建于1859年，它的装饰风格和塔上的尖顶可以看出它深受伊斯兰教的影响。

开封犹太会堂的模型

塔式会堂

世界上最不寻常的礼拜场所之一是中国的开封犹太会堂。它建于1163年，由一些来自波斯（今伊朗）从事丝绸生意的犹太商人的后裔所建造。之后又重建了几次，但是到了19世纪中叶，在中国的犹太社团无力再修葺，这座会堂就此被拆毁。

耶胡达会堂

现代犹太会堂

这座在以色列特拉维夫市的塞法迪犹太人会堂是根据当地炎热的气候设计的。它是由混凝土构建而成的，白色贝壳状的外形利于反射外部热量，冷空气在洞穴状的内部循环。在以色列，古代和现代的会堂并存。

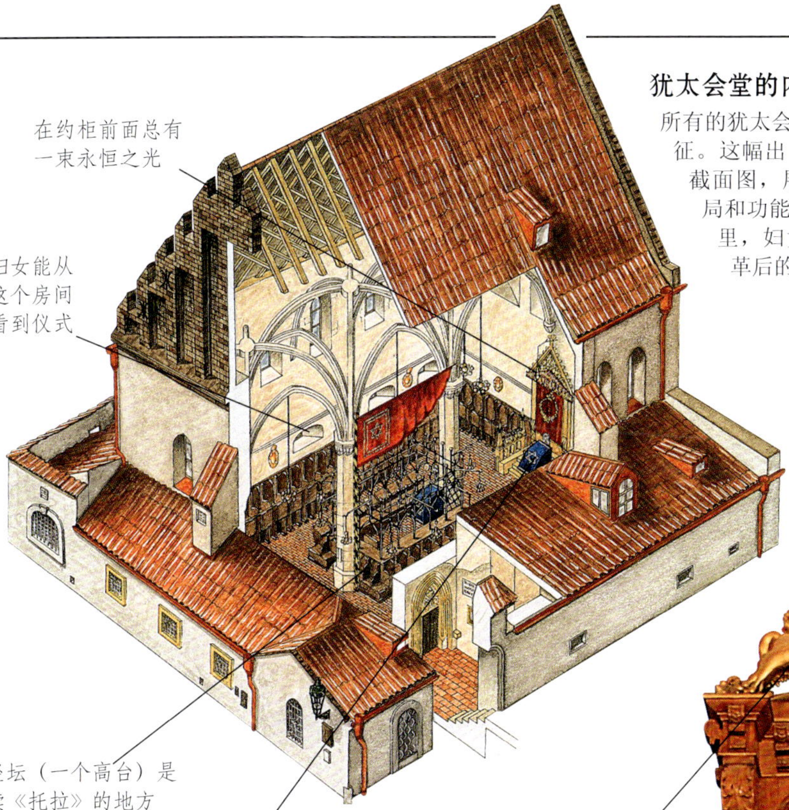

犹太会堂的内部构造

所有的犹太会堂具有相同的内部结构特征。这幅出自捷克布拉格新老会堂的截面图，展示了犹太会堂典型的布局和功能。在所有正统派犹太会堂里，妇女有单独的区域，而在改革后的会堂里，男女坐在一起。

宗教图案

犹太会堂的装饰往往反映了一个犹太社区的财富实力。他们通常采用的是具有宗教符号的装饰图案。上面这幅彩色玻璃窗画的图案由大卫星和七枝灯台组成。

当代室内设计

美国宾夕法尼亚州的贝斯沙龙会所，是由建筑大师弗兰克·劳埃德·赖特于1953年设计的。许多当代犹太会堂，尤其是在美国的，都给人一种宽敞的、充满自然光线的现代礼堂的感觉。

神圣的特征

所有犹太会堂都有一个相同的重要特征，就是拥有一个存放《托拉》经卷的柜子。这个柜子被称为“约柜”。约柜放置的方向与耶路撒冷一致。《托拉》是犹太教最神圣的物品，所以在约柜的设计上特别注重细节，像美国纽约会堂里的这个设计华丽的约柜。

祈祷

与其他宗教一样，祈祷是犹太教的核心内容。犹太人每天应该祈祷3次——早上、下午和晚上。祈祷者可以单独诵经，也可以一组人一起祈祷，但最好10人以上，最少10人（在一个正统派社区，10个男子代表整个以色列族），这称之为“敏彦”。祈祷的内容包含在《西都尔》祷告书里，其中最著名的祷词是申述笃信上帝的《舍玛》。虽然没有相应的犹太律法强调着装要求，但犹太男士通常头戴名为“卡巴”或“亚莫克”的无边圆帽和祈祷披巾进行祈祷。每日晨祷，除了安息日或者节日，必须携带经匣（两个装着写有律法书经文的羊皮纸条的小盒子）。在非正统派社区里，妇女也可以佩戴上述部分或者全部装束。

门柱圣卷

门柱圣卷是一个装着一张写有《舍玛》经文的羊皮纸的小匣子。门柱圣卷可以用任何材料制成，但是装饰必须精美。犹太人通常将门柱圣卷挂在大门的门框上，有时候也挂在室内除了浴室之外所有的房门框上。

祈祷披巾

祈祷披巾上通常有精美的刺绣和装饰。披巾最重要的部位就是四角的流苏。《圣经·出埃及记》中提到佩戴流苏是遵从上帝的明显标志。犹太男子以及在某些情况下的犹太妇女都会戴祈祷披巾祈祷。

“以色列啊！你要听，主是我们的上帝，是唯一的主。”

《舍玛》的第一行

卡巴

一些犹太男子只是祈祷时戴卡巴，而有些人则整天戴着。遮住头顶，以示对上帝的敬畏，也在提醒佩戴者——上帝无时不在。

西墙

在耶路撒冷，著名的西墙是第二圣殿留下的唯一遗迹，它可以追溯到公元1世纪。这里是犹太教的圣地，人们来到西墙祈祷，通常会在墙的石头缝里留下字条。西墙又名哭墙，因为这里是哭泣的场所。

密封在匣子里面的是《托拉》和《舍玛》的经文

用合礼动物制作的皮带

经匣

正统犹太教男子在晨祷时佩戴经匣。其中一个经匣系在前额上，据说这是让戴着它的人牢记自己的信仰。另一只经匣则捆在左臂上，因为那离心脏最近。

经匣被系在额头上

习惯使用右手的人更方便把经匣戴在左手臂上

《西都尔》

每个穗子上的5个结代表《摩西五经》

祈祷

在犹太教里，各个场合都有相应的祷文。许多祈祷文非常正式（基于《托拉》的诗句），只在特定的场合诵读，比如赎罪日诵读的祷文。《舍玛》是一组非常重要的祷文，它通常是犹太孩子学习的第一祈祷文，每天晚上睡觉前都要念诵。犹太人每天要背诵自己的日常祷文，这很重要，因为这让他们感觉离上帝更近些。

《西都尔》

《西都尔》除了收有全部的祈祷文外，还包含了许多日常生活中要说的祝福语。“西都尔”这个词的意思是秩序，因为这些祷文是按照一年到头做礼拜时念诵的祷文顺序书写的。它在证明一个事实：上帝是按照一定的秩序创造了世界。

圣书

《希伯来圣经》由三部分组成：《托拉》（希伯来语的意思是“教谕”）、《奈维》（先知书）和《圣文集》（作品）。《托拉》，又称《摩西五经》，是犹太人每天生活中不可缺少的。犹太人认为《托拉》上的教谕正是3000年前上帝在西奈山上向摩西披露的话。在犹太教的早期历史中，它给予人们日常生活各个方面的指导。虔诚的犹太人通过遵守这些律法来表示他们对上帝的顺服。从被抄录在经卷上到如今运用到各大会堂，《托拉》一直受到犹太人的尊崇。

《摩西五经》

《创世记》是《托拉》即《摩西五经》的第一卷。它讲述了世界是如何被创立的，包括亚当和夏娃的故事（如上图所示）以及人类祖先——亚伯拉罕、以撒和雅各。《出埃及记》《利未记》《民数记》和《申命记》是《托拉》的另外4卷。

写有希伯来语和符号的羊皮纸样

合礼的翎毛

特制的墨汁

专业工具

抄写一份《托拉》经卷需要使用特定的工具。首先需要特制的墨汁，而且只能使用合礼的鸟的翎毛来书写，经卷使用的羊皮纸必须来自合礼的动物，不能为了获取兽皮而随意杀害这种动物。

经文抄写员

《托拉》一直都是用手抄写的，至在今天。抄写一部《托拉》需要一名抄写员或者“索佛（古代犹太教学者的称号花费一年多的时间来完成通常抄写员必须是有宗教仰的犹太人，而且还需要训7年。当一部《托拉》卷抄写完后，需要查好几遍才能在会堂使用。

经文是按列抄录的

《死海古卷》

.947年，在死海西岸的库姆兰遗址洞穴里发现了古代手稿的卒片。这些碎片几乎含有《希白来圣经》每一卷的经文。这些手稿写于公元前150年～公元68年，原本属于艾赛尼派——一个古老的犹太教派。《死海古卷》的发现表明自罗马时期以来《希伯来圣经》变七甚少。

这个墨水瓶是在库姆兰发现的，可能是抄写员用过的

《托拉》

《托拉》是犹太人生活中最神圣的经书。它包含613条戒聿，用来指导犹太人如何过一种幸福、虔诚的生活。这些律法从摩西时代开始通过口耳世代相传。后来他们写下来，以使人们不会遗忘。一些正统派犹太人严格遵守《托拉》的律法，但是也有一些犹太人只遵从那些适应现代生活的律法。

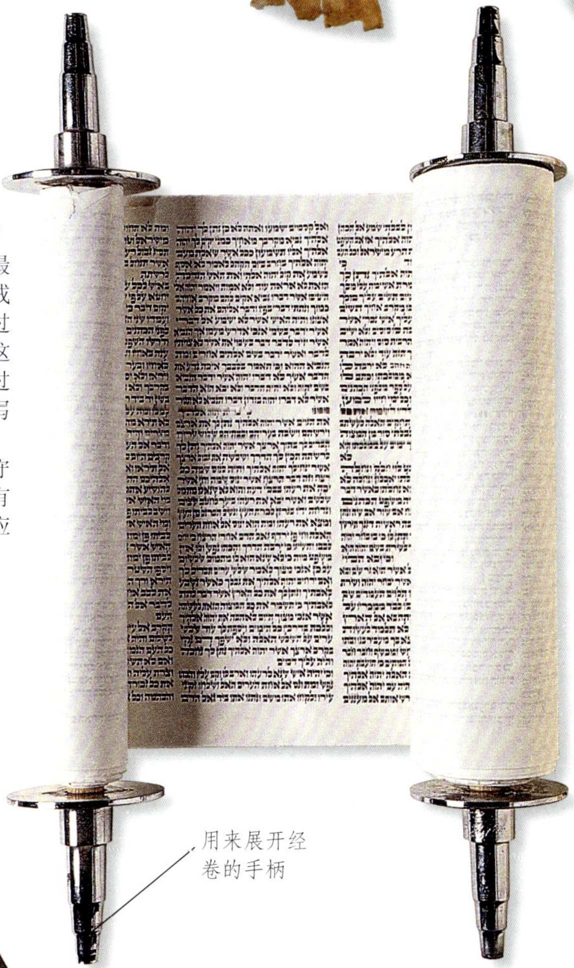

用来展开经卷的手柄

指经标

指经标在希伯来语中是“手”的意思，在诵读《托拉》时被用来指点字句，这是为了避免手直接触及经卷造成损坏。如果《托拉》上的某一个字母被弄脏了，除非抄写员把它修复如初，否则人们就觉得这个经卷不适合再使用了。

做完礼拜后，举起《托拉》，向会众展示

诵读《托拉》

在一年中的每一个安息日，人们都会在会堂里高声诵读一段《托拉》。当从约柜里取出《托拉》时，会堂里的人全体起立以示尊敬。

著作和思想家

诺亚方舟

在犹太教中，学习一直备受重视，编纂《塔木德》和《米
拉西》便说明了这一点。继《托拉》之后，《塔木德》是
重要的宗教经典。这是数千名拉比潜心研究《托拉》、记
注释，经过多年才编纂出来的。一些著名的学者也给这部
有丰富的宗教思想和实践的文献添加了注解。其中一位就
迈蒙尼德，他撰写了很多著名的犹太神学和哲学著作。很
神秘主义的学者则记录了那些口传教诲，形成喀巴拉派。
一本书《哈加达》讲述了《出埃及记》的故事，它已成为
太人生活中不可或缺的一部分。

《米德拉西》

《米德拉西》是一部犹太拉比的注经文集，专门解释、阐述《希伯来圣经》故事里的寓意，比如诺亚方舟和约拿。该书由拉比编纂而成，主要用于道德教训。

《塔木德》

《塔木德》是一部由犹太学者对律法进行注释并编撰成册的文献。这部法典在5世纪完成，涵盖了犹太人生活的各个方面，从祈祷到商业纷争。后来的拉比增加了一些他们自己的评注，其中最著名的是法国拉什（1040～1105）的注释。

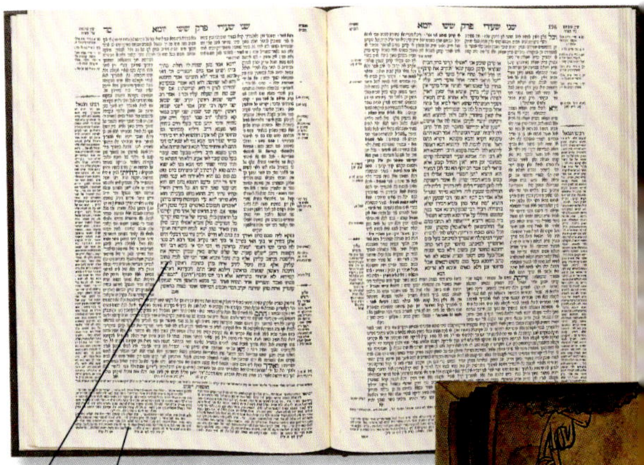

主要经文排放在页面的中心位置

每位拉比的注释则出现在页面四周

“不要把仇恨转嫁给邻近的人。这就是《托拉》的全部内容——其余的都是注释。”

《塔木德·安息日》31A

迈蒙尼德

摩西·本·迈蒙（1138～1204）拉比，即著名的迈蒙尼德，是一位杰出的哲学家和医生。迈蒙尼德出生在西班牙，后来定居在埃及，在那里编写了《重述律法书》，这是在《塔木德》的基础上对所有犹太律法作出的注解。他还依据亚里士多德的学说来解释犹太人的信仰和成因的一致性，试图通过具体法典的制定对犹太人的生活进行规范。

“在上帝面前展示自己，当万物都隐藏起来时，他有一种非凡之想，这就是他的智慧。有了这种智慧，他开始构建神秘而又神圣的宇宙。”

《光辉之书》

《哈加达》

《哈加达》的出现可以追溯到所罗门国王统治时期（公元前10世纪）。“哈加达”希伯来语的意思是“叙事”。书中讲述了《出埃及记》的故事，还包括祝福语和《诗篇》。人们通常在逾越节进餐前诵读。上图是一本儿童阅读的《哈加达》，画中描绘了上帝惩罚埃及人的10个灾难。

《光辉之书》

在犹太教，“喀巴拉”（希伯来语的意思是“传统”）代表的是基于《托拉》的一种神秘主义世界观。它的主要观点是认同通过口头形式流传律法。《光辉之书》是喀巴拉最重要的著作，书中介绍了一些新的礼仪。这本书被认为由摩西·德莱昂于13世纪编纂，他是生活在西班牙的一位喀巴拉主义者。

这是德系犹太人《哈加达》最早的版本之一

塞菲拉

在《光辉之书》里解释了造物主10种溢出阶段的创造力，即著名的“塞菲拉”（神力）。上帝就是通过这10种特性创造了宇宙。这些塞菲拉看起来就像一棵树的分枝，有爱情、智慧、力量、学识和美丽。

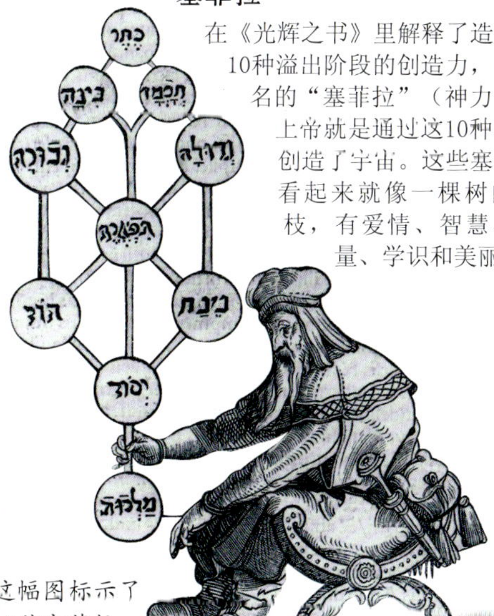

这幅图标示了10种塞菲拉

人身鸟头的《哈加达》

这本著名的《哈加达》来自13世纪的德国，书中配有依据《圣经》场景的插图和说明。正如标题所说，书里大多数的人都被画成鸟头。今天，《哈加达》对当今发生的事件仍然能够作出合理的解释，比如以色列国家的建立、传达基布兹的社会主义思想。

价值观

对于细心的犹太人来说，《托拉》不仅让他们了解犹太教的早期历史和应该遵从的一套宗教信仰，也为人们如何过上幸福、踏实的生活勾勒了一幅道德蓝图。这里不仅仅包含着支配人与上帝关系的律法，而且还有关于如何对待他人的法律法规。在《托拉》中，有几项基本的价值观念——生命的神圣、正义与公平、善良与宽容、教育的意义以及社会责任。在《托拉》中，最频繁提到的“密兹瓦”（戒律）就是善待他人的戒律。数千年来，犹太人过着居无定所的日子，他们深知一个陌生人在异国他乡的感觉。然而，如果人类的生命价值优先，那么在这个意义上，为了保护生命，一些戒命可能会被打破。犹太人认为这些价值观在今天仍旧像在圣经时代一样至关重要，而且被他们视为任何民主制度的一个重要组成部分。

耶利米先知

公平与正义

2000多年以前，犹太人就已经被制衡与平衡体系制约着。统治权并没有掌握在国王手中。当时由犹太最高议会（犹太最高法院）来阐释《托拉》的律法并公正实施。先知们也会指责那些违反人类利益的人。

尊重生命

犹太教强调人类生命的价值。一个人的生命和另一个人的生命同样重要。对生命的关爱也惠及动物。在《托拉》中，其中一条最古老的律法就是禁止虐待动物。在许多犹太人家里，安息日这天都得吟诵创世说。

热情好客

照顾旅行者和陌生人的义务是犹太教的核心主题。被誉为第一位犹太人的亚伯拉罕和他的妻子撒拉一贯热情好客，并且也给子孙后代定下了这条规矩。在中世纪，许多犹太村庄都有客房，供沿途乞讨的人免费居住。在《塔木德》中一位拉比甚至提出这样的观点：招待客人比通过研究《托拉》接近上帝更为重要。

亚伯拉罕的彩色玻璃画像

犹太人家里常见的慈善箱

完善世界

“爱人如己”是《圣经》里的教导。人是按照上帝的形象创造的，所以个人应该得到最大的尊重和荣耀。无知和偏狭让世界陷入一片黑暗，但是理解与爱却带来了光明并帮助重建世界。

哈努卡节灯台象征着正义战胜邪恶

慈善

希伯来词语“tzedakah”是指公益，让所有人分享到上帝赋予的一切是每个人的责任。每个星期人们都会在安息日开始之前往一个慈善箱里投硬币，到了节假日的时候，比如普珥节，就把这些硬币收集起来捐给各种慈善机构。据迈蒙尼德说，最佳善举就是通过教授给需要帮助的人一项技能，通过帮助别人来帮助自己。

《托拉》经卷和指经标

教育

《托拉》强调知识的重要性。教育不仅被视为获取体面工作的一种手段，而且还是教育孩子如何正确行事的一种途径。《托拉》里说：追求高质量的生活是每个人的责任，但是必须尊重他人，切忌步入贪婪之途。

社会责任

犹太教戒律之一就是照顾关心他人的福祉，就像亚伯拉罕生病时上帝去探望他一样。上图展示的是《圣经》里的人物——约伯，他经历了各种痛苦，朋友们来看望他。在犹太社区里义务照顾他人盛行。

犹太食品

犹太人生活的各个方面都有相应的法规戒律，包括食品。这些犹太饮食法规被称为“饮食教规”。教规规定了哪些食物可食用以及如何食用。“合礼”（希伯来文的意思是“合适”或者“正确”）这个词用来指那些符合律法的食品。宗教用品的制作也适用于饮食教规。《托拉》中提到了许多犹太饮食教规，其他一些教规则来自拉比的解释。这些犹太饮食教规不仅仅是圣经戒律，也起到有益健康的作用，最重要的是能够形成一种强大的群体认同。遵从教规的程度因人而异，有些人恪守所有的法规，而有些人则遵守一些特定的规则。

合礼商店

犹太饮食教规非常复杂，因此对于虔诚的犹太人来说，并不能够轻易而又保险地从商店里买到他们需要的食物。大多数的食品包装上都贴有一块合礼标签，说明拉比已经去食品加工厂看过了，证实食品制作符合要求。

肉制品和乳制品

那些偶蹄、反刍动物，如羊被视为可食用的合礼动物，但猪不是。动物宰杀必须由受过训练的人承担，以减少动物的疼痛程度。同时肉里的血必须放干净，因为血液里含有动物的生命。肉制品和乳制品不能一同食用，遵从饮食教规的家庭必须要有两套餐具和盘子，将肉制品和乳制品分开来盛放。

这个合礼食品的货摊只卖肉制品，这样的货摊已经发展到大型的犹太社区

小扁豆

素食

那些既不含肉也不含奶的食物称之为素食，可以跟各类膳食一起食用。这些食物包括水果、蔬菜、米饭、鸡蛋和扁豆。但是水果和蔬菜在食用前必须仔细检查是否有虫，因为在《托拉》中所有的昆虫被视为非合礼食物。

螃蟹

海鲜

鱼类中有鳍有鳞的鱼被视为合礼的食物，如鲑鱼、鳟鱼和鳕鱼。这意味着所有的贝类和其他海产品都不允许食用。这些禁食食物被称之为不洁之物。

鲑鱼

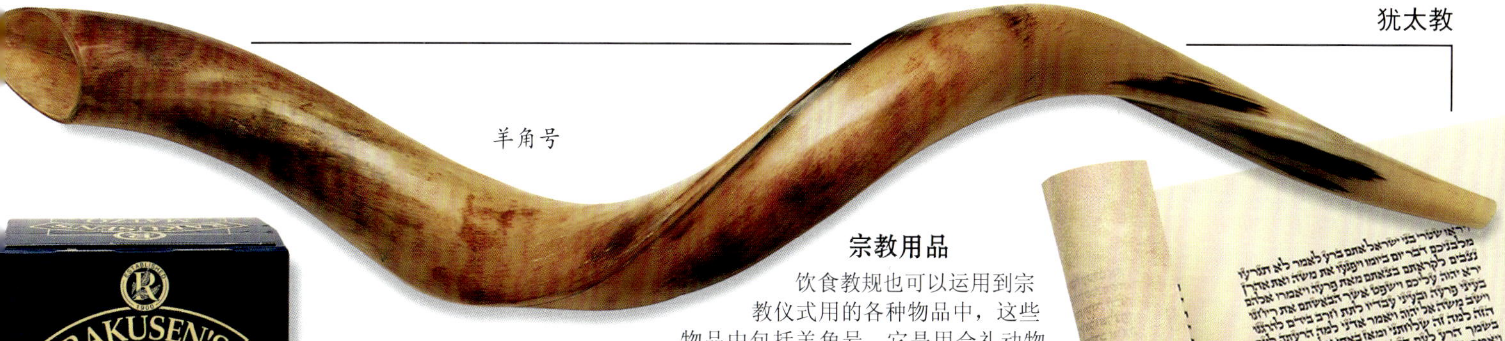

羊角号

宗教用品

饮食教规也可以运用到宗教仪式用的各种物品中，这些物品中包括羊角号，它是用合礼动物的角制作的。门柱圣卷或者《托拉》经卷用的羊皮纸也必须是出自合礼的动物。

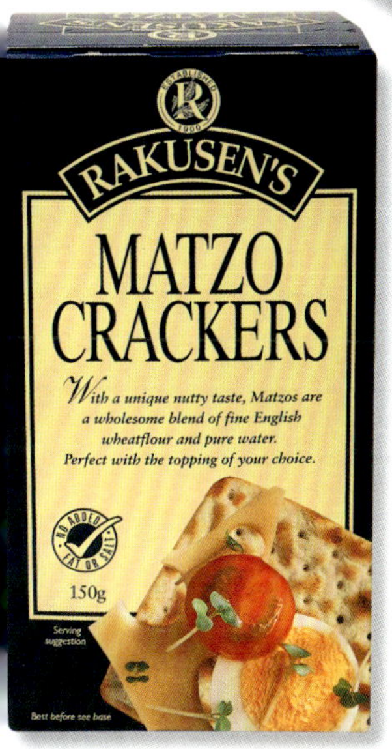

逾越节

有些食品中的原料在逾越节的时候不能食用。为了便于识别，一些食物包装上会贴一个“逾越节专用”的标签，如上图的这个包装上有无酵饼的标志。

葡萄园

管理经营一个合礼葡萄园时，需要悉心照料。《托拉》里说过一个新葡萄园里的葡萄只有到了第四年才能采食，每隔年葡萄园得休耕一次。

酿酒

在古代，犹太人禁止饮葡萄酒，他们认为葡萄酒可能是被异教崇拜的一部分，于是他们自己酿造。今天，合礼葡萄酒的生产仍然有许多严格的规定。例如，只有细心的犹太人才被允许监督整个生产制造过程。同时在签发合礼证书之前，必须由负责监督的拉比来确保葡萄酒生产符合所有的要求。

合礼葡萄酒

《托拉》经卷

犹太教的分支

现在大多数犹太人都是德系犹太人（东欧）或者西班牙系犹太人（西班牙）的后裔。在这两系主流文化中，出现了几个宗教分支。经过一段时间的发展，这些分支已经能够满足人们现代生活的需求。各个犹太教分支在信仰程度上不尽相同，有极端正统的宗派，也有对生活和宗教采取较为宽容态度的宗派。因为犹太教不仅仅是一种信仰，所以世界各地的犹太社区发展出了不同的习俗和传统，如埃塞俄比亚的犹太人和也门的犹太人就大相径庭。但是，犹太人无论拥有什么样的信仰和风俗习惯，他们分享的是共同的历史和语言。

保守派

所罗门·谢克特（1847～1915）是保守派运动的主要推动者。在以色列被称为“马所拉”（即传统的意思）的保守派是介于正统派和改革派之间的一个派别。

改革派

改革犹太教的运动开始于19世纪的德国。改革派认为《托拉》和《塔木德》里并不包含上帝的原话，那些都是受上帝启发的人编写的。这意味着他们可以调整他们的信仰来适应现代生活，如提高犹太妇女的地位。犹太教改革派也被称为开明派或进步派，这是在美国最大的犹太人群体。

女拉比

撒玛利亚人的《托拉》经卷

一位极端正统派的犹太人正在祷告

正统派

正统的犹太人遵循他们传统的习俗和信仰。居住在欧洲的绝大部分犹太人都是正统派。但是极端正统派是一个发展最快的群体。他们在宗教信仰上不妥协，这些犹太人还倾向于住在独立的社区，拥有他们自己的学校和法院。他们通常认为，跟外界甚至是恪守教规稍微欠缺的犹太人混在一起都是错误的。在极端正统派犹太教运动中，产生了不同的支派，如美国的卢巴维奇派。每个支派都有自己的领袖。

以色列基布兹学校里的孩子

散玛利亚人

以色列的撒玛利亚人社区可以追溯到公元前7世纪。尽管他们不把自己当作犹太人，但是他们遵循的是犹太人的生活方式。撒玛利亚人承认《托拉》的权威性，遵守安息日，也行割礼。今天居住在以色列的撒玛利亚人达500人。

在以色列的犹太人

以色列居住着400多万犹太人，这是继美国之外的第二大犹太人集中地。以色列政府1951年颁布的《回归法》使得成千上万的犹太人享有以色列公民的权利，并且对来自世界各地的犹太人敞开大门。同时，以色列的移民社区依旧保持着他们原籍国家的传统。今天，大多数犹太人把自己视为世俗（非宗教）犹太人。

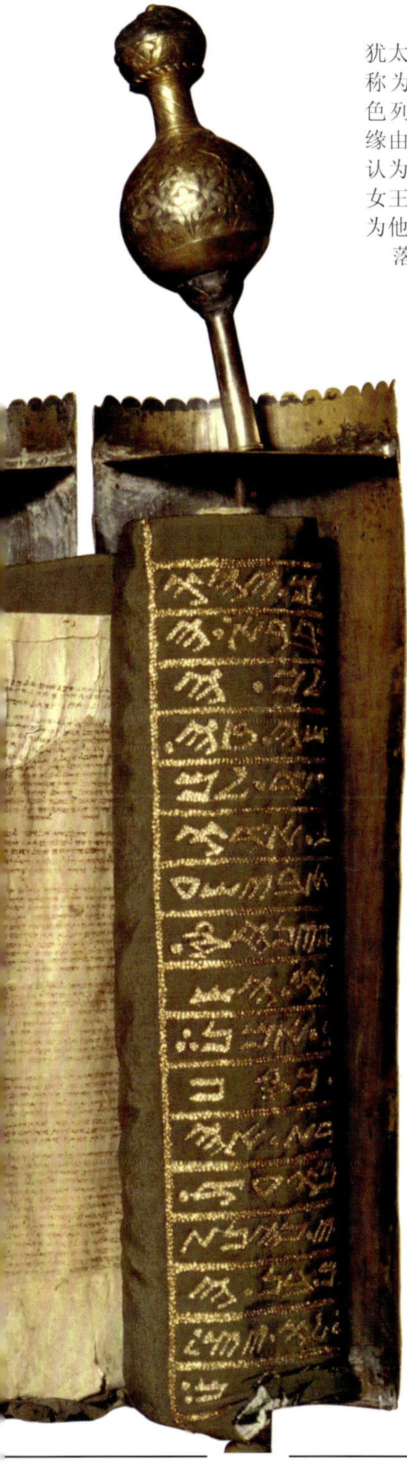

埃塞俄比亚犹太人

犹太人起源于埃塞俄比亚，被称为“贝塔以色列人”（以色列之家），这成为争论的缘由。一些埃塞俄比亚犹太人认为他们是所罗门国王和示巴女王之子的后裔。其他人则认为他们是一支迷失的以色列部落。无论祖先是谁，直到19世纪50年代，埃塞俄比亚犹太人存在的这一事实才被公诸于众。20世纪80年代和90年代，在饱受战争蹂躏的埃塞俄比亚，几乎所有的犹太人为了逃离大饥荒被空运到以色列。

埃塞俄比亚的犹太人参加逾越节祷告

这块来自11世纪印度科钦的铜牌，授予犹太人约瑟夫·拉巴。铜牌标志着某种特权。

印度的犹太人

人们认为印度的犹太社区是早在2000多年前建立的。他们分为3个不同的群体：以色列犹太人、科钦犹太人和来自欧洲国家的犹太人，如西班牙。所有群体遵循西班牙犹太人的习俗并拥有他们自己的会堂。如今，只剩下几千名印度犹太人。

也门犹太人在认真地学习《托拉》

也门犹太人

有证据表明从公元1世纪起就有犹太人居住在也门。也门犹太人有着非常深厚的学术传统和自己的祈祷书籍。现在他们大多数居住在以色列或美国，不过仍有一小部分留在也门。

标志和语言

现在犹太社区遍布世界各地，即使生活在犹太社区以外，他们依旧保留着自己的信仰和生活方式。虽然犹太人有自己的语言，但他们更多地使用所在国家的语言。光阴荏苒，尽管希伯来语因为宗教缘故留存下来了，但是以色列人的希伯来口语能力每况愈下。与此同时，两个代表犹太人信仰和身份的标志却一直未曾改变，它们是多枝灯台和大卫星。

哈努卡灯台

只有含有8支灯盏的灯台才能用来庆祝哈努卡节——另外一支独立的灯盏是供点燃8支灯或蜡烛使用的。为期8天的节日是为了纪念犹大·马加比战胜塞琉西王国。

七枝灯台

七枝灯台是犹太教里最古老、使用最为广泛的徽号。金七枝灯台一般被收藏在神龛或者第一和第二圣殿里。自从圣殿被毁后，灯台仍然是一种重要的信仰表达方式。

以色列国旗

这颗星的6个角代表创世记的6天时间

蓝色代表天堂，提醒人们上帝的存在

白色代表纯洁与和平

这块雕刻着大卫星的石雕可以追溯到4世纪

大卫星

大卫星在希伯来语中称作大卫盾。这种由两个等边三角形组成的六角星形在罗马时期只是一种装饰图案。到了17世纪，捷克的布拉格犹太人社区率先用这个图案作为正式徽号。在1897年第一次犹太复国主义者代表大会上，这颗星备受瞩目，它出现在会旗上。1948年以色列国建立时，这个六角星形图案成为国旗上的中心图案。

埃利泽·本-耶胡达

说希伯来语

在19世纪末，希伯来语开始成为巴勒斯坦地区犹太人的日常用语。一位定居在以色列地的犹太人埃利泽·本-耶胡达（1858～1922）决定重新“复活”希伯来语，演变成“现代”希伯来语。通过对亚伯拉罕时期以来的每一个字不断地追根溯源，埃利泽·本-耶胡达在1910年出版了第一部6卷本的希伯来语字典。

7个烛座代表1个星期7天

古代希伯来文的经卷

希伯来语的构成

随着犹太人散居在不同的国家，古希伯来语的性质也随之改变。希伯来语受到所在国通用语言的不断影响，这导致希伯来语出现几个不同版本。中世纪居住在西班牙和葡萄牙的犹太人说着称之为拉迪诺语的希伯来方言。在东欧，人们普遍说意第绪语，这一直延续到20世纪。

א ב ג ד

ה ו ז ח

ט י

希伯来语字母表中的前10个字母

字母表

由希伯来语发展而成的文字称为希伯来文。以色列人定居在迦南的时候，人们就开始使用22个字母。这些字母提供了一种简单的记事方式。早在公元前8世纪，以色列人流亡在外，开始使用希伯来文方形字做记录，并流传至今。

用现代希伯来文写的可口可乐标签

以色列的语言

现代希伯来语是以色列国的官方语言，大约有400万以色列人说希伯来语，以此作为他们的第一语言。许多希伯来语词汇，如阿门、哈利路亚已经渗透到其他语言中。

希伯来文的书写

希伯来文自右至左书写。孩子们通过元音学会读和写。元音由小符号环绕着主要字母组成。但在印刷体的希伯来文中，元音通常被省略。虽然大多数犹太人讲寄居地的语言，但是在会堂做礼拜时能够熟读希伯来文经文对他们来说依然很重要。

המוסף בעברית
London Jewish News
מסיבות חנוכה ברחבי לונדון

《犹太新闻报》的头版

印刷的希伯来文

19世纪能够看到许多印刷的希伯来文的报纸、广告以及各种商品的标签。希伯来文的书面形式不再只用于宗教书籍。

犹太人的一生

在犹太教中，人一生中的关键阶段都会举行特别的纪念仪式。为新生男婴行割礼是犹太教非常普遍的习俗，这可以追溯到圣经时代。最近，人们也通过命名仪式来欢迎女婴的诞生。成年礼（希伯来语对男孩的成年礼使用“诫命之子”一词，女孩使用“诫命之女”一词）是一个孩子成为成年人的标志。犹太人结婚有特定的婚礼仪式，也有关于死亡和哀悼的葬礼仪式。犹太人在生命中的每一个重要阶段都会举行集体庆祝仪式，强调犹太人生活的公共特性。

成年礼的礼物

一般在犹太男孩和女孩的成年礼上，人们会送上一本《西都尔》。成年礼上不仅仅送礼物，礼物只表示对这个日子的纪念，重要的是在于告知成为成年人应该承担起的责任。

出生

每个犹太孩子除了有一个英文名，还有一个希伯来语名字，这个名字在成年礼上会用到。希伯来语名字通常会跟一位已故亲人的名字相同。男孩的希伯来语名字一般是在割礼仪式上宣布，而女孩的名字则在出生后的第一个安息日在会堂宣布，或者在一个专门的婴儿命名仪式上宣布。

20世纪摩洛哥的纸护身符

19世纪德国的护身符

割礼护身符

以前，一些犹太社区用割礼护身符来为新生儿辟邪。护身符通常在小块羊皮纸、纸片或金属上刻上神奇的符号、字母组合、天使或者上帝的名字，把它们放在婴儿床边的一面墙上。许多拉比，包括迈蒙尼德都反对这些护身符，认为这些都是迷信。

割礼

割礼通常在男孩出生后的第八天举行。这可以追溯到上帝与亚伯拉罕的约定：每个男孩都得接受割礼，证明他是犹太人中的一员。割礼手术通常由接受过专门训练的割礼师担任，他通常是一位拉比或医生。

成年

一个年满13岁的男孩，在完成神圣的成年礼后被当作成人看待，开始负有宗教义务。例如，在犹太人的赎罪日，他必须执行禁食日；在会堂，他有资格计在敏彦之内。女孩在12岁成年礼后，同样需要承担宗教义务。根据她所生活的社区，决定她是否能成为敏彦的一员，或者诵读《托拉》。

一位妇女做礼拜时披着披巾，戴着卡巴

诫命之女

犹太女孩的成年仪式直到20世纪初才发展起来。今天，这种仪式有许多不同的表现形式：她们可以诵读《托拉》，或者像男孩一样在会堂里举行一个正统的成年礼仪式，接受布道。一些正统派犹太社区并不会公开举办女孩成年礼仪式。

绣有男孩希伯来文名字的经匣袋子

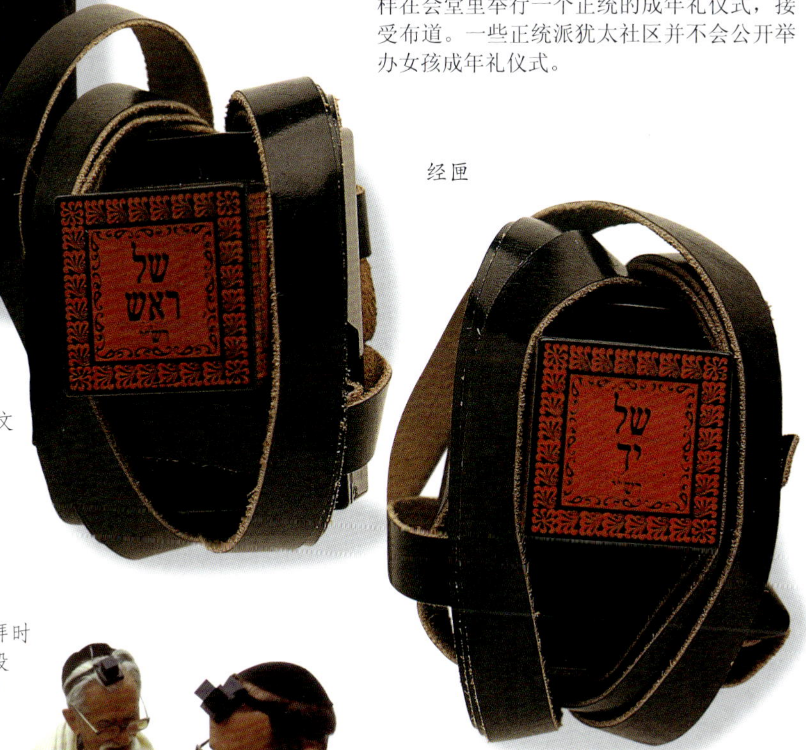

经匣

经匣

在正统派举办的成年礼上，男孩会获得一副经匣。从那以后他们在平日晨祷时都可以戴经匣。不戴的时候，要把经匣装在一个袋子里，袋子上用希伯来文绣着主人的名字。

一名男孩在做礼拜时诵读《托拉》选段

诫命之子

在男孩的成年礼上，通常要求男孩诵读一段他事先准备好的《托拉》经文，以表示他接受这些诫命。在那些严格遵守教规的社区，男孩可能需要诵读完整的“周诵段”——每周正常念诵4～6章。在成年礼的会堂祈祷仪式后，大多数孩子会发表称为“托拉的话”的演讲。

古代的《托拉》上画有婚礼彩棚

结婚

正统犹太教徒将婚姻视为上帝赐予的礼物，婚礼是一个重要的宗教庆祝活动。结婚意味着一个新的家庭的开始，也是延续犹太教习俗和传统的又一个保障。庆典仪式的形式取决于是正统派还是改革派，以及不同地方的风俗习惯。一般而言，犹太教徒婚礼可以在会堂、家里或者露天任何地方举行。

婚礼彩棚

结婚仪式在婚礼彩棚下由一位拉比主持进行。婚礼彩棚是一种由四根柱子撑起的布棚。在一些犹太人社区里，彩棚由祈祷披巾代替。婚礼彩棚象征着这对新人的新房。

打碎玻璃杯

新郎打碎酒杯标志着婚礼结束，以此象征圣殿的毁灭以及脆弱的婚姻。上图展示的是改革派的婚礼仪式上，新郎、新娘正在一同做一个象征性的动作。

用花边或绘有圣经场景的图案装饰婚书

婚书

犹太人的结婚证上详细记录了新郎对新娘应该承担的责任，被称之为“婚书”。早期婚书由新郎一人在仪式开始前签署，现在婚书则由新郎、新娘共同签署。在婚礼仪式上，新人会把婚书内容读出来。婚礼后，通常将装饰好的婚书摆在家里。

华丽的头饰上插着象征驱除邪恶的香草

婚礼习俗

在许多犹太人的婚礼上，新娘通常穿洁白的婚纱，有时候新郎也穿白色的礼服。相反，也门犹太人习惯身穿色彩绚丽的礼服，如图所示。

精美的意大利婚戒

结婚戒指

交换婚戒是源自罗马的一种习俗，包括犹太人在内的持各种信仰的人都认可并采用这一形式。在犹太人的传统婚礼上，新郎一边给新娘戴戒指，一边背诵祝愿的话。在过去，一些犹太人社区会出借新娘的戒指，这种戒指上面经常饰有一座微型房子，还刻有“祝你好运”的字样。

这是一条19世纪乌兹别克斯坦布哈拉地区一位犹太新娘佩戴的项链

古老的习俗

传统上从女儿一出生，父亲便开始攒钱，这样才能给女儿一笔嫁妆。对于孤儿或者来自贫苦家庭的女孩，犹太社区会号召大家一起为她们提供一些日常生活用品作为嫁妆。

15世纪意大利的结婚礼盒

结婚礼盒

在过去，新郎会给新娘一些礼物。婚书上有一条约定，如果夫妻离婚，女方有权独自享有这些财产。这使得犹太教成为一种开明的宗教，因为几个世纪以来，基督教或者伊斯兰教的妇女离婚后无权拥有任何财产。结婚匣子通常是富裕的新郎送给新娘的礼物。

葬礼习俗

根据传统习俗，为人的一生最后举行仪式的目的有两个：对死者表示尊敬，释放悲痛。在哀悼的初期，哀悼者通常以泪沾襟来表示悲伤。迅速埋葬逝者非常重要（一般是在3天之内）。然而，现在一些犹太人更喜欢火葬。葬礼遵从一切从简的习俗，所以富人与穷人的仪式大同小异。

位于德国沃尔姆斯的一块古老的犹太人墓地

周年悼亲日蜡烛

尊重的标志

从死亡到埋葬，尸体并不是被单独放在那儿。通常会在尸体旁边点一盏特别的蜡烛灯以示尊重。在周年祭日前夜，又会点燃一盏蜡烛灯，这盏蜡烛24小时燃烧，称为“周年悼亲日”（意思是一年的时间），火焰象征着逝者的灵魂。

哀悼习俗

从下葬的那一天开始算起，为期7天的哀悼日称为“守息瓦”（意思是7天）。守息瓦通常在逝者的家中进行。家里所有的镜子都要遮盖，哀悼者坐在矮板凳上，诵读《卡迪什》，这是一篇赞美上帝、肯定生命的祷词。对于逝者的直系亲属，哀悼期需要持续12个月，在此期间取消所有的聚会和庆祝活动。

敬畏节

宽恕和忏悔这两个主题都反映在犹太教最重大的节日——岁首节（犹太新年）和赎罪日里。敬畏节（指岁首节到赎罪日的10天），一般在9月或者10月，这取决于希伯来日历。这期间各大会堂人满为患，对于那些一年里不经常参加会堂祈祷的人来说此刻也会参加特别的祈祷仪式。岁首节的第十天，必须全天祈祷，斋戒，这天称赎罪日。对于犹太人来说，这一时期是一年中最关键的时刻——上帝不仅决定他们的命运，并对那些想改过自新的人给予宽恕。

岁首节

这个节日标志着世界的创立，也是上帝对一个人的善行和恶行平衡后作出判断、决定他们来年生活的时刻。上帝的审判会记录在以下3本书中的其中一本：一本记录好人，一本记录恶人，一本记录一般人。在接下来的10天里，即敬畏节期间，人们有机会忏悔，因为上帝审判的截止日期是赎罪日当天。

羊角号

在岁首节期间，会堂里的活动比往常持续的时间要长，也更为庄严肃穆，包括忏悔和悔罪祈祷。与此有关的一项重要仪式就是吹羊角号（希伯来语称“绍法”）。羊角号通常是用公羊角做的，提醒人们公羊是为亚伯拉罕而死的。号角声也旨在告知人们，今年已经过去，争取来年过上更好的生活。

投弃礼

在岁首节的下午，一些人会跑到河边或者海边祷告。作为一种象征性的行为，他们会掏空自己的口袋，把面包屑扔到水里，代表抛弃罪孽。这个仪式被称为“投弃礼”，即“抛弃”的意思。

新年贺卡

新年习俗

在一些社区，人们互赠新年贺卡。不同于世俗的新年祝福庆祝活动，这个时间是犹太人向上帝和被冒犯的人祈求原谅的时候。

猕猴桃

木瓜

蜂蜜

苹果

一个甜蜜的新年

新年前夕的一个习俗是吃一块粘过蜂蜜的苹果，以期望甜蜜的来年。人们也会吃一个平常很少吃的异国水果，或是穿件新衣服。

赎罪日

在犹太教历中，最神圣的节日是赎罪日。除了生病和吃药的人以外，每个成年男女都要禁食25个小时以上，大部分人整天都在会堂祈祷，在上帝面前赎罪。赎罪日的仪式在一阵羊角号声中结束。每个人回到家后都感觉得到了净化，有了新的目标。

储达卡盒（捐款箱）

捐助

敬畏节的祈祷文说，那些真心忏悔、祈祷和乐于施舍的人会有一个美好的来年。尽管在赎罪日不理财务，但是在许多会堂，拉比会号召人们到一个特定的慈善机构捐款。

因为不听命于上帝，约拿被抛进大海

《约拿书》

在赎罪日这天，人们在会堂朗读《约拿书》。书中叙述了约拿的故事。上帝派约拿告诉尼尼微人去忏悔，约拿起初没有遵循上帝的指示，乘船逃跑了。海上遇险后被上帝救起，上帝再次命令他给尼尼微人带话。尼尼微人请求宽恕并得救了。这则故事显示出上帝的怜悯之心。

节日

犹太人在一年中有许多重要的宗教节日，一些节日是为了纪念犹太历史上的重要事件，而其他一些节日则具有农耕意义。有的节日不仅在会堂里庆祝，在家里也会举办各种庆祝仪式。每个节日都会有不同的标志性食物。另外，安息日（希伯来语发音为“沙巴特”）每周一次。因为在圣经时代，一天始于日落时，这是标记时间的一种方式，所以每个节日都是在头一天晚上开始庆祝，持续到第二天。

苏克棚

苏克棚是一种临时住所。它一般有3堵墙，屋顶上留有小缝隙，人们透过这个缝隙可以看到天上的星星，提醒人们上帝一直在看着他们。有些家庭在自己的花园里搭建临时小屋，有一些会堂也建有公共的苏克棚，供人们祈祷完使用。

住棚节

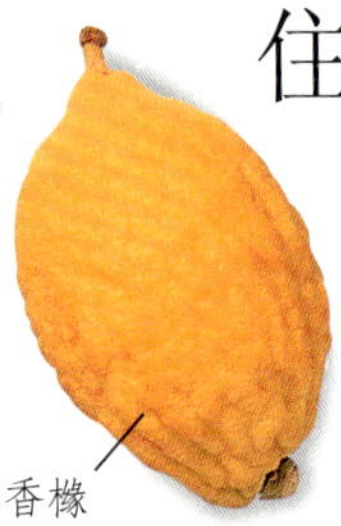

庄严的赎罪日结束5天后，开始庆祝为期一周的住棚节。住棚节是为了纪念上帝引导以色列人离开埃及住在临时帐篷的那段日子，同时也是庆祝最终丰收的日子。住棚节中的一个仪式就是祝福4种植物——棕榈枝、番石榴（枝条）、柳树（枝条）和香橼，它们被称为四大物种，或者“卢拉夫”，代表着我们所有人都依赖的农业。

装饰苏克棚

按照习惯，孩子们用图片、纸链和时令水果装饰苏克棚。然后人们在苏克棚里进餐，有时也会在里面睡觉。

四大物种

在会堂做祷告期间，人们向各个方向挥舞着4种植物，意味着上帝无处不在。

手持四大物种念诵祝福语

游行

人们在节日的每一天都要举着这四大物种祷告祝福。住棚节的第七天，祷告者围着会堂走完7圈，标志着晨祷结束。数字“7”象征着圣经时代神父们绕着圣殿的7次游行。

西姆哈《托拉》节

主棚节结束后，随之而来的便是西姆哈《托拉》节（犹太人庆祝《托拉》的节日）。这个节日标志着周期为一年的诵读《托拉》的结束，新一轮诵读的开始，首尾相连象征上帝的教诲是持续不断的。在舞蹈和掌声中，人们从约柜里取出《托拉》经卷，扛在肩上围着会堂或者大街游行。

在以色列西墙的一次《托拉》游行

西姆哈《托拉》节时在会堂里分发给孩子们的糖果

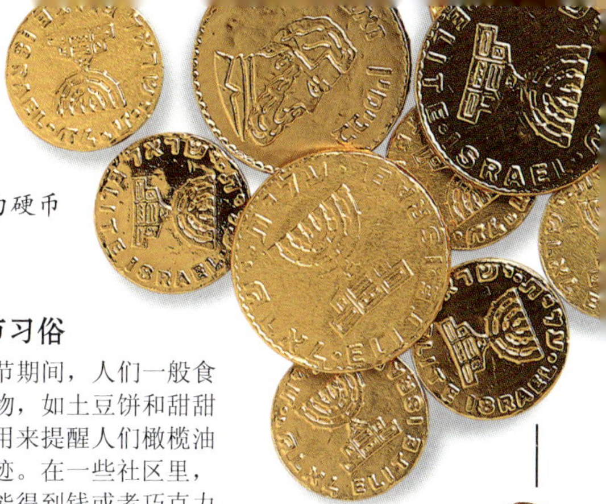

巧克力硬币

哈努卡节习俗

在哈努卡节期间，人们一般食用油炸食物，如土豆饼和甜甜圈。这是用来提醒人们橄榄油创造的奇迹。在一些社区里，孩子们还能得到钱或者巧克力硬币。

土豆饼

哈努卡节

哈努卡节（也称光明节）是为了纪念一个重大的历史事件。大约在2000多年以前，犹太民族不被允许有他们自己的宗教信仰。当他们起来反抗外来统治者的时候，在一场重要的战役中取得了巨大的胜利。起义的领导者犹大·马加比重新在曾被作为异教崇拜的圣殿里朝拜。永恒的灯重新被点燃，虽然他们只剩下仅够维持一天的灯油，但是这点油却奇迹般地维持了8天。

点亮九枝灯台

哈努卡节的每个晚上，一家人都聚在一起祷告，点亮蜡烛，吟诵着哈努卡节圣歌。九枝灯台也称哈努卡灯台。灯台有9支灯盏，其中一支较高，用于点亮其他8支灯盏。每天点燃一支，哈努卡节8天结束时灯盏被全部点燃。这象征着圣殿里橄榄油创造的奇迹。

每天晚上点燃一支蜡烛

旋转陀螺

蜡烛燃烧的时候，孩子们喜欢玩一个特别的旋转陀螺。在陀螺四面的每一面上都刻有希伯来字母，合在一起是“伟大的奇迹发生在这里”的希伯来文缩写。

橄榄枝

树木新年

树木新年是专为树木而设立的一个独特节日。在历史上，每逢树木新年这一天，有10%的农产品被分给祭司和穷人。在今天的以色列，人们通常在这个节日植树以及吃新鲜水果。

植树

在以色列，一些学校的孩子在进入1月份早春的树木新年那天，会种上一棵小树苗。居住在以色列之外的犹太人也被鼓励通过犹太国民基金会来捐一棵树。

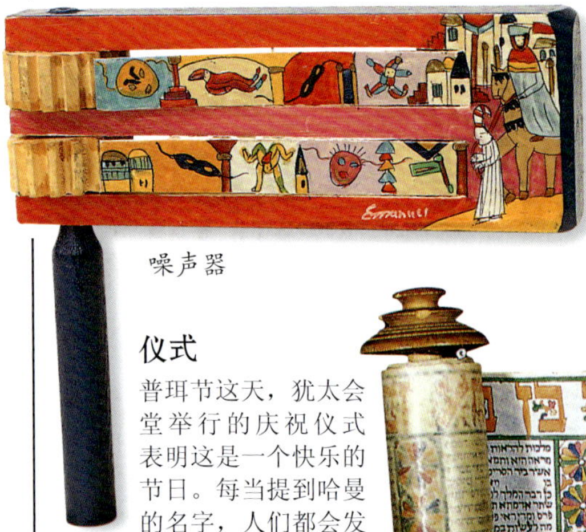

噪声器

普珥节

普珥节是一个非常有趣和欢乐的节日，通常在3月份庆祝。普珥节的主要仪式是诵读《弥基洛》中的《以斯帖记》。这本书叙述了公元前5世纪在波斯一位名叫以斯帖的犹太妇女和她的堂兄末底改的故事。他们制订了一个计划，阻止了残暴的波斯官员哈曼企图屠杀波斯的犹太人。

经卷

在普珥节前夕以及节日当天，犹太人聚集在会堂里诵读《弥基洛》。不像另外几部经卷，《以斯帖记》里并没有提及上帝。虔诚的犹太人认为，这表明上帝一直在工作，甚至在默默地工作。

仪式

普珥节这天，犹太会堂举行的庆祝仪式表明这是一个快乐的节日。每当提到哈曼的名字，人们都会发出“嘘”声、跺脚，或者使用噪声器发出“啪啪”声。

18世纪波斯的《弥基洛》经卷

游行

除了诵读《弥基洛》之外，人们还要吃节日大餐，互赠食品礼物，并做慈善捐助。一些犹太社区会举行聚会和游行。通常成年人和小孩都穿上绚丽多彩的盛装来增加节日的气氛。

以色列特拉维夫正在举行一年一度的普珥节游行

逾越节

犹太人在3月或者4月的时候会庆祝逾越节这个重要的节日。犹太人以此来纪念摩西带领以色列人离开埃及的这段日子——这是犹太民族的开始。逾越节期间会举办一次庆宴，即逾越节家宴。家人聚在一块，吃着特别的晚餐，讲述着出埃及的故事，并且一起吟唱赞美上帝的歌。

逾越节餐桌

逾越节家宴使用的盘子是专门用于逾越节的。盘子里的食物象征着以色列人在古埃及（约公元前290～前1224）的故事。桌子上放着一杯盐水，象征着曾被奴役的以色列人流下的辛酸泪水。

无酵饼

无酵的面食

色列人匆忙离开埃及
候，他们唯一能够携
食物就是未发酵的面
今天，犹太人避免食
括面包在内任何含有
的食物，选择吃无酵
在逾越节期间，家里
能有任何含有酵母的
。

《哈加达》

逾越节持续8天，头两天晚上主要阅读《哈加达》里《出埃及记》的故事。晚餐时由家中最年幼者从《哈加达》里提4个问题，然后所有的人依次复述《出埃及记》中有关犹太人摆脱奴役获得自由的故事，回答问题。在过去，《哈加达》都是手抄本，包括插图，有一些留存至今。下面这张插图描述了逾越节家宴的细节，这是中世纪德国的一个版本。

奥默

在古代以色列，逾越节和七七节之间相隔49天。这段时间被称作“奥默”。它标志着大麦收割的结束，小麦收割的开始。这时要在耶路撒冷的圣殿里放上一捆新收割的大麦。

拉·巴-奥默节

奥默开始计数的第33天就是拉·巴-奥默节。相传犹太拉比西蒙·本·尤查在此日透露了喀巴拉的秘密。另外一个传说讲述的是阿基瓦拉比的故事，他是一位著名的学者，专门研究《托拉》。在奥默时期的一场瘟疫夺去了他2.4万名学生的生命。然而，在拉·巴-奥默节那天却没有死一个人。一些人点亮篝火来纪念这个日子。

奥默日历

虽然现在没有专门的圣殿或者奥默供奉日，一些虔诚的犹太人仍能计算出逾越节和七七节中间的日子。他们采用一种特别的日历来帮助他们追踪这段时间。

供孩子使用的奥默日历

七大物种

七七节除了纪念摩西获得十诫之外，也是庆祝信徒第一次将初收的水果带到耶路撒冷的圣殿。这些水果一直是以色列这片土地的标志。

大麦

椰枣

葡萄

小麦

无花果

橄榄

石榴

七七节

七七节的希腊名称是五旬节，来自“50”这个单词，因为七七节开始的日子是奥默第49天的次日。七七节是为了纪念上帝在西奈山送给摩西《托拉》，同时也是为了庆祝一个新的麦收时节的到来。在会堂做礼拜的时候，要诵读《十诫》和《路得记》。此节持续两天。

基布兹学校的孩子欢度七七节这个丰收的节日

传统风俗习惯

七七节的时候，一些犹太人吃乳制品。为了铭记以色列人在等待聆听十大律法能吃乳制品的这段日子，而且，他们要饮食教规所禁止的乳制品与肉食不能同用的戒律。为了庆祝十大律法的颁布，会堂用鲜花装饰一新，一些非常虔诚的人通宵达旦地学习《托拉》。

安息日

安息日的希伯来语为“Shabbat”（沙巴特），意思是休息。安息日从星期五日落开始到星期六日落结束。在犹太社区里，人们用不同的方式守安息日。

“谨守安息日，使其永远圣洁。在第七天你将不能工作。”

十诫之一

安息日净手用的杯子

净手

在安息日开始前，犹太人得用一个特别的双柄杯洗3遍手。只有这种方式洗手后才能开始进餐。

哈拉

安息日圣桌上会有两个称为“哈拉”的面包，这是为了纪念以色列人在荒漠里游荡的日子。当时他们每天可以吃到上帝给他们的天粮（称“吗哪”），周五这天他们还可以获得双份。

安息日圣桌

安息日的含义

就像上帝创造了世界后在第七天休息一样，虔诚的犹太人在安息日这天停止一切工作。传统的安息日晚餐是邀请宾客来家里共享，特别是要邀请那些没有家庭的人。其实，安息日是被看作祈祷、休息和聚集的时间。

区别礼上用的蜡烛

区别礼

安息日结束仪式称之为“区别礼”，意思是分开。区别礼的特点是有编成辫子状的蜡烛、葡萄酒以及香料。区别礼的意义在于将神圣的安息日区别于一周中其他的日子。

镀银烛台

区别礼上使用的蜡烛使人想到上帝给世界带来秩序时创造出的光。蜡烛的许多灯芯象征着犹太人的团结。

安息日用的香料盒

犹太人的贡献

尽管对犹太人的偏见一直持续到20世纪，但是他们在生活各方面对世界的贡献却非常显著。他们永远被“出类拔萃”的愿望所驱动，无论在智力上还是学术上犹太人有更多的动力去制造他们的标志——无论是流传后世的音乐、绘画，还是提高人们生活质量的科学、医疗卫生，以及在尖端技术方面开拓性的突破。长久以来犹太人所受的歧视和敌视，已经融入他们的工作当中，无论是一幅画、一部小说或者对一个更加包容、和平谈判的渴望，都体现了犹太人的情感。

艺术

从钢琴家到诗人、作家和艺术家，犹太人对音乐、绘画、文学以及设计给予的热情，丰富了整个世界。实干与想象力、冒险与才华让他们一直处于世界艺术的前沿。美国好莱坞早期的电影制片厂几乎都是单枪匹马的犹太移民建立的，其中包括米高梅、20世纪福克斯，以及华纳兄弟。

绘画

马克·夏加尔（1887～1985）出生在俄国一个非常虔诚的犹太家庭，他那里第一次接触到反犹主义。1910年，他迁居法国巴黎，继续艺术家的业生涯。但是德国继而占领法国，随后，他前往美国。在俄国的生活，之第二次世界大战的经历，以及对死亡集中营所有事实的披露，都对他作品产生了深刻的影响。

设计

雅各布森（1902～1971）是一位丹麦建筑师，1958年因设计哥本哈根的斯堪的纳维亚航空公司饭店而一举成名。这座现代化饭店的外墙使用了隔热有色玻璃。这项革命性的设计影响了全世界的建筑师。然而，雅各布森在第二次世界大战期间不得不离开丹麦前往瑞典，直到战后才返回丹麦。他在20世纪五六十年代的家具设计，如蛋壳椅，沿用至今。

蛋壳椅

音乐

耶胡迪·梅纽因（1916～1999）是世界最伟大的小提琴演奏家之一，他7岁同旧金山交响乐团同台演出时就给观众留下了深刻的印象。他因精湛的技艺和出色的表演而举世闻名。

思想家

西格蒙德·弗洛伊德（1856～1939）在奥地利学习医学，接着又继续研究了一门新的心理学科——精神分析学。他在一些书籍里，如《梦的解析》中阐释了他的思想。1938年为了逃离纳粹的迫害，弗洛伊德离开奥地利，前往英国。

马克·夏加尔的作品《社区》

电影《辛德勒名单》海报

电影制作

电影《大白鲨》和《E.T.外星人》拍摄成功后，导演史蒂文·斯皮尔伯格通过电影《辛德勒的名单》让数百万人深刻了解了大屠杀。作为电影制作过程的一部分，斯皮尔伯格记录下5万多名大屠杀幸存者的回忆。

政治活动

一个民族动荡不安的历史，加之犹太教的教义是关注那些不幸的人，这导致许多犹太人参与政治。不分地区和国家，让人们生活在一个包容、和平的世界里这一理想继续成为他们投身政治的驱动力。

外交

亨利·基辛格（1923~　）是一位从纳粹德国统治下逃脱出来的难民，接着在美国哈佛大学教学。后来，他成为美国国务卿。1972年，基辛格安排美国总统尼克松对苏联和中国进行了历史性的访问。次年，他获得了诺贝尔和平奖。

1993年9月，在美国华盛顿的白宫外面，克林顿总统见证了这一历史性的握手

伊扎克·拉宾

亚瑟·阿拉法特——诺贝尔和平奖的共同获得者

和平缔造者

在领导以色列“六日战争”后，伊扎克·拉宾（1922~1995）成为驻美大使。1992年他作为以色列总理，把以色列—阿拉伯和平进程提上政治日程。接着，在1995年获得了诺贝尔和平奖。然而，一些人反对他的思想，拉宾后来在以色列的特拉维夫市的一次和平集会中遭到暗杀。

基督教

4世纪的雕塑，伊甸园里的亚当和夏娃

起初

《圣经》是以万物始创的故事为起始的，并涉及早期犹太人的历史。这些书卷构成了基督教的《旧约》部分，对犹太人来说这是非常神圣的。犹太经文抄写员远在耶稣诞生之前就已抄写完了这些书卷。对犹太人而言，这些书卷之所以重要是因为它们描述了上帝和犹太人之间的契约或者特殊的关系。对于基督徒而言，《旧约》具有额外的意义，因为其中许多故事似乎预示或反映了之后发生的耶稣将人类从罪恶中拯救出来的事件。

禁果

《创世记》是《圣经》的首卷(见198页)，讲述了上帝如何创造天地，陆地和海洋，畜类和鸟类，最后创造了亚当和夏娃——人类第一个男人和女人。上帝把他们放在伊甸园里，并告诉他们智慧树上的果实是唯一不准吃的水果。

伊甸园里的敌人

居住在地狱的撒旦是上帝的主要敌人。早期的犹太作家说，伊甸园里的蛇是一个狡猾的魔鬼，它是撒旦伪装的。在《创世记》里，蛇诱惑夏娃偷吃了禁果，就像后来《新约》里说的，撒旦诱惑耶稣。

12世纪的绘画，撒旦正在向圣-米迦勒炫耀

圣-米迦勒在称灵魂的重量，以此决定他们去天堂或地狱

撒旦

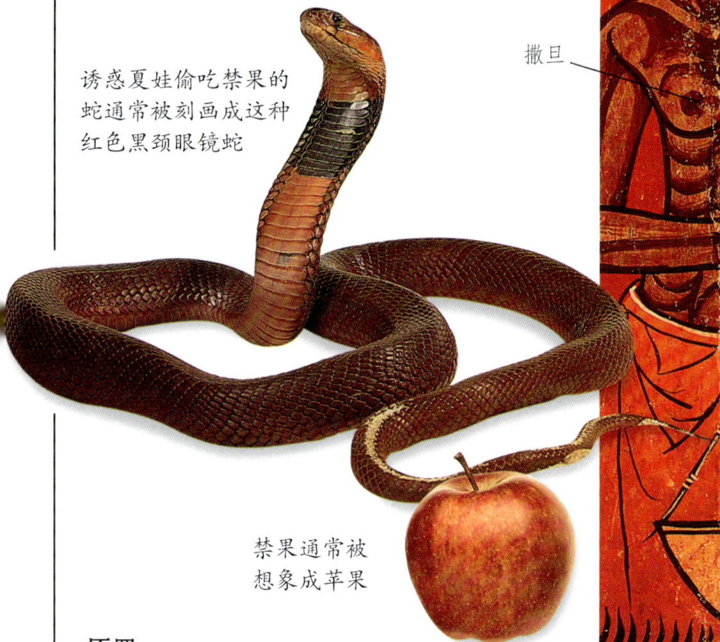

诱惑夏娃偷吃禁果的蛇通常被刻画成这种红色黑颈眼镜蛇

禁果通常被想象成苹果

原罪

蛇诱惑夏娃偷吃了禁果，亚当也跟着吃了。上帝对他们的不忠非常生气，便把他们逐出了伊甸园。基督徒认为，亚当和夏娃以及他们的后代受到了这种“原罪”的影响。只有耶稣基督的降生，才能最终给人类提供一条脱离罪恶、与上帝一起的永生之路。

鸽子为诺亚衔来一片橄榄叶，表明洪水已经退去

描绘诺亚和他的家人在方舟上的马赛克镶嵌画

德国奥格斯堡教堂窗户上的摩西像

大洪水

《创世记》里还讲述了另外一个故事，即上帝为了让世间所有的罪恶悔悟，他制造了一场大洪水，毁灭了大部分的邪恶之人和物。只让义人诺亚及其全家存活。诺亚造了一艘方舟，他和妻儿以及所有乘坐这艘船的鸟兽都得救了。基督徒们认为诺亚是继亚当之后人类的第二个父亲。

“你不可在这童子身上下手，一点不可害他。现在我知道，你是敬畏上帝的了。”

《创世记》22：12
天使对亚伯拉罕说

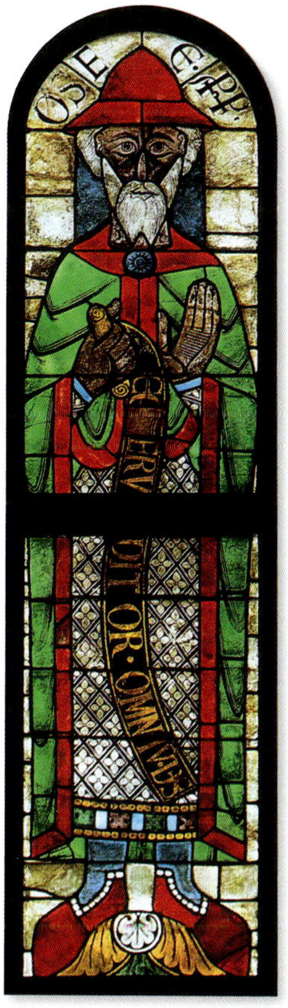

德国奥格斯堡教堂窗户上的以赛亚像

德国奥格斯堡教堂窗户上的但以理像

给亚伯拉献祭用的公羊

献祭的公羊

上帝命令亚伯拉罕杀其子以撒作为燔祭。正当亚伯拉罕准备遵从上帝的旨意这样做时，天使阻止了他，让他杀一只公羊来代替。基督徒们把这个故事当作上帝要牺牲耶稣的预言。

先知和领袖

《旧约》里包括犹太人的祖先亚伯拉罕和带领埃及的犹太人摆脱奴役回到家乡的伟大领导人摩西的故事，还有一部分是写先知的篇章，如以赛亚和但以理，他们预示了救世主弥赛亚（耶稣）的降临。

耶稣的诞生

卑微

耶稣降生的时候，马利亚和约瑟一直待在伯利恒。当时这个镇上所有的旅馆都住满了客人，所以耶稣被生在一个简陋的地方——马厩。

《福音书》（见199页）叙述了一名叫马利亚的童女怎样在伯利恒生下了耶稣基督。基督的追随者（基督徒）相信耶稣是上帝的儿子，并且《旧约》的先知们也预言耶稣将把人类从罪恶中拯救出来。上帝以这种方式变成人来到世界被称作“道成肉身”，意味着上帝的精神被转化到人的肉体上。耶稣的诞生标志着基督教的起源。

马利亚总是身着蓝色衣服

圣母马利亚和孩子

马利亚或者圣母马利亚和襁褓中的耶稣雕像只是提醒人们，马利亚在基督教的故事里所扮演的重要角色。她是连接人类世界和精神世界的纽带。

天使弹奏乐器的形象在16世纪祭坛画中非常流行

鸽子代表圣灵

美国加利福尼亚老广场教堂里的现代马赛克镶嵌画

通报

《路加福音》描述了天使加百列是如何出现在马利亚面前，告诉她即使是一个处女，她也会怀孕的。加百列还宣布将有圣灵（见204页）来造访她，她将生下统管世世代代的上帝的儿子，并告诉马利亚她的儿子叫耶稣。

约翰手执一面写有拉丁文的横幅，意思是“看那上帝的羔羊”

约翰身穿驼毛制成的衣服，这是先知的典型服装

多纳太罗（1386～1466）创作的雕塑

施洗约翰

约翰一直过着先知和传教士的生活，他鼓励人们要经常忏悔自己的罪过和接受洗礼。约翰的传教为后来的耶稣开辟了道路，当耶稣长大成人时，他让约翰在约旦河为他施洗。

报喜

《路加福音》中叙述了基督降生，天使是如何出现在伯利恒郊外田野里的牧羊者面前，并告诉他们耶稣降生这一好消息的。牧羊者们闻讯便从田野中回到城里朝拜刚出生的耶稣。这个故事是为了表明耶稣对每个人都很重要，像牧羊人这样的“局外人”也概莫能外。

1521年，乔瓦尼·德拉罗比亚制作的釉面陶瓷祭坛画

追星

《马太福音》讲述了东方三贤是如何追随着一颗星星从东边走到耶路撒冷，寻找那位生下来做犹太人之王的孩子。希律王把他们派到伯利恒，在那里他们找到了耶稣。

14世纪的挂坠，上面显示的是东方三贤和耶稣

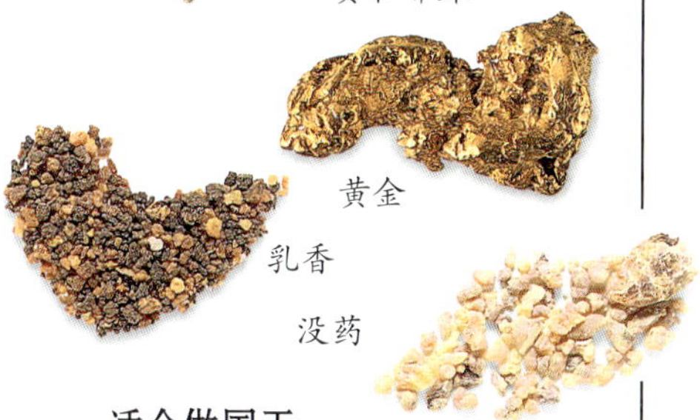

适合做国王

东方三贤敬拜了耶稣，并送给他三样礼物：黄金、乳香和没药。这三样礼物的象征意义有不同的解释。其中一种解释就是黄金代表财富，乳香代表王位，而没药则代表一种特别的精神需求。

15世纪德国乌尔姆大教堂的彩色玻璃窗画

王位之争

耶稣诞生时，代表罗马人利益的大希律统治着圣地。根据《马太福音》的记载，他试图消灭耶稣，因为他将耶稣视为王位的竞争者。希律王下令屠杀在伯利恒所有的不到2岁的孩子。上帝将此事通知了约瑟，他便带着马利亚和耶稣逃往埃及。

耶稣传教

耶稣传道的时间不超过三年，但产生的影响却是巨大的。在这短暂的时间里，他在圣城，特别是在加利利海周边的村庄传道、教诲和行神迹。他是一位智者，用每个人都可以理解的方式来解释诸多事情。于是，他的教诲吸引了众多信徒，因为这些教诲使他们能从一个新的视角来看待天国。他说，天国为所有愿摆脱罪恶的信徒，包括穷人、患病者甚至被社会抛弃的人开放。

得人渔夫

正如这幅意大利镶嵌画所示，安德烈和西门都是渔夫。耶稣召唤他们俩为他的门徒，如果他们肯跟随他，他将教他们如何得人如得鱼（招募基督新的追随者）。

上帝之子

《福音书》中描述当耶稣受洗时，上帝的灵像鸽子一样降到他身上，一个来自天堂的声音说："这是我的爱子。"这幅5世纪的意大利拉文纳镶嵌画展示了这个重大的事件，这标志着耶稣圣职的开始。

谦卑的领袖

耶稣叫十二门徒做他的特别伴侣。他们要远离家人和财产来跟从他，在他死后要继承他的事业。正如这幅法文手稿中所表现的，耶稣为门徒们洗脚，意思是他们应该像他们的领袖一样谦卑。

在迦拿，耶稣把水变成酒

耶稣被罗马士兵钉在十字架上，旁边是两位马利亚

生活片段

这是英国赫特福德郡圣奥尔本斯大教堂窗户上的彩色玻璃画，内容来自耶稣的一些生活片段，包括他的受洗，将水变成酒的神迹，被钉十字架。图的右下角画的是耶稣做牧羊人的场景，他以这种方式关怀周围的人。

向收税官纳税

收税官

犹太教法利赛派的成员称法利赛人，他们中的一些人试图诱使耶稣批判罗马当局。他们询问耶稣向罗马纳税是否正确，耶稣让他们看钱币上凯撒的画像并对他们说，凯撒的物当归给凯撒。

平息风浪

耶稣在拿撒勒长大，后来移居加利利海附近的迦百农，在那里开始他的神圣使命。耶稣在这个地区留下了众多的教谕和神迹，其中一次神迹就是平息风浪。当他想在一个安静的地方祷告时，他就去当地的小山上，就是这幅图片中加利利海的北岸。

让众人吃饱饭

这是唯一一个在四个福音中都提及的神迹。在长达一天的传道后，耶稣和门徒们想休息一下，但是他们身后跟随着许多人想要聆听耶稣的教诲。耶稣很同情众人没有东西吃，于是用这仅有的食物——五小块饼和两条鱼，让众人都吃饱了。

神迹

《福音书》中一共描述了耶稣三十多次显灵，其中涉及给需要的人提供食物，还有一些“自然神迹”，比如平息风浪或在湖面上行走。而大部分是关于治愈病人的神迹，如治愈麻风病人、瘫痪病人，还有为精神上患有疾病的人“驱鬼”。《福音书》中还记录了三次耶稣使人复活的事迹。

变水为酒

在《约翰福音》中，耶稣的另一个神迹发生在加利利的迦拿城里。在一次娶亲的筵席上，当酒喝光时，耶稣让仆人往六口大缸里倒满水，当他们从缸里舀出水的时候，水已变成酒。这酒非常香醇，以致客人们误以为是新郎把好酒留到最后。

储水陶罐

寓言故事和教训

耶稣特别喜欢用讲述寓言故事的方式传道——通过简单的对比讲清楚道理。他用这些寓言故事讲述天国，阐明人应该如何对待彼此。他所进行的道德训诫即为布道。最有名的是“山上宝训”，他解释了天国（见204页）的主要特征和基督徒的生活状态。最重要的是耶稣说你应该“将己所欲施于人”。

迷失的儿子

这则寓言讲述的是一个人把他的财产分给他的两个儿子。小儿子离开家并花光了所有的钱，而大儿子在家辛苦地做工。当小儿子回来时，父亲举办了庆祝小儿子归来的盛宴，盛宴上宰杀了一头能得奖的小牛。大儿子反对父亲这样做，但父亲说：“他是失而复得的。”这组中国连环画描述了从分钱到家宴的过程。

19世纪，好撒玛利亚人的窗户

好撒玛利亚人

耶稣教导你应该爱你的邻人。当有人问耶稣“谁是我的邻人”时，他讲了这样一个故事：一个人遭遇抢劫，被弃之一边快要死了。一个犹太拉比和一个利未人路过但都没有帮助他。之后一个撒玛利亚人——被犹太人蔑视的一个群体——过来帮助这个受伤的人并把他带到安全的地方。这个撒玛利亚人是真正的邻人。

山上宝训

耶稣在“山上宝训”中说，天国的成员，应该尽力达到上帝所要求的完美。他解释道，仅仅遵从“不要犯罪”的诫条是不够的。基督徒应该完全避免动怒。

门徒们已经有了
表明他们的圣洁

播种的背包和种子

种植的比喻

耶稣把他所说的话比作农民播下的种子。有的落在路旁被踩踏了，有的落在岩地或落在荆棘里不能生长。最终只有落在沃土里的长出谷粒。耶稣说那些听见并理解他话语的人就像是沃土。

无花果和无花果叶子

无花果树的预兆

耶稣告诉人们去想象一下无花果树，当树枝发芽长叶的时候，夏天就快来临了；同样，当这些事情发生的时候，人子重返的时刻就将临近了。当月亮和星星发生奇怪的事情，当整个国度陷入绝望时，人们因恐惧而变得虚弱，那时他们就会知道天国临近了。

耶稣大概是坐着布道

15世纪安吉利科绘制的壁画

《主祷文》

在“山上宝训”中，耶稣最重要的训诫是关于祷告的。他告诫听众不要喋喋不休——在你们没有祈祷以前，上帝早已知道你们所需要的。他给出的《主祷文》开始部分：“我们在天上的父，愿人都尊你的名为圣……”这已被翻译成多种文字，如西班牙文、中文，并在全世界的教堂中反复吟诵。

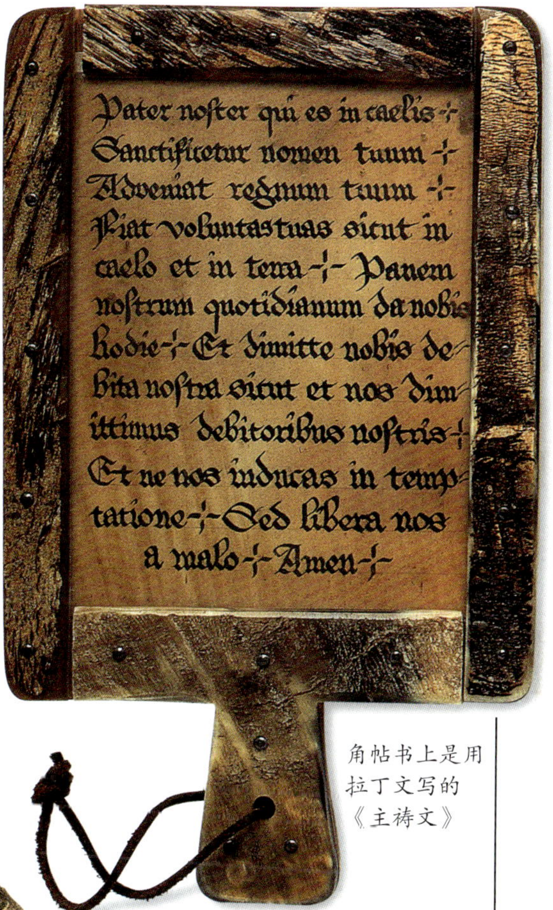

角帖书上是用拉丁文写的《主祷文》

“怜恤的人有福了，因为他们心蒙怜恤。清心的人有福了，因为他们必得见上帝。”

《马太福音》5:7-8
耶稣的“山上宝训”

华而不实的饰物

在“山上宝训”期间，耶稣告诫门徒们不要太过关注日常事物，如衣食之类的事。野花没有任何精心的装扮但依然美丽。人应该关心天国而不是财产和服饰。

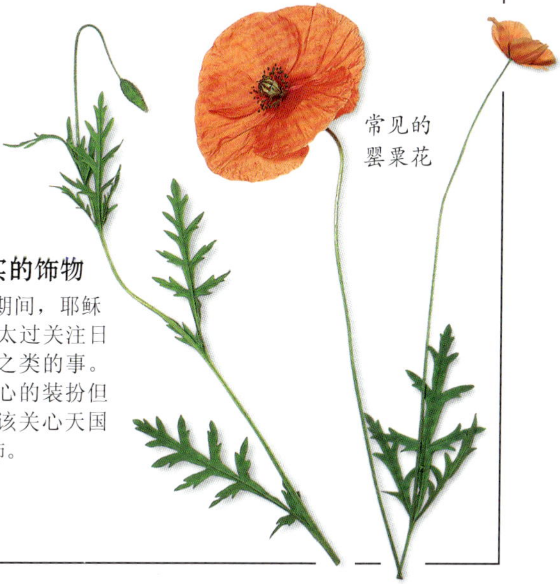

常见的罂粟花

钉十字架

耶稣多次提醒门徒们他就要死了。他告诉他们犹太祭司长会排斥他，他将被处死，3天后他会复活。门徒没有理解这些提醒，当耶稣去耶路撒冷时，他们对将要发生的事情毫无准备。耶稣被捕入狱，定为死罪，被钉在十字架上。这是《圣经》故事中最为沉重的部分，但也是一个重要的转折点——基督徒相信耶稣的宝血将使他们永远与上帝同在。

进入耶路撒冷

就像这幅意大利圣佩莱格里诺的画描绘的一样，耶稣骑着驴进入耶路撒冷。在耶稣行进的道路前，众人用棕榈树叶甚至外套铺在布满尘土的道路上。他们很高兴，因为先知撒迦利亚曾预言他们的王会骑着驴来。

体和血

在与门徒举行的最后晚餐上，耶稣拿起饼掰开分给他们吃，说：“这是我的身体。”又拿起葡萄酒对他们说：“这是我的血。”当基督徒进行圣餐仪式时，他们纪念或再现这一幕。

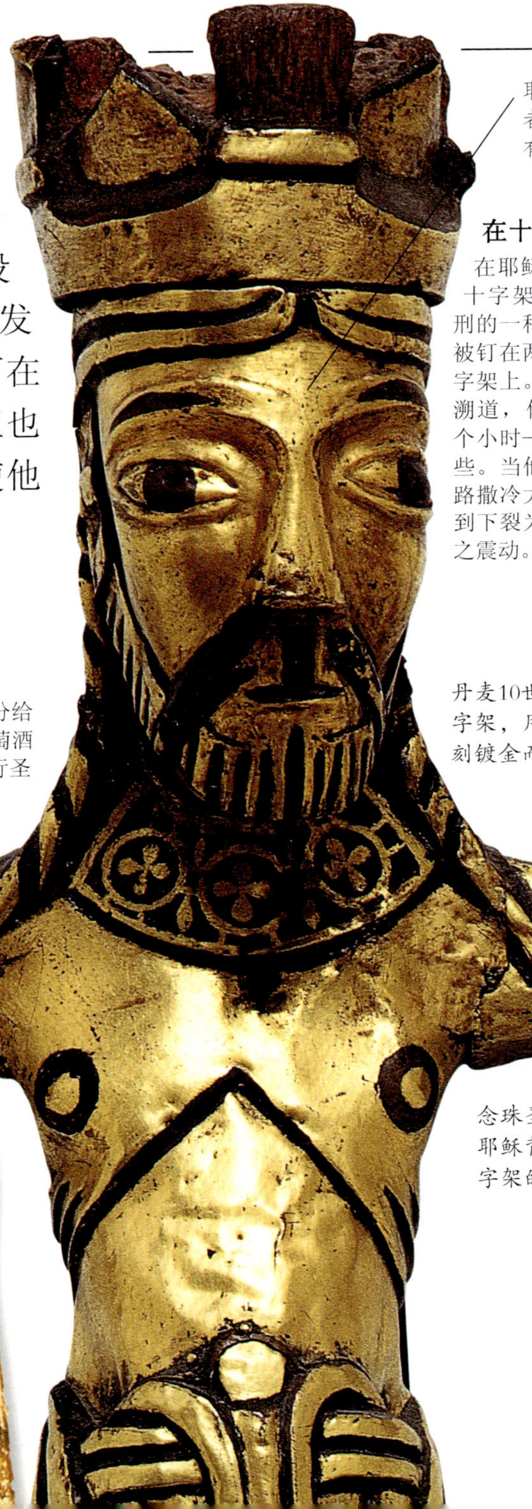

耶稣看上去是胜利者的神态，感觉没有忍受一点痛苦

在十字架上

在耶稣生活的时代，钉十字架是罗马人实施死刑的一种常用方式。耶稣被钉在两个犯人中间的十字架上。《福音书》中追溯道，他的死刑持续了3个小时——比通常要快一些。当他断气的时候，耶路撒冷大殿里的幔帐从上到下裂为两半，大地也为之震动。

丹麦10世纪的十字架，用橡木雕刻镀金而成

耶稣的掌心留有钉子的痕迹

念珠圣牌上耶稣背负十字架的浮雕

13世纪古叙利亚的手稿

最后的晚餐

耶稣被捕的时候正值逾越节——这个节日是为了庆祝犹太人摆脱奴役，期盼弥赛亚的来临。耶稣吩咐门徒去准备逾越节筵席。他说，这是他最后的晚餐，要和他们共同分享，还说他们中间的一个人要出卖他。

《犹大之吻》，乔托·迪·邦多纳绘

犹大之吻

最后的晚餐后，耶稣来到客西玛尼园。他的门徒加略人犹大带着罗马士兵和犹太圣殿的守卫蜂拥而至。犹大以吻迎接耶稣，这是他事先和士兵商量好的信号。于是士兵们逮捕了耶稣，耶稣叫门徒们不要反抗，接受上帝的旨意。

许多教堂都有一个鸡形的风向标，为的是提醒人们"不认主"的事件

否认

耶稣被带到大祭司该亚法，即犹太最高议会那里。彼得在外面的院子里坐着，他3次被控是耶稣的追随者，但他每次都否认了。当彼得第三次否认时鸡叫了。耶稣曾告诉彼得会有3次不认他的事发生。

被定罪的人

众祭司长把耶稣交给罗马巡抚本丢·彼拉多，他有权对犯人处以死刑。耶稣被指控自称是犹太王，对这一指控，他简单地回答："你说的是。"彼拉多不愿判耶稣有罪，就对众人说，可以释放一个囚犯，但众人拒绝释放耶稣。

一个现代仿制的荆棘冠

通往髑髅地之路

在受死之前，耶稣受尽鞭笞和嘲弄，因为他自称是犹太王，所以被迫带上用荆棘编成的荆棘冠。他背着沉重的十字架走在陡峭的、前往髑髅地的路上，在那里他将被钉在十字架上。他蹒跚而行，因为身体太虚弱了，在一旁观看的一个叫西门的古利奈人帮助他一同背负十字架。

念珠圣牌上的头戴荆棘冠的耶稣像

复活

醒目的标志

复活是《圣经》故事中最重要的部分之一。十字架图案经常被作为一种标志使用。就像这个绣在牧师衣服上的十字架。

基督徒相信耶稣被钉十字架后的第三天复活。《福音书》（见199页）中描述了他复活后出现在门徒面前时的情景。当时有些人并没有认出他来。他的身体看起来有所改变，好像能自如地出现、消失，与基督徒们认为的复活不尽相同。一些人认为，复活的耶稣真实地活在地球上；也有人认为，他的显现是一种精神，以他的追随者所行事的方式显现；大部分人则认为，他是进入了天堂的神，在那里他等待最后的审判。

空十字架

一个空的十字架提醒耶稣的复活。十字架中心的羔羊是耶稣的标志，他总是说自己是上帝的羔羊。羔羊是无辜的生灵，轻而易举就能被杀害，这让基督徒记住，上帝为了使人类的灵魂从原罪中得到拯救所付出的牺牲。

死而复活

彼拉多命令士兵把守住耶稣的坟墓以防他的门徒把尸体运走。但是《福音书》中讲述了钉十字架后的第三天，当守卫睡觉的时候耶稣复活了。这幅15世纪意大利的画作展示的就是耶稣震开封石从罗马风格的石棺里升起。

石墓

亚利马太来的约瑟是耶稣的一个门徒，主动提出把耶稣安葬在自己的坟墓里，可能就是类似于上图所展示的墓穴，被称作拱顶墓室。石墓是从悬崖的正面凿开山石，然后用巨大的滚石封住墓口而成。

以马忤斯的晚餐

耶稣复活后不久，在以马忤斯附近遇见两个门徒。两个门徒没有认出耶稣，但邀请他与其他门徒共进晚餐。当耶稣掰开饼祝谢的时候，门徒们才认出他。随后耶稣就从他们的视线中消失了。

15世纪意大利版《圣经》中的插图

多马的怀疑

门徒多马说，只有他看见耶稣被钉十字架时手上留下的钉痕才能相信他的复活。《约翰福音》追溯了这个情节，当耶稣与门徒见面时，他让多马看他的伤痕。

塞尔维亚索波查尼圣三一教堂的壁画，大约绘于1265年

耶稣被云朵和天使围绕着

升天

在《新约》（亦称《新约全书》）的《福音书》和《使徒行传》中都有对耶稣升天的描述。耶稣吩咐门徒继续传福音之后（见196～197页），就被他的天父接入天国。他上升到天空，然后消失在云朵中。

12世纪西班牙西洛斯圣多米尼克大教堂的石雕

“耶稣必受害，第三日从死里复活……”

《路加福音》24:46
耶稣对他的门徒如是说

路加的标志是牛

空墓

一群妇人，其中大概有耶稣的追随者——抹大拉的马利亚前往墓地为耶稣的尸体涂香料。当她们到的时候发现墓是打开的，里面也是空的。一位天使显现在她们面前，告诉她们，耶稣已经复活。《马太福音》中对这一故事记载道，这一惊人的喜讯宣布时伴有大地的震动。

寻找耶稣

《约翰福音》中写有抹大拉的马利亚寻找耶稣的动人故事。当她因耶稣身体的失踪而哭泣时，一个人出现了，马利亚误以为他是看园的。但当那人叫出她的名字时她立刻意识到这人就是耶稣。他说：“不要摸我，因我还没有升上去见我的父。”

传福音

耶稣被钉十字架后，他的门徒们继续他的训诫和传道工作。圣保罗是早期门徒中最重要的一位。他在地中海周边地区建立了教堂，他写给那里和其他教堂的书信构成《新约》的一部分。这些书信成为无数跟从保罗和把基督教传遍世界的人的灵感之源。

12世纪奥地利凡尔登
台上描述五旬节的画

圣灵所赐的口才

《使徒行传》中写道：五旬节到了，门徒都聚集在一处。忽然，从天上有响声下来，好像一阵大风吹过，充满了他们所坐的屋子；又有舌头如火焰显现出来，分开落在他们各人的头上，他们就都被圣灵充满。这一天以后，五旬节对于基督徒来说有了新的含义。

坐着的门徒被火焰般的舌头包围

意大利罗马普
里西拉的陵寝

激情的圣彼得

如这幅15世纪30年代意大利的祈祷书所示，图上的彼得是门徒们的领袖之一。他在五旬节期间向众人热情洋溢地讲道，告诉众人，他们曾经被圣灵充满，说耶稣复活了，他是上帝所应许的弥赛亚。

受迫害的基督徒

五旬节过后，基督教会开始壮大，彼得开始允许非犹太人
加教会。但罗马当权者并不支持基督教。许多信徒遭到
害。当基督教传到罗马本土时，许多基督徒都密守他们的
仰，甚至在陵寝（地下墓穴）中进行礼拜。

圣保罗

∃罗是罗马籍犹太人。他曾迫
害教会，最后因司提反——基
督教第一个殉教士（为信仰而
E的人）之死而改变。在前往
又利亚大马士革的路上，他因
耀眼的光暂时失明了，这时他
听见上帝的声音，问他为什么
迫害教会。

保罗的旅程

途中经历了大马士革的事情之后，扫罗改信基督教，并开始用保罗这个名字。他在地中海周围游历，使许多人皈依了基督教，并建立教堂。正如地图中所示，他到达了塞浦路斯、土耳其、马其顿和希腊。

古城以弗所

古城以弗所(现位于土耳其境内)曾是保罗建立教会最重要的城市之一。他在致以弗所教会的信中鼓励团结统一，并告诫信徒们要追随基督的道。

第一个基督徒

保罗曾一度在叙利亚的安提阿传教，许多年以后这个地方建立了教会。保罗有时把耶稣说成基督，意思是“受膏者”，从那时起信徒被叫作基督徒。

东方帝国

拜占廷帝国的君士坦丁一世是一位基督徒皇帝。他鼓励宗教宽容政策，试图使相互竞争的各基督教教派之间和睦相处，并在他的首都君士坦丁堡（今土耳其伊斯坦布尔）建立教会。

硬币上的君士坦丁一世像

硬币上的君士坦丁一世头像

改变信仰的君士坦丁

312年，君士坦丁一世成为罗马帝国的皇帝。313年，他成为基督徒并通过了《米兰敕令》，宣称基督徒可以被接纳而免遭迫害。由此，这 信仰开始自由地在广袤的罗马帝国传播。

圣保罗的遗产

自圣保罗开始他的旅程起，基督徒游历全世界进行传教。许多传教士的活动发生在19世纪，就像图片中显示的，欧洲人查尔斯·克里德来到新西兰传道。

上帝的书

基督教的《圣经》包含60多部相互独立的书卷，是历经几个世纪写成的。《旧约》中记录的是耶稣之前犹太人的历史和圣著，这对犹太人和基督徒来说都是神圣不可侵犯的。《新约》主要记载的是耶稣及其早期的追随者。原版（《旧约》是用希伯来文和阿拉米文写的，而《新约》则是用希腊文写的）已于20世纪被圣经学者翻译成多国的现代语言文字。

谁写的《圣经》

事实上，《圣经》是由许多人写成的。《旧约》是由不知名的作者历经几个世纪写成的。《新约》的作者是早期的基督徒。抄写员后来用羽毛笔抄写这些原始文本。

羽毛笔和墨角

西西里岛蒙雷阿莱大教堂内上帝创造鸟类的马赛克镶嵌画

距今2500年雕
赛伯伊妇女头

前五卷

《圣经》的前五卷描述的是万物始创和早期犹太祖先的故事。其中最重要的故事之一是关于犹太人的领袖摩西怎样从上帝那里得到石版律法或称十诫的。有些人说摩西是这些书的作者。

了解历史

《旧约》中的许多卷是有关历史的，是根据犹太民族数百年的命运写成的。这些史书记载了一些声名卓著的国王在位期间发生的事件。如所罗门王迎接来自远方的示巴女王及其随从访问的事件。

圣地

对于犹太人来说，由所罗门王在耶路撒冷建立的圣殿是最为神圣的地方。它曾被巴比伦人毁坏，但犹太人最终又重建了它。罗马帝国时期，大希律再次重建。《路加福音》中描述了耶稣还在孩提时就曾经拜访过此地。

艺术家笔下想象中的基督时代所罗门的神殿

13世纪，大卫演奏竖琴的插图

先知的话

《旧约》中包含大量先知，如耶利米、以赛亚、以西结的话语。他们从上帝那里带来信息，转达上帝的旨意，从日常生活到犹太人的未来等。对于早期的基督徒来说，先知的话语看似就是对耶稣来临的预言。

12世纪，塞浦路斯壁画中描绘的耶利米

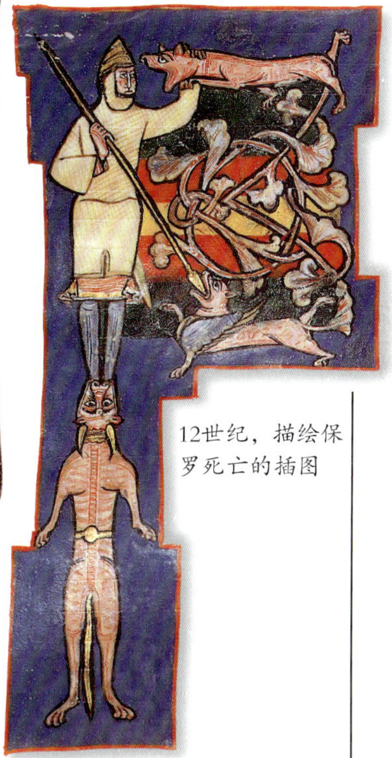

12世纪，描绘保罗死亡的插图

智慧言论

智慧书是指《旧约》中几部持各种话题、文风迥异的书：《诗篇》（最原始的说法是由大卫王所作）由赞美上帝的诗歌组成；《箴言》由精练、启发性的格言组成；其他卷如《约伯记》的内容是探讨人类遭受折磨、感悟生命的话题。

13世纪，约拿和大鱼的插图

有关道德的故事

上帝告诉先知约拿前往尼尼微城去劝说那里的人们忏悔他们的罪。当约拿拒绝上帝的诰命时，上帝掀起风浪。约拿从所乘的船上被抛到海中，被一条大鱼吞入腹中。当大鱼把约拿吐在陆地上时，他径直前往尼尼微。

上帝的工作

《新约》后面的书卷中更多地关注于耶稣的追随者所做的工作。他们在耶稣复活后继续他的使命。这些工作在《使徒行传》和教会早期领袖的各种书信中，如圣保罗的书信均有记载。

同观福音

《新约》中的前四卷《福音书》讲述了耶稣的生平、被钉在十字架上和复活之事。其中前三卷《马太福音》《马可福音》和《路加福音》因内容、叙述方式比较相似，称为“同观福音”。这三卷可能成书于公元65年后，而《约翰福音》则被认为写于公元1世纪末。

路加，带翅的牛

约翰，鹰

马太，天使

马可，狮子

福音传播者的标志，现代艺术家劳拉·詹姆斯绘

早期的《圣经》文本

最早的《圣经》是用地中海东部的当地语言文字——希伯来文、阿拉米文和希腊文写成的。当不同的抄写员进行抄录的时候会出现微小的差别。这些书后来被翻译成其他古老的语言，如古叙利亚文。之后，学者们把《圣经》翻译成现代语言时就有了不同的版本作为参考，这帮助他们更容易地接近原版。

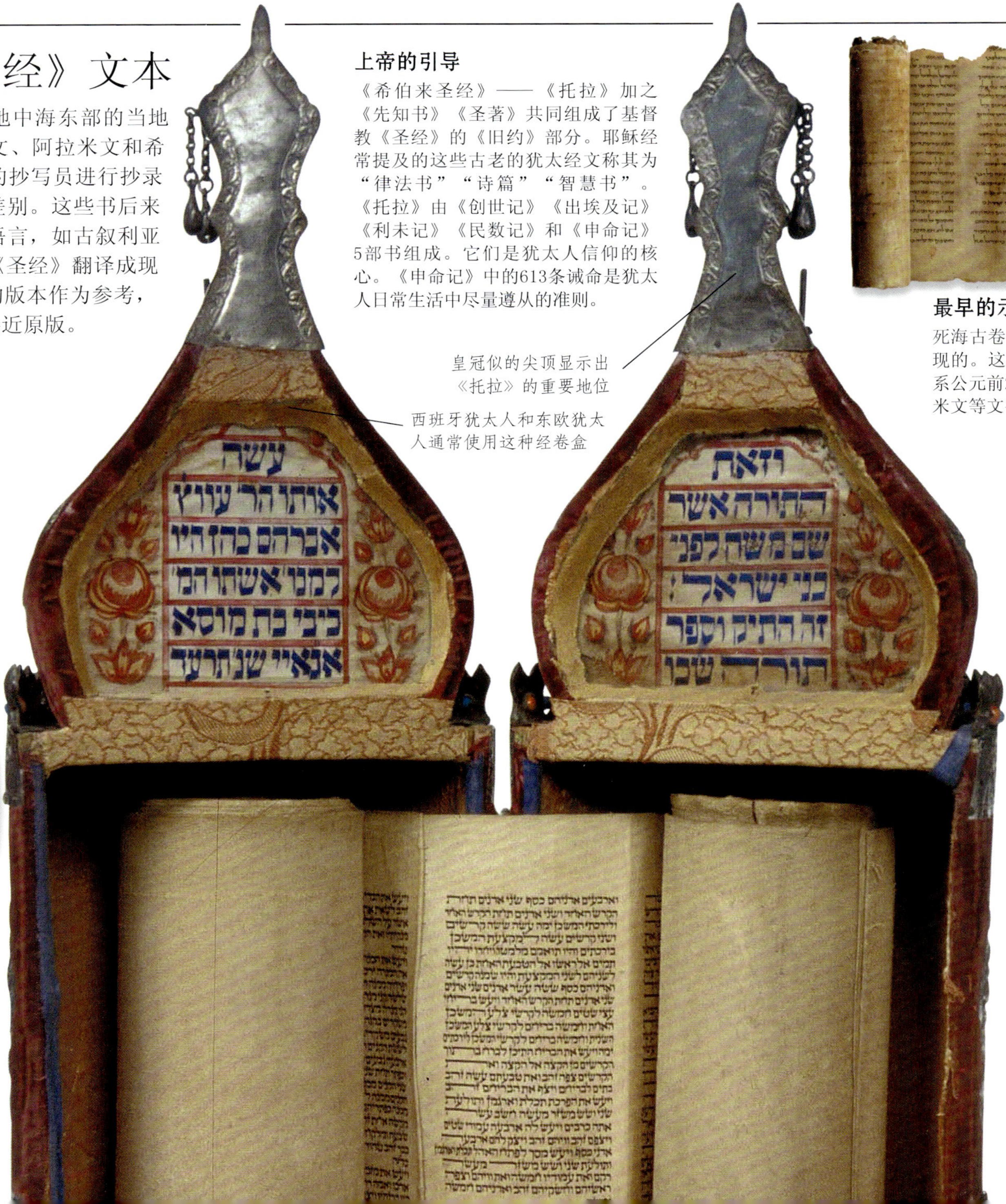

皇冠似的尖顶显示出《托拉》的重要地位

西班牙犹太人和东欧犹太人通常使用这种经卷盒

上帝的引导

《希伯来圣经》——《托拉》加之《先知书》《圣著》共同组成了基督教《圣经》的《旧约》部分。耶稣经常提及的这些古老的犹太经文称其为"律法书""诗篇""智慧书"。《托拉》由《创世记》《出埃及记》《利未记》《民数记》和《申命记》5部书组成。它们是犹太人信仰的核心。《申命记》中的613条诫命是犹太人日常生活中尽量遵从的准则。

最早的示例

死海古卷是1947年在死海西岸的库姆兰遗址中发现的。这是迄今发现的最古老的《旧约》手稿，系公元前2世纪所作，用希伯来文、希腊文、阿拉米文等文字书写而成。

装经卷的陶罐

宝藏

死海古卷原来的主人是犹太教的艾赛尼派成员。他们把经卷保存在巨大的陶罐中。当罗马帝国侵占了他们的土地时，艾赛尼人把这些陶罐藏匿起来，由此封存了至少2000年之久。经卷中的大部分已毁坏，但他们为现代《圣经》的译者提供了很大帮助，让学者了解了许多关于1世纪人类生活的事情。

罩起来

在西方，《托拉》通常放在布质的经卷套里保存。经卷套外面绣有宗教标志。这个经卷套上的皇冠图案代表《托拉》，上面的希伯来文写的是"《托拉》的皇冠"，双狮图案则代表犹大——以色列部族的一个分支。

> “叫人活着的乃是灵，肉体是无益的。我对你们所说的话就是灵，就是生命。”
>
> 《约翰福音》6:63，
> 耶稣对门徒们说的话

希伯来文的《托拉》

绑经带

经卷套内的《托拉》被布带捆住，绑经带下面是卷成卷轴的《托拉》经文。所有犹太会堂都诵读希伯来文的《托拉》，犹太人相信如果他们跟随《托拉》就是跟随上帝的指引。

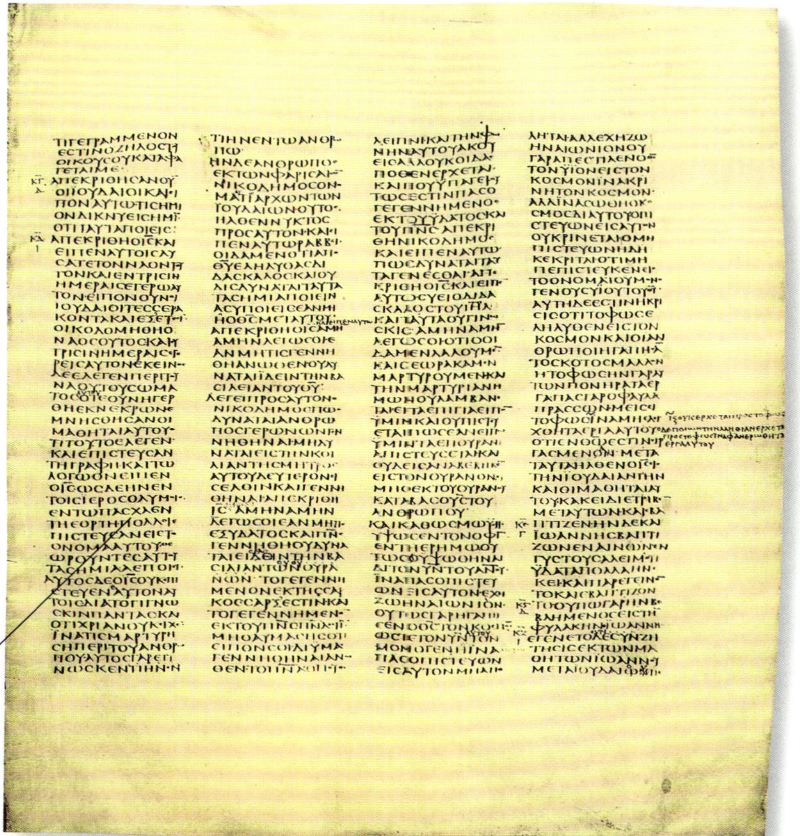

4世纪希腊文的《约翰福音》

全希腊文译本

公元前1世纪时就有了希腊文的《福音书》，并为许多早期的基督徒所使用。而此时，《旧约》也被译成了希腊文。希腊文的《旧约》称作《七十子希腊文本圣经》，是基督教会最早用过的版本，在《福音书》中有所提及。

叙利亚文简明译本

《圣经》很早就被翻译成叙利亚文——很可能在1世纪或者2世纪。译本被称为《伯西托本圣经》（意思是“简明”）。叙利亚文译本《圣经》从那时起在叙利亚及其周边地区的教会中被应用，并成为波斯文和阿拉伯文翻译的蓝本。

后来的《圣经》文本

从4世纪到15世纪，修士们把《圣经》译成西方教会用的拉丁文，但后来的宗教改革运动（见212～213页）提出了《圣经》方言化（采用当地或当时的语言）的新需求。人们从那时起一直在翻译《圣经》，当今的译者则试图在词汇和短语运用上尽可能准确，以贴近普通受众。

带彩色插图的拉丁文《圣经》版本

独一无二

在《圣经》几个拉丁文译本中，最著名的译本是《拉丁文通俗译本圣经》，由圣哲罗姆在4世纪晚期应罗马主教的请求翻译完成。1546年的特兰托公会议宣布，《拉丁文通俗译本圣经》是唯一可信的拉丁文《圣经》译本。

古登堡印制的《拉丁文通俗译本圣经》

手抄本

在发明印刷术以前，拉丁文文本的《圣经》都是由修士抄录的，并经常在页面上装饰漂亮的插图。《诗篇》中含赞美诗，在礼拜中需求量很大。在拉丁文版本的字里行间还含有一些古英语的翻译。

印刷版

约翰内斯·古登堡（见212页）于1455年在德国印制出《圣经》的第一个完整版。骤然间大批量的《圣经》被迅速地印制出来，使更多的人通过读原典去理解《圣经》。

古登堡印制的《圣经》中的彩色装饰图案是在印刷完成后手绘上去的

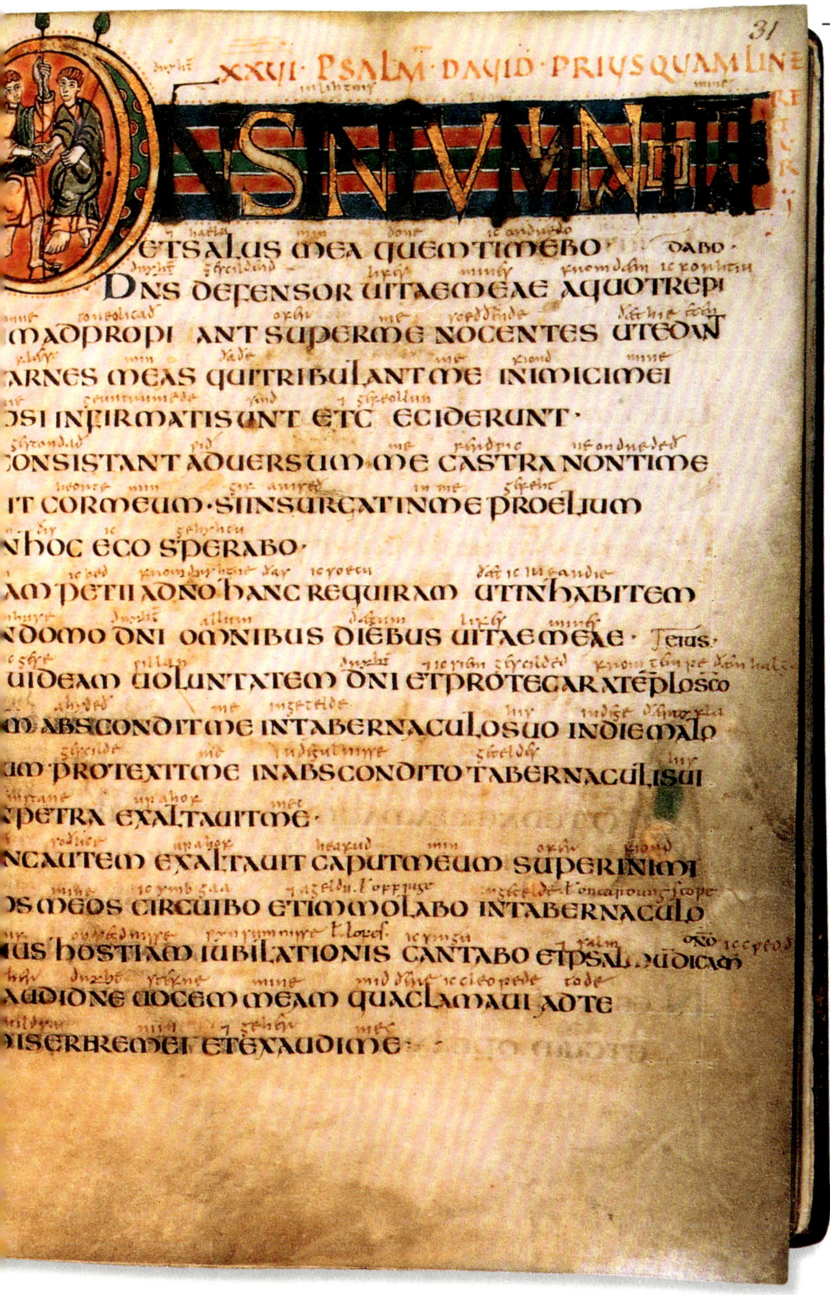

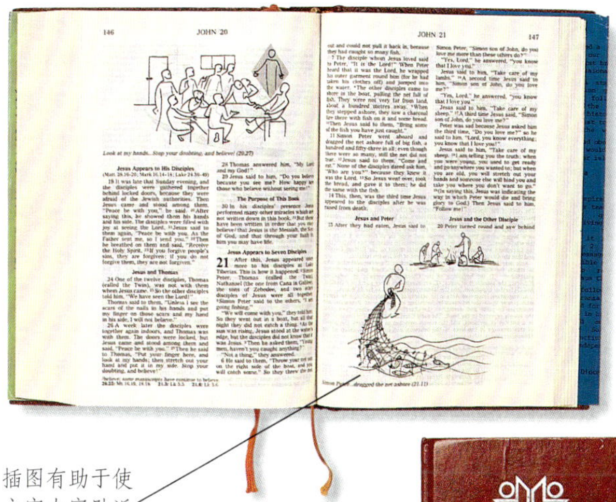

插图有助于使文字内容贴近生活

好消息

到了20世纪，大部分《圣经》的译本似乎已经过时，对用现代语言翻译《圣经》的要求不断增长。现代英语版本的《好消息圣经》和《新国际版圣经》使用最好的希伯来文和希腊文版的《圣经》翻译而成，它迎合了这方面的需要，售出了数百万册。

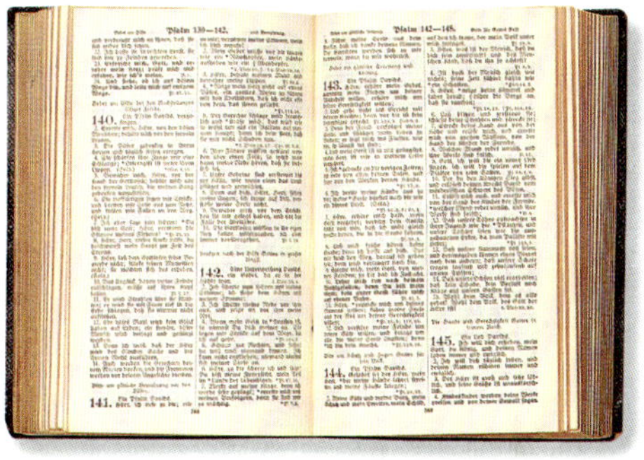

现代德文版《圣经》

领先时代

中世纪的德国神学家把《圣经》中的一部分译成本国语言。到了15世纪才完成《圣经》全文的翻译工作。但是教会不认可这种方言版的《圣经》，所以德语版的《圣经》在宗教改革前并未得到广泛传播。

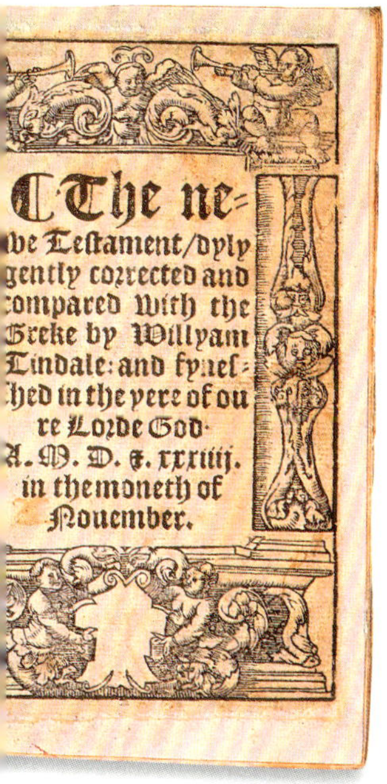

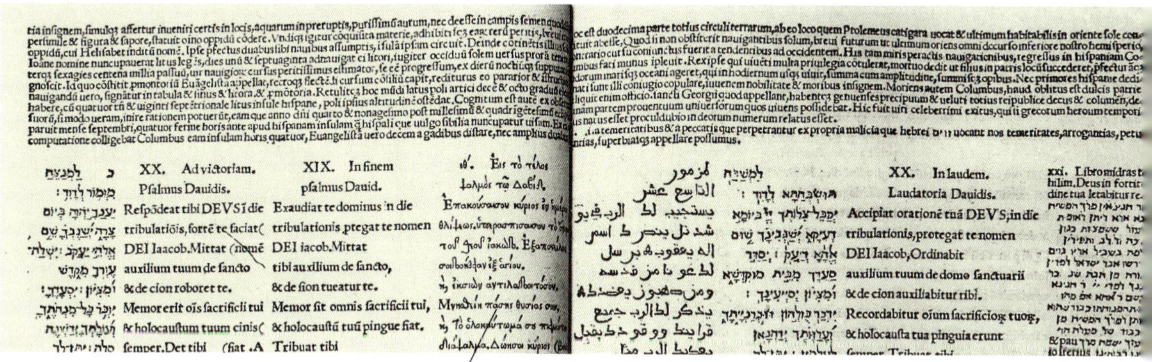

不同文字分栏或者分区排列

积极的影响

16世纪早期，改革家威廉·丁道尔想把《圣经》译成英文，英国教会不同意这个做法，于是，他到了德国。1525年，他在德国出版了《新约》的英译本。这个版本后来经过修订，于1534年印刷。它极大地影响了后来的《圣经》译者。

语言的流失

对翻译《圣经》的兴趣以及比较不同版本的需要，使得多语种《圣经》应运而生。这种文本并排印有多种文字。这些页面来源于1516年早期多语种版本《圣经》，上面有希伯来文、希腊文、拉丁文和阿拉伯文。

天堂和地狱

这幅12世纪的圣像来自埃及西奈半岛圣凯瑟琳修道院，描述的是最后的审判

所有基督徒都相信一位永恒和全能的上帝，他以圣父、圣子和圣灵三位一体的形式存在。他们相信耶稣是上帝的儿子，他以圣母马利亚儿子的身份生活在世上。他被钉十字架后又复活。基督徒相信，如果他们跟从耶稣的训诫，忏悔自己的罪，死后将得到回报，永远生活在天堂——上帝永恒天国的传统称谓。相反，没有上帝的地方或国度就是地狱。

14世纪，安德烈·鲁廖夫画的《三圣像》

三位一体

三位一体的理论就是上帝存在三种形态，这一概念是基督教信仰中最具神秘色彩之处。圣父是宇宙全能的创造者；圣子是耶稣，上帝的道成了肉身；圣灵是上帝在世上的力量。《圣经》中描述耶稣在天国里坐在上帝的右手边。

这幅中世纪插图描述的是天使吹奏喇叭使死者从坟墓里复活的场景

最后的审判

基督徒期待耶稣重返人间的这一时刻。他们相信他会荣归而至，审判生者和死者。他会赐正义的人以永恒的生命，上帝的天国也会真实地存在直到永远。

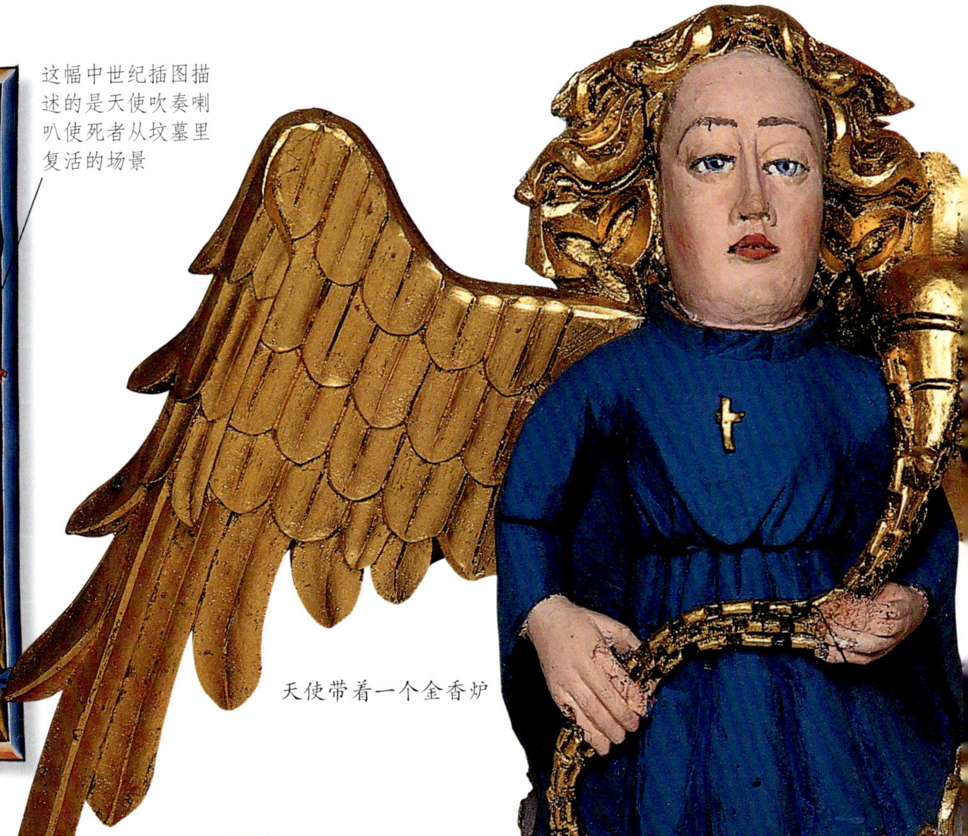

天使带着一个金香炉

象牙币上雕刻的是人们在对抗地狱里的恶魔，升入天堂

在天堂

一些人对天堂的理解仅限于字面意义——上帝的居所；而有些人则强调天堂不是一个地方，而是与上帝永远在一起的状态。天主教徒（见206～209页）认为，人的灵魂从第一个到第三个地方，称为“炼狱”，人在进入天堂前先在那里得到净化。

带翅膀的信使

《圣经》中所提及的天使，即圣灵，他们同上帝生活在天国里。他们作为信使把上帝的话语和判决带给尘世的人们，为他们提供精神引导。《圣经》中鲜有提及天使的具体形象，但传统上常把他们描述为带有翅膀的人形。

雅各的天梯

雅各是以色列人的祖先之一，《创世记》中有对他的生活的描述。雅各做了一个梦，梦见一副梯子从地面直通到天上，天使在梯子上面上上下下。上帝向他许诺说，他睡觉的土地有一天将属于他和他的后裔。

雅各天梯的浮雕，位于英国巴斯修道院西面

手持装有圣徒遗物盒子的天使（见220～221页）

手持教堂模型的天使

天使常被描述为长着金色的翅膀

撒旦的堕落

根据《启示录》所述，撒旦原为天堂中地位最高的天使之一，即天使长，他发动了对上帝的战争。结果他被逐出天堂，开始了在地狱中的邪恶统治。一些基督徒相信，地狱是个痛苦的地方，撒旦和他的恶魔们在那里对地狱中的灵魂施以酷刑，逼迫他们忍受永不熄灭之火的折磨。

对魔鬼的描绘

艺术家们自中世纪起把撒旦及其党羽描绘为丑陋的物种，虽为人形但长着触角、尾巴和偶蹄。如今大部分的基督徒不太关注撒旦和地狱的形态，而更多地关注在缺少上帝博爱的地狱中遭受的痛苦。

绘有恶魔形象的墨西哥现代邮票

天主教

天主教会的标志

天主教会的钥匙标志可以在全世界的天主教建筑上看到。西班牙塞维利亚医院即为例证之一。

罗马天主教会是基督教中最大的教会组织。有天主教的地方特别重视“圣体圣事”（或称弥撒，见230～231页），并要求教徒每个周日去做弥撒。天主教敬拜的一个显著特征就是纪念圣徒。它还提倡奉行虔诚的念珠祈祷（见208页）、前往圣地朝拜（见220～221页）。除了《新约》，天主教徒的日常生活还受到教会的教义引导，其内容包括从社会公正到教会与其他信仰的关系等一系列主题。

圣器

这件器皿被称为圣体发光。内置经过祝圣的圣体（弥撒期间供奉的圣饼），中间的玻璃小窗被金属框和射线状饰物围绕。在圣体祝福的仪式时人们手持圣体发光列队行进；同时它也被放置在某处展示，目的是显示圣体的奉献。

营造氛围

香在天主教教堂被广泛应用。它在一个称作香炉的容器里燃烧——那是一个有挂链的带孔的金属容器。当它轻轻地左右摇摆时，芳香的气味从顶部的孔洞里散发出来。

夏特大教堂

夏特大教堂融合了哥特式和罗马式的建筑风格，拥有200多扇彩色玻璃花窗，被认为是欧洲最伟大的教堂之一。大教堂始建于1020年，1194年被烧毁，13世纪中叶得以重建。

奥地利维也纳的巴罗克式告解室

告解

天主教徒定期向坐在告解室里的神父做忏悔。告解室是一个箱形结构的建筑。神父充当罪人和上帝之间的中介，宣告上帝宽恕的意愿。罪人可以要求做忏悔——这是一种发自内心的为自己所犯的过错深感内疚的行为。

船俯视图

香船

木炭

香

本笃会修士正在洒圣水

洒圣水棒

燃香的时刻

存在香船里的香被放
入提炉中同高温木炭一
同燃烧。经常在游行期
间神父进入教堂时使
用。也可以在另外一些
场合使用，比如在弥撒
仪式中举扬圣饼的时刻
需要点燃提炉。

庄严的仪式

在一些庄严的仪式
上要洒受过祝福的圣
水，如祝福、驱魔
（驱除魔灵）和葬礼的
仪式。人们在做弥撒前也可以
领受圣水。这个洒水的器具称
为洒圣水棒，外形为杆状，一
端带有一球状物或毛刷。

天主教的中枢

作为教会的领袖，教皇也是罗马的主教，住在梵蒂冈城——位于罗马城内的一个独立国家。梵蒂冈城是天主教会的中枢，这里还建有圣彼得大教堂，它是天主教最重要的教堂。

教皇

教皇（即“教宗”）是天主教会的最高领袖。天主教徒认为第一任教皇是宗徒彼得，他是耶稣的直接继承人，其权柄直接来自耶稣。天主教徒相信教皇关于信仰和道义上的阐述绝对可靠。因此，教皇在牧函和通谕中的训导对全世界天主教徒都有巨大的影响。

职务的标志

这个权戒是教皇职务的一种标志，属于欧静四世（1431～1447年任罗马教皇）所有。当时教皇以其精美的祭礼服和珠宝而著称于世。现代的教皇则更多地注重精神道义上的引导和与世界各地教堂的广泛联系。

教阶制和神职人员

14世纪，穿戴全套祭礼服的主教

天主教会的教阶制是由教皇和各级神职人员，即大主教、主教和神父组成。主教和神父的职责就是为信徒树立灵性上的榜样和在涉及天主教信仰的所有领域对信徒进行训导。他们的训导工作包括从弥撒的意义（见230～231页）到祈祷和敬拜圣母马利亚的重要性等一切方面。

带有圣牌的念珠引导圣徒默祷

地位的象征

尖角盾形，后面有两条缎带，这就是供主教、大主教和隐修院长（见226页）佩戴的主教冠。主教冠上通常绣宗教标志或宗教场景。它高高的形状是其佩戴者地位——教皇以下最高神职的标志。

主教的工作

主教的主要职责是监督所管主教区的教会和神职人员。他布道，给当地的神职人员写劝诫信，在天主教学校里宣讲宗教。主教也属于当地或国家主教会议的成员。主教会议的任何决策由集体开会讨论决定。

念珠祈祷

天主教信使用念珠辅助祷告
三种不同的祷词——《万
马利亚》《我们在天上的父
（或称《主祷文》）和《荣耀
于天父》——当人冥想基督
事中的一些关键时期时就反
念诵这些祷词。而念珠则是
来计算祷告次数的。

圣母领报

14世纪，主教冠上装饰的图案

耶稣抬起手祝福

被加冕的马利亚

14世纪，法国的主
上展示的是圣母
利亚的加冕

神父的珠宝

这条项链是15世纪意大利的一位神父所佩戴的。现代的神父很少佩戴这种精美的饰品，但他们拥有与前辈相同的价值观。天主教神父必须是男性，通常未婚。他们主持宗教仪式，传道，提供信仰方面的指导，对教区或地区内的人们给予精神层面的关怀。

圣母马利亚

主教徒尊崇圣母马利亚和的特别奉献。她的生活场出现在许多宗教艺术作品，像主教的祭礼服和日常品。天主教会的教义是马亚无原罪玷污，她在世的命结束后其身体和灵魂升天堂——这就是圣母升天的由来。由于马利亚备受敬，在教会年历中，有许节日与她有关。

圣母马利亚的白玫瑰

“万福马利亚，你充满圣宠，主与你同在；你在妇女中受赞颂，你的亲子耶稣同受赞颂。”

《万福马利亚》

1320年，哥特式木雕彩绘圣母子像

东正教

基督教在东欧和西亚最强大的支派是东正教（又称正教）。东正教形成于9～11世纪东、西基督教会的分裂时期，宣称最接近耶稣早期门徒所奉行的信仰。与天主教信徒类似，东正教信徒也认可许多圣礼，敬拜圣母马利亚，但他们不认可教皇的权威。他们更强调通过《圣经》和集体决定，以及从早期教会领袖的训诫中，揭示神圣的传统。

东正教堂

东正教堂通常由一组独立的教堂组成，每个教堂由一位牧首或年长主教领导。位于俄罗斯莫斯科的瓦西里升天教堂——引人注目的洋葱式圆顶——受莫斯科和全俄罗斯的牧首领导。

东正教的司祭常留有长长的胡须和头发

希腊圣像三圣徒

俄罗斯圣像圣母领报

圣像

圣像——耶稣、马利亚和其他圣徒的小画像在东正教的敬拜中起着关键作用。东正教信徒看见这些圣像就如同被提醒上帝是以道成肉身的耶稣出现。这些圣像有助于使他们集中精力更加虔诚地祷告。

华丽的门

在东正教堂，圣坛（包括祭台的区域）隐藏在圣像屏帏之后。圣像屏帏由两扇装饰精美、皇冠造型的门组成。在英国伦敦的俄罗斯东正教教堂里，圣像屏帏的门上饰有圣母领报和《福音书》作者的画像。

圣像挂坠

耶稣掌中的钉痕清晰可见

克里米亚战争时期的十字架圣像

核心工作

东正教的司祭在30岁以后才被允许结婚。圣体血（见230～231页“圣餐”）的庆祝通常指圣餐仪式，这是他们工作的核心。东正教信徒相信在圣餐仪式中祝圣过的饼和葡萄酒转化为基督的体和血。

便携式圣像

虽然教堂是展览圣像的主要场所，东正教信徒也使用一些便于携带的圣像，用于游行、挂在路旁的神龛上，或者在家里祷告时使用。圣像有助于祈祷者集中精力。这种便携式的圣像和类似的小物品，像图上的这个十字架圣像，在俄罗斯尤为盛行。

傅圣膏

当婴儿在东正教堂受洗时，司祭先将婴儿放入洗礼盆里浸水三次，然后进行傅圣膏仪式，在孩子的头、眼睛、鼻子、耳朵和嘴上傅油。东正教中的傅圣膏也称坚振礼（见236页）。新教的部分教派也有此礼，称坚信礼。

东正教的隐修制

隐修制（见222～223页）始于埃及和叙利亚这样的东方国家，至今在东正教的宗教生活中占有重要位置。东正教信徒认为圣灵会在修士和修女的生活中显现。最著名的东正教隐修院在希腊的阿索斯山上，从10世纪起就有修士在这里隐居。

东正教主教的祭礼服

主教事务

东正教中的所有主教一
平等。他们有一个共
的领导者——君士
丁堡（今土耳其
斯坦布尔）大
首——但他对
他人没有管理
。主要决策来自
东正教堂举办的
教公会，由主
集体决定影响
个教会的重大
项。东正教主
不允许结婚，所以主
从一开始就是修士而非堂区
祭。

宗教改革

在14～15世纪，许多欧洲人担心天主教会出现的腐败问题。16世纪早期，德国的马丁·路德、瑞士的乌尔里希·茨温利和法国的约翰·加尔文率先在欧洲发动宗教改革。在这场现在称作宗教改革的运动中，他们及其追随者建立了新教教会。新教教会拒绝教皇和主教的领导，强调《圣经》的重要性和宣讲上帝的圣言。

16世纪的纪念章把教皇描绘成撒旦

教会的

宗教改革家对天主教会
许多做法都加以反对。
非议最多的是教会对
赦”的使用——准许以
的方式代替赎罪的规定
至一些教皇也收受贿赂
对者常把他们描绘成魔

反腐败

这枚硬币是为了纪念15世纪初捷克宗教改革家扬·胡斯而制的。胡斯公开反对教会腐败，虽然受到民众的支持，但他的传道受到阻挠，并被逐出教会，被迫逃亡到波希米亚南部，最终被烧死在火刑柱上。

早期思想

14世纪晚期，英国神学家、政治家约翰·威克里夫开始谋求宗教改革。他的许多思想，如否定教皇的权威和主张将《圣经》翻译成欧洲现代语言，为以后的欧洲宗教改革家所接受。在这幅由福特·马多克斯·布朗所作的画作中，威克里夫正在朗读他翻译的《圣经》。

印刷术

15世纪50年代，德国美因茨的工匠约翰内斯·古登堡发明了新的印刷术。由此，书籍得以被更快、更清晰地印刷出来。它的主要优势在于让宗教改革的思想能够迅速传遍欧洲。

理性的声音

在宗教改革时期，教育通过教师的工作得到迅速发展，就像汉斯·霍尔拜因画中的教师伊拉斯谟那样。不同于路德热情洋溢的改革方法，伊拉斯谟希望通过理性和学识来改革教会。他编订了希腊版《新约》，这极大地帮助了后来的学者将《圣经》译为欧洲现代语言。

著名的论文

1517年10月，马丁·路德在德国维腾堡教堂大门上贴出了《九十五条论纲》（反对赎罪券的论辩）。继而他出版了几本详细阐述论纲的书籍。他主张个人因信基督而得救，这是不能用钱购买的。

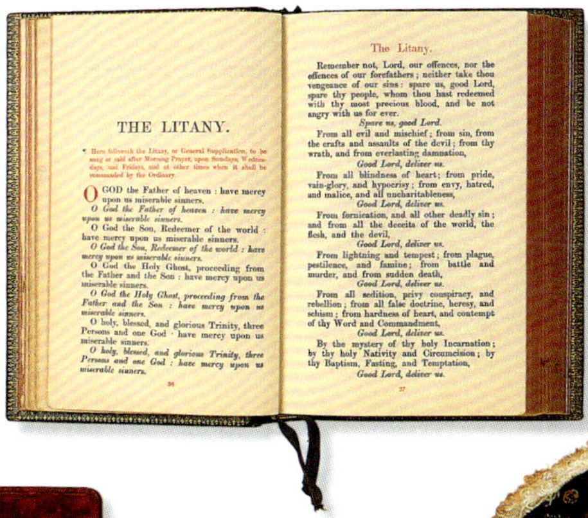

从大开本到口袋本的《公祷书》

母语

1549年，坎特伯雷大主教托马斯·克兰麦主持出版了英文本的《公祷书》，这是一本教会的礼仪书。它使英格兰人第一次可以使用母语做祈祷。在1553年玛丽一世统治时期，英国短暂回归天主教，克兰麦被处以极刑。

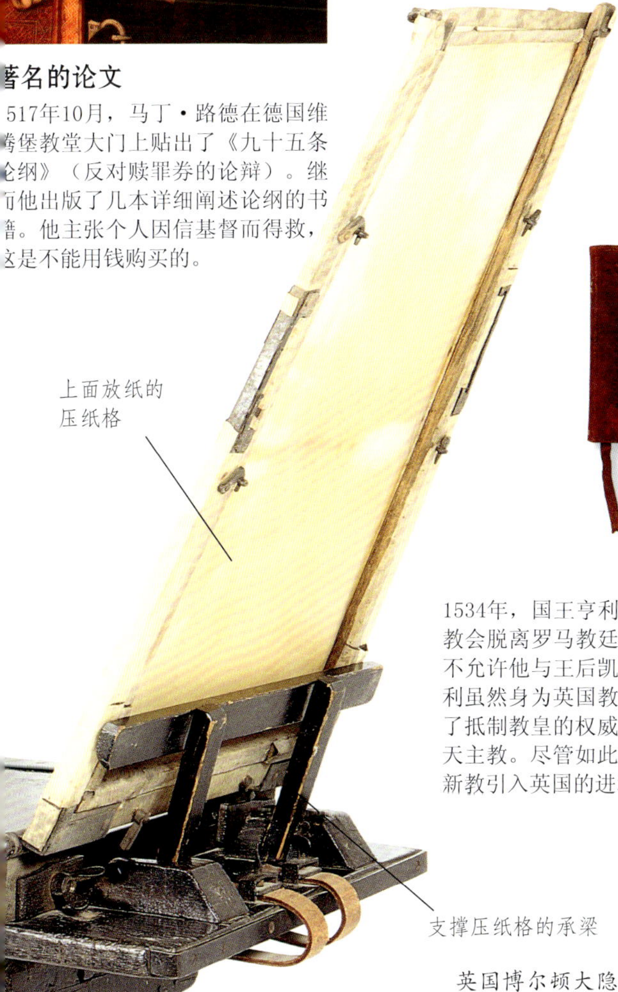

上面放纸的压纸格

支撑压纸格的承梁

教会领袖

1534年，国王亨利八世强迫英国教会脱离罗马教廷，理由是教皇不允许他与王后凯瑟琳离婚。亨利虽然身为英国教会的首领，除了抵制教皇的权威，他仍然信仰天主教。尽管如此，他开始了将新教引入英国的进程。

英国博尔顿大隐修院

16世纪小汉斯·霍尔拜因绘的亨利八世像

解散隐修院

亨利八世命令他的重臣托马斯·克伦威尔整理一份关于英国隐修院（亦译修道院）的报告。克伦威尔报告的结论是许多隐修院非常富有且腐败堕落。因此，亨利八世命令解散（关闭）所有隐修院。他查封隐修院的财产，将其土地分给大臣。许多隐修院建筑就像博尔顿大隐修院一样变成了废墟。

新教

自宗教改革以来，出现了许多新教教会组织。尽管不同的教会在教义上有分歧，但所有教会都强调《圣经》是他们信仰的来源。许多教会主张救赎来自上帝的恩典，信徒通过信仰就可以得救。新教教会的规模有大型的国际性组织如循道公会、圣公会（见230页）和路德教会（见212～213页）等，也有规模较小的教会如贵格会、基督复临信徒联合会（简称震颤派）以及基督复临安息日会。

纯净和简朴

正如上图所示，新教教堂的建筑装饰不同于天主教和东正教教堂，更倾向于朴实无华的风格。座位的排列方式让每个人都能听清讲道（见232页）和诵读经文。

17世纪的女清教徒

受迫害的清教徒

英国17世纪新教教徒——清教徒想要净化教会，去除诸如祭礼服和主教这些天主教教皇制度的元素。这些清教徒因为穿着素色衣服易于分辨，在国内惨遭迫害，许多人移居国外。

位于英国康沃尔的贵格会聚会所

17世纪的贵格会信徒

“五月花”号模型

船仅有40米长

甲板下面狭窄的弓形仓位曾是102位朝圣者为期67天的居所

移动的聚会

贵格会信徒在被称作聚会所——朴素的房子里做礼拜。典型的贵格会聚会是非常简单的，没有固定的模式。礼拜时，信徒们相信圣灵会启发他们中的一个或是多个人首先说话或祈祷，之前这段时间所有人会冥想和沉默。

公谊会

贵格会又称公谊会，成立于17世纪的英国，创始人为乔治·福克斯。他们没有固定的信经，没有圣礼，他们不任命牧师。贵格会信徒致力于和平、平等以及其他的社会改良，并在废除奴隶制方面发挥了重要作用。

美国美以美会教堂

卫斯理正在英国伦敦卫斯理小礼拜堂传播福音派信条

遍布世界的教会

最早的循道宗是18世纪中叶由英国传教士约翰·卫斯理建立的。从那时起，卫斯理开创的循道宗传遍了全世界。随着像北美循道宗这种独立教会的成立，循道宗已经发展为新教团体中规模最大的宗派之一。

巡回演讲的传教士

卫斯理原本是英国圣公会的牧师，他在外传教的目的是让更多的人听到他的布道。他巡回演讲的足迹遍布英国和北美。由此建立了循道公会——一个以《圣经》教义为奉行的“律法”，实现“圣洁”为目标的基督教团体。

津巴布韦哈拉雷的循道宗圣餐仪式

快乐的礼拜

循道公会的礼拜形式与英国圣公会和其他新教教会中的类似，唱赞美诗、祷告、读经、讲道，还有背诵教义。在这个过程中，一些教会会有个别人站起身来用快乐的语调重申他们的信仰。

五月花号的旅行

1620年，一批来自英国和荷兰的新教教徒乘“五月花”号驶往美洲。经过艰苦的旅行，这批后来被称作“清教徒前辈移民”的人在美国的马萨诸塞州登陆。在这里他们建立了普利茅斯殖民地——一个以他们自己的方式敬拜和生活，不用担心受到迫害的定居点。

1774年震颤派与院长安·李嬷嬷的见面

简单的生活

震颤派运动在19世纪达到顶峰，现在只有极少数的成员。震颤派成员生活在与外界隔离的社区里，遵循简朴的生活方式——衣着朴素，不喝酒，不吸烟。他们设计和制造的风格简约、做工精致的夏克式家具，可以看作他们生活方式的写照。

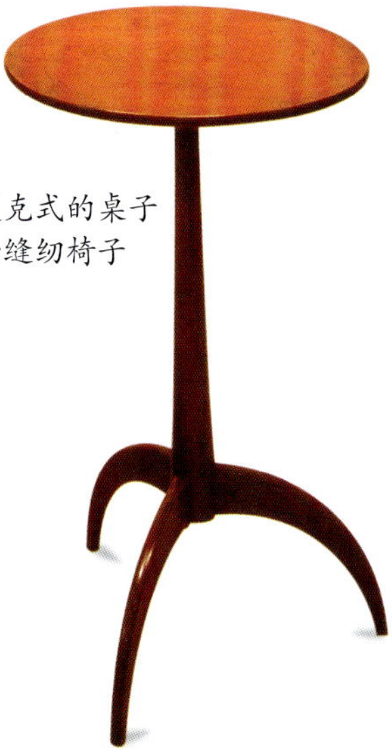

夏克式的桌子和缝纫椅子

救世军成员向上帝致意

寻求拯救

循道宗牧师威廉·布斯在19世纪末创立了救世军，至今它已成为一个世界性的组织。救世军以户外讲道、悦耳的音乐和为穷人提供帮助最为著名。它宣扬的是以《圣经》为中心和通过“恩典”才能使灵魂得救、得永生的基督教教义。

尊重你的长辈

世界各地有许多长老会，它们有一个共同的特点——皆由长老或年长的人掌管，他们可以是牧师也可以是平信徒。这种体制是基于改革者约翰·加尔文的思想而建立的。正如这幅19世纪的油画所展示的，礼拜很简单，以传教和学习经文为中心内容。

救世军的领歌者吹奏短号

救世军领带

现代救世军的男帽

上帝的士兵

救世军模仿军队的组织编制，“将军”为最高领导，其他教会的领导称作“军官”，一般教徒称作“军兵”。他们穿着特别的制服。加入者都要在“军队法规”的信仰声明上签字。所有军官都要佩戴组织指定的红盾标志。

维多利亚时期救世军的女帽

红盾徽章

现代救世军的女帽

圣洁的生活

门诺派由改革家茨温利的追随者创立。门诺派信徒追求一种圣洁的生活，建立与外界隔离的独立社区。他们是和平主义者，并在世界的许多地方实施救济。

在伯利兹的门诺派儿童

快乐天堂

就像这对莫桑比克夫妇一样，基督复临安息日会信徒相信，他们会被送往天堂达1000年。其间，撒旦统治着世间。千年末期，耶稣会重返世间，毁灭撒旦，创造新世界。复临派经办学校，建立医院网络，开办诊所。

无限崇拜

所有的基督徒都认为传福音是他们信仰的一部分。像这些危地马拉的新教徒一样，许多新教徒是活跃的福音传播者。他们经常敬拜，外出布道，所以，他们的会众并不局限于大小教堂建筑内部，每个经过的人都可以听到他们的声音。

基督徒的生活

基督徒试图遵从耶稣的训诫并将其应用到自己的生活中。所有这样的信徒都被说成是“圣徒相通”的一部分。但有些信徒则为他们的信仰作出了更大的牺牲，长期忍受折磨或迫害，甚至成为殉道者。这些过着特别圣洁生活的男人和女人被教会宣布为圣徒。在天主教和东正教中，圣徒备受崇敬，他们被认为是基督徒与上帝沟通的中介。

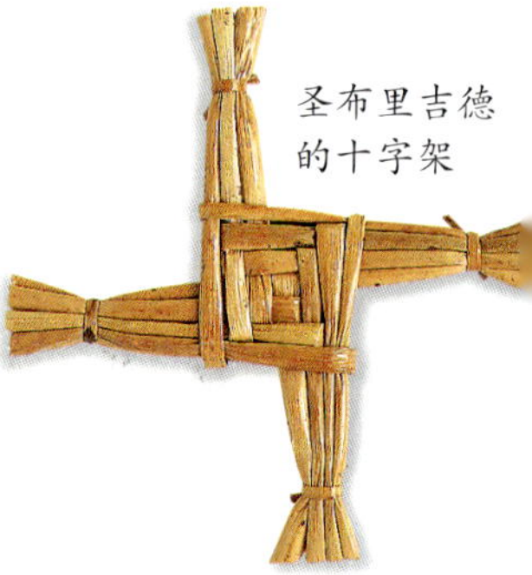

圣布里吉德的十字架

帮助食不果腹之人

布里吉德于6世纪出生于爱尔兰，后成为一名修女，并在基尔代尔建立隐修院，传播基督教。她以济贫著称，据说还能使食物奇迹般地成倍增加。

乔治屠龙的象牙雕刻

屠龙勇士

据说，乔治是3世纪时来自地中海东部的一名士兵。关于他最著名的传说就是，一条巨龙正在恐吓邻国，还要吞食国王的女儿。乔治说，如果民众信仰耶稣并接受洗礼，他将杀掉这个恶魔。杀死这个野兽后，他不要任何奖赏，只要求国王帮助他建立教堂。

中世纪圣露西的镀金饰板

棕榈叶是忠诚战胜敌人的胜利标志，常与殉难者联系在一起

盘中的眼睛

幸免于难

露西是众多遭罗马人迫害的督徒中的一个，她坚持自己信仰，把财产分给穷人。说，罗马当局对其实施火刑挖出她的眼睛。但是，露西迹般地活了下来，她的睛也复明了。她最终于刀下。

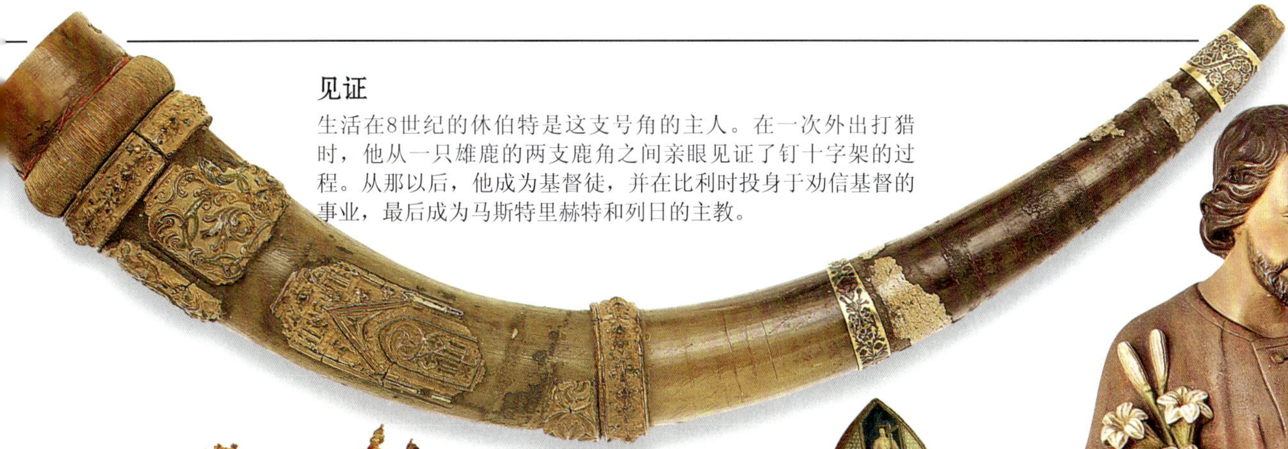

见证

生活在8世纪的休伯特是这支号角的主人。在一次外出打猎时，他从一只雄鹿的两支鹿角之间亲眼见证了钉十字架的过程。从那以后，他成为基督徒，并在比利时投身于劝信基督的事业，最后成为马斯特里赫特和列日的主教。

约瑟的石膏像

16世纪，圣伊拉斯谟和莫里斯的画像

一个有影响力的人

354年，奥古斯丁出生在阿尔及利亚，他是那个时代最有影响力的神学家。在30岁成为基督徒前，他是律师兼教师。他撰写的许多以三位一体、博爱和赞美诗为主题的书一直流传至今。如这幅15世纪的画作所展示的，他还是北非希波的主教。

广受尊敬的圣徒

埃及士兵莫里斯和叙利亚的主教伊拉斯谟均在3世纪晚期殉难。虽然后人对他们的生活知之甚少，但许多有关殉难者的书中对此都有提及，他们是中世纪广受尊敬的圣徒。

守护者约瑟

约瑟作为这个神圣家庭的守护者在基督教故事中扮演着重要的角色，在天主教会备受尊敬。他被誉为父亲、木匠、临终之人、社会正义和普世教会的守护神。

20世纪的圣徒

意大利的皮奥神父深信自己在孩提时就有了“圣召”。当他成为一名圣方济各会修士时体会到了耶稣的神示，并接受了圣痕——与耶稣被钉十字架出现的伤痕一样。他勇敢地面对着圣痕带来的疼痛，并将自己的一生献给祷告和对上帝的侍奉中。2002年，在他死后34年被宣布为圣徒。

家庭生活

家庭在基督徒的生活中处于核心位置。《圣经》故事源于马利亚、约瑟和耶稣组成的家庭，所以在基督徒看来，家庭是培养孩子最理想的环境。这幅插图展示的是一家人在平安夜前往教堂的情景。

援助之手

耶稣告诫他的追随者要爱他们的邻居，给贫穷的人以财物。基督徒可以通过个人的善举或加入慈善组织来遵从耶稣的教诲。

基督教慈善基金会救助的孤儿

圣地亚哥的德孔波斯特拉

露德圣母

朝圣地

位于西班牙的德孔波斯特拉和法国西南部的露德是欧洲两个著名的朝圣地。据说德孔波斯特拉是耶稣早期门徒圣雅各的墓地。露德则是一个年代较近的圣地。19世纪伯尔纳德在露德留下了见到圣母的一系列见证，许多治愈病患的神迹就发生在这里。

朝圣和遗迹

朝圣是前往宗教圣地的旅行。许多基督徒，特别是罗马天主教徒去朝圣。他们坚持朝圣的行为出于多种原因——去参拜的地方对他们的信仰来说很重要；作为一种忏悔的方式；也是寻求帮助，或表达对上帝的谢意。最普遍的朝圣目的地是圣地。一个圣地与一位特定的圣徒有关，这里常常保存着他们的遗物或遗骸。许多患病的人去诸如露德这样的圣地朝圣希望能够得到奇迹般的治愈，而有的朝圣者寻求的是心灵成长。

打开上盖可以看到存放在里面的遗骨

木制的内盒装有圣尤斯塔斯的遗骨

盒子里面的故事

这个精致的圣骨盒是大约在1240年为保存遗骨制作的，里面装有圣尤斯塔斯的遗骨，他是早期的基督徒，在见证了钉十字架后转而信仰基督。闪闪发光的金属外壳和木制的内盒中并没有存放他的整个颅骨，但据说装有几位圣徒的遗骨。

半宝石王冠

头部用白银制成，但镀金后呈现金

精美华丽的尤斯塔斯圣骨盒

圣骨盒基座饰以圣像

乔叟的朝圣者

中世纪，英国最著名的朝圣地是位于坎特伯雷的圣托马斯·贝克特的圣地。诗人杰弗里·乔叟著有诗体小说《坎特伯雷故事集》，书中描述了一群从伦敦骑马前往坎特伯雷的朝圣者，他们每一个人所讲述的故事。

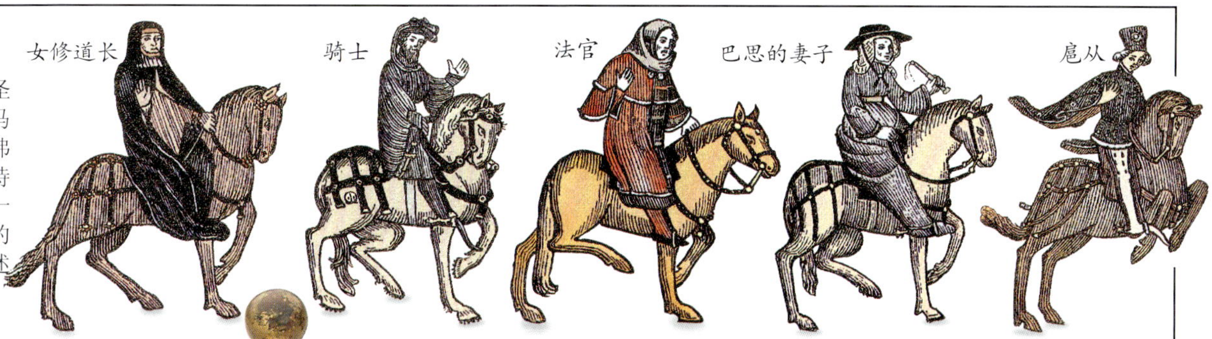

贝克特的遗骨

托马斯·贝克特是12世纪亨利二世时期英国坎特伯雷大主教。他与国王闹翻后，亨利二世的四名骑士在坎特伯雷大教堂谋杀了他。很快人们在大教堂里建起了圣祠，贝克特的遗骸被保存在精美的圣骨盒里。

国王的一个骑士砍下贝克特的头

圣托马斯·贝克特的锡质徽章

扇贝形圣油瓶，或者用于装圣水的瓶子

朝圣者的标志

中世纪的人们经常佩戴徽章表明他们曾经朝圣过。贝壳徽章最初是德孔波斯特拉圣地的朝圣标志，但后来朝圣者戴着它去往各处圣地，贝壳徽章成为最普遍的朝圣标志。其实许多圣地都有自己的徽章。

带入战场

据说这个装有圣骨的圣骨盒曾被苏格兰的阿布罗斯隐修会长带入战场。这场班诺克本战役发生在1314年，当时苏格兰人在领袖罗伯特·布鲁斯的带领下击败了英格兰人。

镜框内的陈列品由骨、木、纺织品残片组成

珍贵的遗物

圣物不只是人的遗骸，一些小物件在基督教故事中同样扮演着重要角色。在英国本笃会大隐修院保存的这些小型遗物中，据说有十字架的残片、耶稣的童床、圣母马利亚的面纱，还有许多圣徒的遗物。

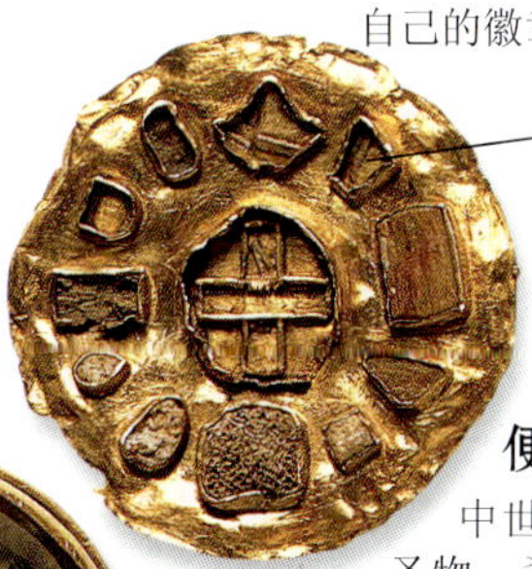

镶嵌在黄金上的骨片

被珍珠环绕的十字架

便携式遗物

中世纪，有些人随身携带圣物，希望这会使他们更接近上帝。这个小圣骨盒装着一小块圣徒的遗骨、小十字架以及珍珠。盒子所用的黄金和珍珠表明所存之物的贵重。

修士和修女

数百年来，一些基督徒深感需要与外界社会隔绝往来，在一个独立的社区里专心侍奉上帝。这样的社区被叫作隐修院（亦称“修道院”），居民是修士或修女。他们在这里的生活比普通的教徒生活更严格、更艰苦。他们庄严地向神发愿恪守神贫、贞洁、顺从——承诺绝财、绝色，并服从隐修院（男、女院长）的领导和生活中的教规。禁欲主义在天主教和东正教教会中发挥着极其重要的作用。

修女和修士

中世纪，对修士和修女经常设立新的规程，因为人们认为较之其他宗教机构的管理，隐修院的修士和修女应生活在更为严格的教规下。不同的神职人员，像圣仆会修女和斯拉夫会修士，通常可以通过他们衣服的颜色来区分。

今天的科普特修士

旷野教父

隐修制始于3世纪的埃及。当以圣安东尼为代表的一些人退到旷野里做起了隐士。这些“野教父”最终联合起来形成隐院，他们的一些传统被科普特会的成员延用至今。

简朴的生活

圣本笃于6世纪在意大利的蒙特卡西诺隐修院写下他的教规。他在教规中倡导一种以敬拜、祷告、诵经和劳作为主导的简单的生活方式。这个主张被广泛应用，至今仍有许多本笃会隐修院的修士过着这种简朴的生活。

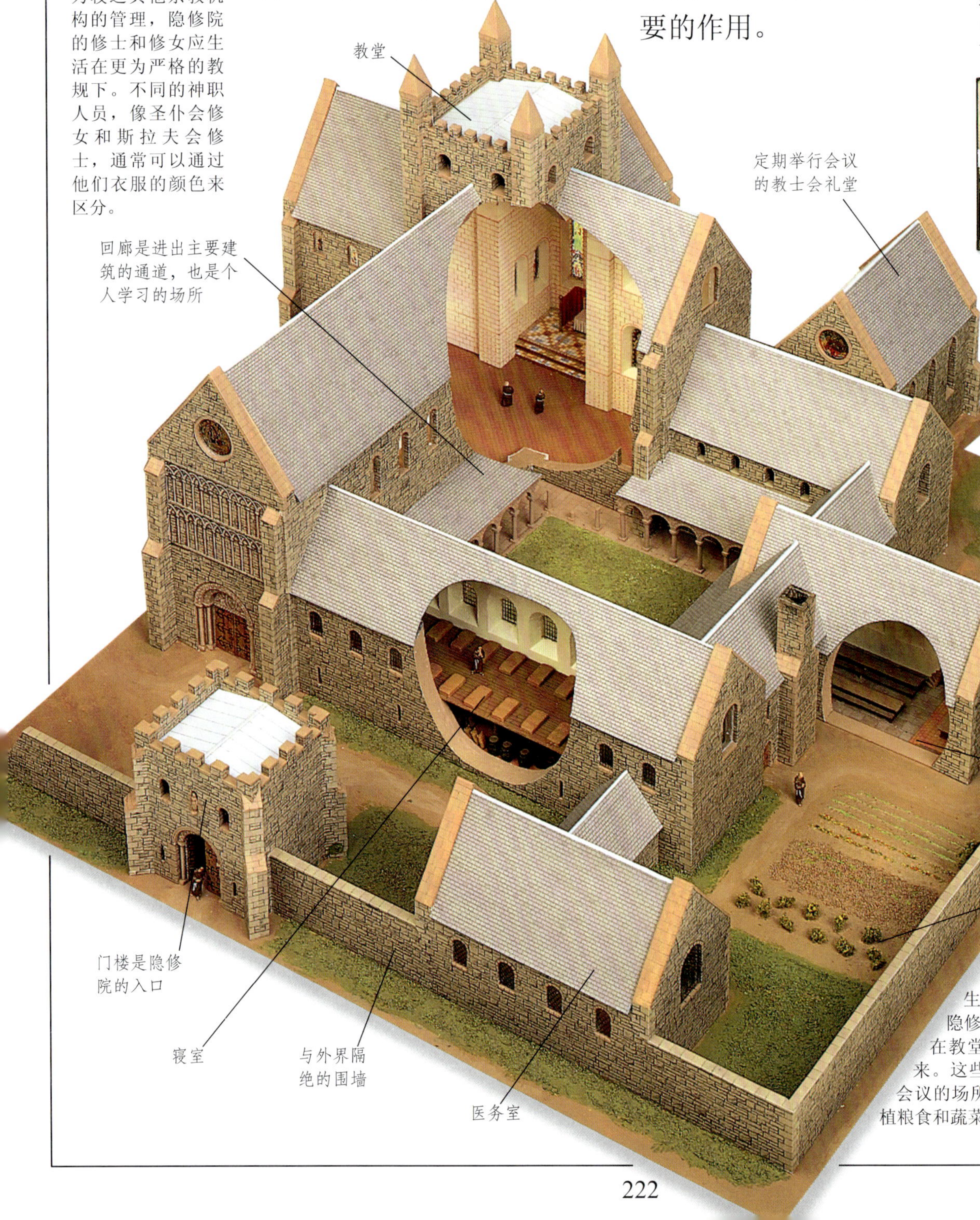

隐修院的内部

隐修院是专为修士和修女提供生活、劳作和祈祷的地方。传统的隐修院四周围有高墙，主要建筑都建在教堂的一侧，由回廊将它们环绕起来。这些建筑包括睡觉、吃饭以及举行会议的场所。通常在建筑物之外的土地种植粮食和蔬菜。

战斗修士

中世纪有专门的神职人员称作“战斗修士”，他们依照隐修院教规生活，在圣地为朝圣者提供武装保护。这个火药瓶上嵌有圣约翰骑士的徽章。

上帝的工作

修士或修女每天最重要的活动就是在固定的时间里做常规的宗教仪式。圣本笃称其为“上帝的工作”，也被称为日课。在隐修院里，每人每天做8次祷告，选读《圣经》，唱赞美诗和诗篇。

15世纪隐修院的祈祷书

贫穷修女会——方济各会修女

独自祈祷

独自祈祷是所有修士和修女日常生活中极其重要的一部分。图中这些方济各会即圣克莱尔创立的贫穷修女会的修女正在念玫瑰经（反复数念珠的一种祈祷方式）。有些神职人员也通过数绳子上的结来代替念珠。

沉思默想的本笃会修士

神圣之光

日课在天黑后要举行多次。申正经在凌晨2点，晚课在晚间，晚祷在睡觉前。传统上，这些时段的祈祷要借助烛光举行。蜡烛可以提醒参与者：耶稣的思想就像这烛光一样照亮世界。

圣读

本笃会提倡修士专心致志地阅读《圣经》（和其他宗教作品），以沉思默想的方式与上帝进行更密切的交流。这种阅读方法称为圣课（圣读），不涉及分析经文，只简单地理解文字，让诵读者直接感受上帝的启示。

香蜂草　墨角兰　疗肺草　小白菊

日常生活和工作

虽然日课和祷告是隐修生活的核心，但修士和修女们也要辛勤劳作以供养自己和团体。隐修院尽量做到自给自足，大部分粮食自己食用，剩余的可以卖掉。隐修院历来是学习的中心，修士和修女们在这种安静的环境中默念。中世纪，隐修院还为欧洲提供教育和医疗健康服务，如今许多修士、修女仍在学校任教。另外，他们还在更广泛的地区为病人、穷人和需要帮助的人提供救助。

草药

中世纪，修士们种植小白菊、疗肺草、香蜂草和墨角兰之类的植物，用来治疗头疼、呼吸障碍等小病。修士们把发现的植物疗效写成书，叫药草书。如今在很多隐修院的园圃中药草仍与其他粮食作物一同种植。

本笃会修士正在餐厅里用餐

引人深思的想法

在大多数隐修院中，修士或修女们在一个巨大的公共餐厅里的长桌前集体用餐。食物简单但富有营养。他们即使在进餐时，仍然保持对宗教的虔诚——其中一人读《圣经》时，其他人要安静地进餐。

橡胶手套用来防止高浓缩油对手的腐蚀

香味祷告

香是一种燃烧时散发香味的材料，被广泛应用在天主教和东正教教堂中。有些修士制作香，一则供他们的教会使用，二则可以卖钱。

自然的芳香

有着自然芳香的生乳香被研磨成小块，然后，修士称出小剂量的浓缩香料油与乳香进行充分的混合。

干燥

修士将一铲研磨过的乳香倒在一个底部带有金属线的大木托盘上，并均匀摊开。待香料混合物完全干燥后，打包准备出售。

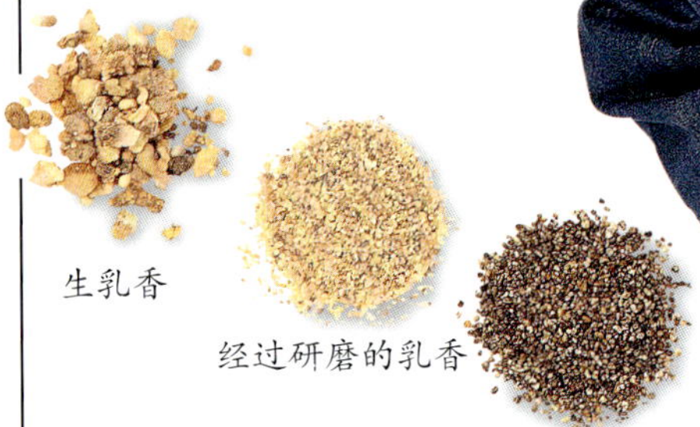

生乳香　经过研磨的乳香　加工后的香料

圣饼压制机及带有
基督教标志的圣饼

未发酵的面包

许多教堂在圣餐仪式（见230～231页）上使用特别制作的圣饼替代普通的面包。圣饼由隐修院用传统方法加工，这个过程是先和好面，压成薄片，并印上基督的标志，然后切成小圆片。做好的圣饼打包后被送往世界各地的教堂。

背井离乡

许多修士、修女长途跋涉，前往遭受干旱、战争、饥荒或其他灾难的地方参加援助活动。隐修院成员帮助抢救生命成为常规行为，还为那些没有公立学校的地方提供教育。

在卢旺达，修女正在分发食用油

有拉丁文和漂亮装饰的手抄本

倾斜的桌面适合长时间地书写

隐修院修士的书写台

这位修女正在查看蜂巢网是否已适合取蜜

为上帝书写

在中世纪，修士和修女属于少数能够制作书的人。书的每一页均为手写，并绘有装饰图案，就像这张漂亮的乐谱手稿一样。今天，一些修士将这一古老的技艺继承下来，还有一些修士已成为知名学者。他们以《圣经》、神学和教会史为题材著书立说。

用于书写圣言的蜡片

甜蜜与象征

蜂蜜是古代基督教的一种象征，它提醒教徒谨记耶稣悦耳的话语。这位方济各修女已掌握了这一有价值的养蜂技术，这可以为她的姊妹们提供营养丰富的食物，还可以提供做蜡烛用的蜂蜡。许多修士和修女会卖掉剩余的蜂蜜和蜂蜡。

天使的条幅上写着：“与上帝同在，千年如一日。”

千禧年纪念盘

基督教的陶瓷器皿

英国普林克纳什修道院本笃会修士制作的普通陶瓷器皿适合日常使用，而吸引游客的是那些有精美装饰的瓷器。他们生产的千禧年瓷盘上绘有天使的形象，提醒人们2000年是基督教的重要年份——耶稣诞生2000周年纪念。

宗教领袖

这颗古代象牙棋子上雕刻的是主教的形象。主教是天主教、东正教或英国国教中监督其他牧师工作的神职人员。

司祭职务

司祭在新教大多数教会中等同于牧师，他们提供灵性牧导，并在圣礼仪式和礼拜中扮演主导者的角色。他们还关心教区的全体居民，如看望病患者、关心有特殊需要的人。对司祭的要求很高，但承担这个角色的大多数人尽职尽责，因为他们感受到了一种灵性上的“召唤”（圣召）。在天主教和东正教教会中，授任神职或施洗入教是一种圣礼，具有永久的约束力，而在新教教会中却并非如此。

盛装的本笃会隐修院长

修会教士

作为司祭的隐修院长，是隐修院的最高管理者。他和他管辖下的隐修院的修士被天主教会称为修会教士。

隐修院长祭礼服的背面

简朴的风格

圣公会允许男女均可成为牧师，他们通常被称为代牧（基层牧师）。在大部分时间里，代牧衣着简朴，比如穿圆形牧师领的素色衬衫。礼拜仪式的时候，则要穿祭礼服，其风格因场合和个人的审美而异。

国圣公会代牧日常装束

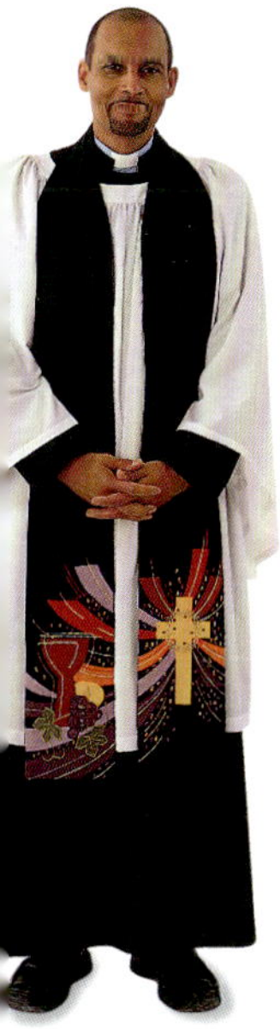

英国圣公会代牧参加圣餐礼的装束

七圣事说

天主教和东正教会庆祝七件圣事——用仪式的方式获得上帝的恩惠。这幅15世纪的祭坛画描绘的圣事有神品、坚振礼、圣体圣事、告解、终傅、洗礼和婚姻。许多新教教会只承认两件圣事：洗礼和圣餐。

圣伊纳爵·罗耀拉

神父授课

耶稣会或称耶稣连队，是16世纪由当过士兵的天主教神父伊纳爵·罗耀拉创立的。耶稣会一直致力于传教和教育工作，神父常在学校或大学里执教。伊纳爵·罗耀拉卒于1556年，后被追任为圣徒。

礼服

在圣礼仪式上，司祭需要穿着叫“祭礼服”的特定服装。这套衣服在设计上与早期罗马基督徒的衣着相近。它由好几层衣服组成，包括一件白袍，一件叫“十字褡”的纯色外套，还有一条看起来像围巾的圣带。

教堂

"Church"这个单词的意思是基督教信徒的团体（即教会），但也用来指基督徒做礼拜的建筑（即教堂）。教堂各有不同，但大部分都有一个最主要的会众使用的巨大空间——常称作中厅。许多教堂还建有圣坛（或称祭坛），里面设有圣餐台；旁侧的副堂则用于私人祷告；还设有司祭为礼拜仪式做准备的圣器储藏室（圣具室）；另有举行洗礼的专用空间。

一个人的祈祷

最早的教堂往往规模很小且设计简单。这座建筑是爱尔兰6世纪的一个小礼拜堂，倾斜的石墙，没有窗户，只有一道门。这是一座用于个人祈祷而非会众礼拜的教堂。

装饰华丽的圣水钵

圣水

许多教堂门口附近都有一个圣水钵或水池，里面盛有圣水，当人们进入教堂的时候，可以用它画十字或洒水于身以证明受过洗（见236页）。

18世纪墨西哥的圣伊格纳西奥教堂

各种各样

教堂的设计各不相同。圣伊格纳西奥教堂（上图）和东方圣乔治教堂（右图）都是巴罗克风格的建筑，运用了古罗马建筑的装饰特色。它们都有一座钟楼和一扇巨大的门通往中厅。这种精致的建筑结构常见于天主教教堂，而新教教堂则趋于简单化。

英国伦敦东方圣乔治教堂的模型

门口的装饰

有的教堂大门口四周会用圣徒和《圣经》故事的雕像装饰，用以提醒人们进入的是一座神圣的建筑。这个大门口的顶端雕刻的是婴儿耶稣和东方三贤的像。

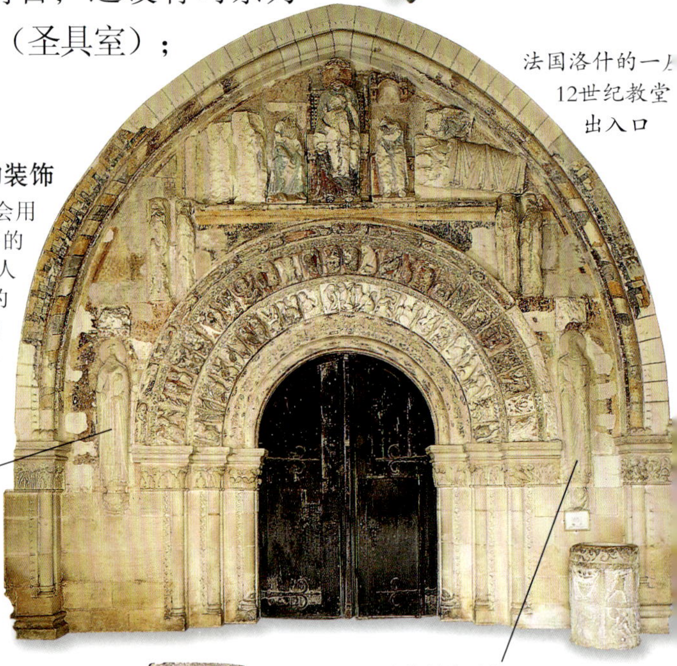

法国洛什的一
12世纪教堂
出入口

恐怖的世界

中世纪的建筑师常在教堂的外墙上雕刻一些丑陋的面孔、怪物和奇异的野兽。人们看到这些怪诞的雕刻就知道进入教堂里面后就会摆脱那个充斥着邪恶、恐怖的世界。

玻璃上的福音

在古老的教堂，用彩色玻璃窗画呈现《圣经》故事，是对普通人进行教育的一种方式，因为大部分人不会写字，也不识字。在现代教堂，具有基督教标志的玻璃窗画，受到人们特别的喜爱。

15世纪德国祭坛画

焦点

许多教堂的祭坛后面都有一幅祭坛画，它可以是一个屏风、一幅画作，或是一幅浮雕，其目的是将人们的注意力集中到祭坛上。祭坛画选择的题材出自《圣经》中的场景、圣徒的形象或日常生活的情景。正如这幅图所展示的，画面描绘的是一个家庭对新生儿的关怀。

读经台上的《圣经》

教堂诵读

“God”这个词是基督教信仰的中心，读经是日常礼拜的组成部分。大部分教堂都有一个放置打开的《圣经》的台架，叫读经台。读经台经常做成鹰的形状，鹰是布道家圣约翰（四福音书的作者）的象征。

中世纪的读经台

高高在上

司祭或牧师站着讲道（见232页）的地方叫讲坛。通常它是一个带台阶的高台，以便在圣会时每个人都能看到传道者，并且能听得清楚。在天主教教堂，讲坛常常被置于一侧；新教教堂中的讲坛则经常被置于中间——强调上帝话语的重要性。

这座带旋转楼梯的讲坛来自葡萄牙

舒适的坐席

就像这所英国隐修院的小礼拜堂一样，在天主教教堂里，会众坐在祭坛前的长凳上，祭坛是关注的焦点。东正教教堂中的祭坛隐藏在屏风后面，只有很少的座位，大部分教徒都要站着。新教教堂中的教徒则多面向讲坛而坐。

圣餐

这个跪垫上的图案是饼和圣杯，以及“基督”的希腊文单词的第一个字母。

对大多数基督徒来说，教会的最高仪式就是重现最后的晚餐。参与者领受经过祝圣的饼和葡萄酒，天主教称之为“弥撒”或“圣体圣事”，东正教称之为“圣体血”，新教称之为“圣餐”或“主的晚餐”。所有教堂一致认同饼和葡萄酒是耶稣基督的体和血。新教教徒认为这两样东西在提醒人们耶稣的牺牲。天主教徒相信弥撒上的饼和葡萄酒实质上就是耶稣基督的真正的体和血。

圣公会的方式

基督教会各个教派举行圣餐的方式各有不同。这两页展示的是圣公会是如何举行圣餐仪式的。仪式的第一部分重点集中在言辞上（见232页），包括祈祷、一人或多人读经、讲道、信经（对信仰上帝的声明）和祝平安（“和平的主永远与你同在”）。

1. 拿起饼

祝平安、赞美诗和奉献过后，司祭的话会令人回想起最后的晚餐。他从圣餐台上拿起饼。圣餐台也被认为是主的桌子或祭台。

2. 对饼的祝谢

司祭感谢上帝赐予的饼，他再现了《福音书》中描述耶稣在最后的晚餐中如何祝祷圣饼的情景。

3. 掰开饼

司祭照着耶稣在最后的晚餐中的样子掰开饼。这样在场的人就都可以“从耶稣的身体获得生命”。

4. 领受饼

司祭邀请会众领受圣餐，并祈祷他们的身体因为有耶稣的身体通过而得到净化。司祭随后吃了一小块祝圣饼（有些司祭在对酒祝谢后再领受圣饼）。

5. 领受酒

接下来，司祭从圣餐台上拿起酒。酒通常被盛在特殊的高脚杯或杯子里，叫圣杯（亦译“圣餐杯”）。圣杯代表最后的晚餐中盛酒的器皿。

6. 对酒的祝谢

司祭对酒祝谢。他以这种致谢的方式祈祷教士和会众的灵魂能得到耶稣“宝血”的净化。

7. 领受酒

司祭举起圣杯，领受圣酒。现在他准备提供圣餐给会众。

8. 分发圣饼

当掰开的饼足够会众分享时，将其分发给在场的人。在一些教堂中，圣饼可以用未经发酵的圆面包片代替。

9. 分发酒

然后会众依次拿起圣杯，接下来是再次的感恩祈祷，随后是唱赞美诗、祈祷和圣餐祝福至仪式结束。

圣杯

这个16世纪的圣杯是银质的，并饰以精美的圣徒头像。虽然现在仍然使用类似的圣杯，但是在有些教堂，特别是在一些会众众多的教堂，则被很小的个人用杯所替代。

圣餐盘

圣餐中的祝过圣的饼放在称为圣餐盘的平碟中。圣餐盘通常与圣杯相匹配。因为圣餐中饼和酒非常重要，所以圣餐盘和圣杯都用贵金属制成，如银或金。

小型器具

虽然圣餐通常在教堂里举行，但也可以在其他地方进行。如果司祭或代牧要为一位病人举行圣餐仪式，他或她会带一套便携式的器具，里面有祝圣饼或未经发酵的圆面包片，一瓶葡萄酒，小型的圣餐盘和圣杯。

礼拜的方式

集体礼拜是基督教信仰的核心，许多基督徒会定期聚在一起赞美上帝，忏悔自己的罪，表明他们是耶稣基督的追随者。礼拜涉及各种各样的活动。读经、唱圣歌、唱诗、祈祷和聆听讲道，这些形式应用在全世界基督教堂的礼拜中。礼拜活动的风格和方式可能差别很大，但大多包含上述几个关键的内容。而对于那些忠诚的基督徒来说，礼拜活动并非只在教堂开始和结束，而是终其一生。

言辞

正如这幅1491年的木刻画上所展示的那样，被称为讲道的宗教演讲在中世纪非常流行，并且在今天仍然是许多教会礼拜的重要组成部分。传教士常以《圣经》中的话语作为讲道的开头，并以此讲解基督教的道理。

中世纪的《日课经》

日常侍奉

《日课经》是天主教使用的祈祷用书，包括祈祷时刻——每天固定时间举行的祈祷所使用的经文、诗篇等。每次祈祷包括一个简短的祷告、一首圣歌、三首赞美诗、一段《圣经》选读和最终祷告。现今《日课经》分为早晨、白天、傍晚和夜晚四部分祷告文。

手握的十字架

这个简单的十字架是专为礼拜时握在手里而设计的，并使用圣地的橄榄树制成。它圆润光滑的外型很适合病人和老年人握在手里。

上帝在安息日休息的画像

安息日

数千年来，犹太人都遵守他们的安息日——专事敬拜上帝和休息的日子，即上帝完成创世后的休息日——星期六。早期基督徒把星期日作为安息日，至今仍有许多基督教国家把这天当作休息日。

流行的赞美诗

《诗篇》是《旧约》中的一卷。中世纪有很多非常精美的《诗篇》版本，就像这本《诗篇》已经有700年的历史。《诗篇》至今仍被传唱、吟诵或大声朗读，是广受欢迎的圣歌和祷词的蓝本。

古代与现代

圣诞歌曲是一种表达快乐的宗教歌曲，圣诞节期间广为歌唱。圣诞歌曲最早流行于15世纪，而不断出现的一些新歌曲也同旧歌曲一道被人们喜爱和歌唱。

拉丁文的歌集

轮唱赞美诗集或歌集

交叉的钥匙是
圣彼得的象征

基督教的跪垫

人们在做祷告的时候常会屈膝或叩拜，有些教堂为此提供跪垫。这些跪垫上常绣有基督教标志或场景。祈祷者采用跪姿有助于集中精力，对上帝也表现出敬畏和尊敬。

漂亮的书籍

中世纪，欧洲的许多富人都有一本个人使用的祈祷书。这些有漂亮插图的书，一般在教堂履行简短的宗教仪式时使用，也在家里朗读（私人宗教仪式的一部分）时使用。

美国芝加哥圣迈克尔大教堂祭台上的天使雕像

让我们祈祷吧

基督徒祈祷可以出于各种各样的原因。他们感谢上帝创造万物，感谢耶稣基督所给予的永恒生命。他们也可以祈祷请求宽恕罪过，或者祈求上帝对个人、群体或整个世界的生活给予帮助。

可供选择的金属和木质管风琴音管

美的和声

本笃会隐
长身穿的修
装，称作唱经
他正在唱轮唱赞
集中的圣歌。交
歌是礼拜时两组
班应答轮唱，一
另外一组歌唱的
。两组人分站于
两边，混唱出美妙的和

现代管风琴

管乐

管风琴是一种巨大的音域广阔的乐器，已经为教堂的歌唱伴奏了数百年。传统的管风琴演奏是通过向大小各异的一系列管子吹气而产生不同的音调。每个音符都由一系列的键盘和脚踏键盘来控制，由管风琴手手脚并用地操作。

基督教年历

基督教年历由两个主要的节令或节日来主导。首先，教会年历开始于降临期和由此引出的圣诞节。而基督教年历的核心是耶稣钉十字架和复活。从四旬期开始，之后是圣周、哀悼耶稣之死的耶稣受难节，然后是庆祝其复活的复活节。另一个基督教重要的节日是五旬节，纪念耶稣门徒领受圣灵后开始传教。

司祭佩戴着彩色的圣带

纪念日的衣服颜色

许多司祭在教会年历中不同的纪念日穿不同颜色的祭礼服。虽然衣服的颜色各异，但是红色的祭礼服在五旬节时穿，绿色的祭礼服在显现节和三一主日之后的星期日穿。三一主日是尊崇上帝三位一体的节日。

萨摩蜜橘和核桃

煤块糖果

好孩子的礼物

显现节在1月6日，是纪念古波斯教士前往伯利恒探访——这是耶稣第一次在非犹太人面前显示神性。在西班牙，孩子们相信东方三贤会给他们带来礼物。为此，他们准备了水果和坚果。他们相信东方三贤走后会为那些行为端庄的孩子留下礼物，为那些行为不当的孩子留下像煤块似的糖果。

西班牙女孩用巧克力制东方三贤

“因今天在大卫的城里，为你们生了救主，就是主基督。”

《路加福音》2:11
天使报喜给牧羊人

德国的降临期日历

圣诞节倒计时

对大多数基督徒来说，降临期是引出圣诞节的一个节期，它包括12月25日前的4个礼拜日。在这期间，基督徒庆祝施洗约翰的到来、弥赛亚的来临以及耶稣的第二次降临。在降临期许多家庭习惯每天都备有待客的食物。

美国的圣诞晚餐

欢度节日

基督教会的大部分分支教会都会在12月25日庆祝耶稣的诞生。人们参加快乐的礼拜，装饰房间，相互交换礼物，享用节日圣餐。在西方传统的圣诞晚餐上有烤火鸡，外加精选的蔬菜和调味汁。

视觉提醒

这是耶稣出生时的马厩围栏模型，来自萨尔瓦多。上面绘有圣家族、牧羊人、动物和教士的形象。这是给孩子讲圣诞节故事非常好的直观的教具，令人回忆起圣诞节所有的信息。

16世纪意大利四旬期游行用的头盔

庄严的时刻

忏悔节是人们忏悔自己罪过的一个传统日子，于四旬期首日之前的星期二举行。在四旬期——复活节前40天人们要食用完所有的食物。四旬期是庄严、苦修和全心归神的一段时间。起初在整个四旬期都要斋戒，但现在大部分基督徒只在圣灰礼仪日和耶稣受难节斋戒。

棕枝主日

在复活节前的星期日，基督徒手持棕榈枝和棕榈十字架举行游行活动，以纪念耶稣最后一次进入耶路撒冷。这个节日称为棕枝主日。它是让人们记住耶稣受难的事件，同时也标志着圣周的开始。

棕榈叶冠

棕榈指环

棕枝主日盛装的埃塞俄比亚男孩

耶稣在十字架的中心位置

本笃会修士参加复活节游行

新生命

复活节是纪念耶稣复活的节日。司祭在教堂里诵读《福音书》中耶稣复活的故事，带领大家读快乐的祈祷文，唱赞美诗。人们还举行游行庆祝耶稣升天。鸡蛋被看作耶稣新生命的象征，许多人在复活节期间吃巧克力蛋或装饰真鸡蛋。

南瓜——传统上是一种象征丰收的蔬菜

感谢

收获节虽不是官方教会历法中的节日，但许多地方的基督徒每年会聚在一起感谢大地的馈赠。人们唱着特别的圣歌，把他们的产品带到教堂分给穷人和有需要的人。一些沿海城镇随当地渔民庆祝“海的收获”。

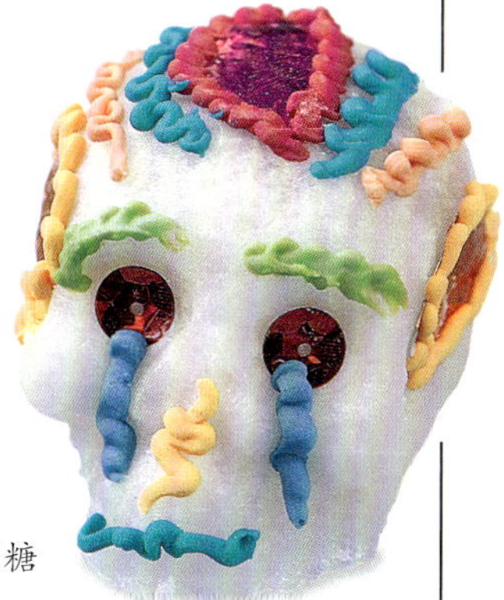

头颅糖

生与死

11月2日万灵节是天主教纪念亡者的节日。人们在这一天为亡灵祈祷，并为家族墓地敬献鲜花。墨西哥人民每年在这个时候要举行两天的“死亡日”悼念仪式。他们互换像头颅糖这样的礼物以示哀悼亡者，延续生命。

生命的循环

基督徒在经历人生的每一个关键阶段，都与教会息息相关。通过诸如洗礼（当一个人进入教会时）、坚振礼（当他们坚定自己的信仰时）、婚礼（两个人在教会眼中的结合）和葬礼（一个人死去）等仪式，他们与教会的关系得到发展。洗礼，连同坚振礼和在天主教堂的婚礼，称之为圣事，是上帝内在的精神恩典的外在体现。

这块饰有图案的跪垫在坚振礼时使用

作出承诺

当婴儿受洗时，他的父母和教父母代表他对基督教作出承诺。当孩子长到一定年龄时，再次申明他的信仰。准备程序完成后，申请者领受坚振礼，发誓摈弃邪恶成为虔诚的基督徒。主教把手放在申请者的头上为其赐福。

给婴儿穿白色的衣服象征纯洁

圣公会司祭为孩子洗礼

装满圣水的便携式洗礼盆

重生

在浸会或是其他教会中，人们只有确定自己相信上帝的时候才受洗。在这个“信徒的洗礼”中，表明自己的信仰并将自己完全浸没于水中。洗礼象征着洁净和与耶稣一起重生。

耶稣受洗

耶稣在约旦河接受约翰的洗礼使得几个新教教会追随这一做法。浸入水中的整个过程被认为是耶稣死亡、埋葬和复活的象征。

婴儿的洗礼

当英国圣公会的司祭为婴儿洗礼的时候，她把孩子带到洗礼盆前，读《圣经》、祈祷，宣布他的教父母为基督教监护人。然后将圣水洒在孩子的头上，说：“我以圣父、圣子、圣灵的名义为你洗礼。”在天主教教堂里，婴儿被涂抹膏油。

新娘穿着传统的象征纯洁的婚纱

百合是纯洁的象征，也代表圣母马利亚

19世纪开始流行白色婚纱

至死相伴

基督教把婚姻视为终生相伴的关系，一些教会，比如天主教会不承认离婚。因此，婚礼是一件既幸福又严肃的事。婚礼充满了象征意义，比如东正教夫妻头戴花环，表明他们是自己的王国——家庭的统治者。

婚礼

全世界的教堂都举行结婚典礼。这种快乐的庆典会有许多宾客参加。司祭确认这对夫妇可以自由结婚，宣誓并交换戒指，然后对他们的结合表示祝福。

鸽子提醒夫妇圣灵的存在

婚礼跪垫

象牙币上展示的葬礼场景

19世纪中期哀悼仪式上佩戴的胸针

生命的赞歌

人死后，尸体会被放置在棺材里运往教堂，哀悼者聚在那里一起缅怀逝去的生命。祈祷、读经和唱圣歌都提醒哀悼者死者的灵魂将会继续存在，并为此致谢。最后尸体要么火葬，要么被安葬在墓地里。

葬礼

葬礼的形式千差万别：有隆重的，有简单的；有沉静的，有喧嚣的。新教的葬礼在死者埋葬或火葬前举行，包括祈祷、读《圣经》、唱圣歌、致悼词或演讲。天主教为死者的灵魂祈祷，可能还会播放安魂弥撒曲向逝者表示敬意。

在美国新奥尔良举行的爵士乐葬礼

公开祷告

许多基督徒在家中祷告，但有时人们在公共场合遇到麻烦或执行一个重要任务之前也公开地祷告。这位运动员在比赛前寻求上帝的帮助，并将自己努力的成果献给上帝。

基督教文化

2000多年以来，艺术家、作家和音乐家一直在进行着基督教题材的创作。在基督教的早期历史上，人们已经开始装饰教堂的墙壁和为礼拜仪式作曲。很快，西方世界的大部分艺术都成为了基督教艺术。随着基督教在全世界的传播，它对艺术也产生了影响。虽然今天只有少数的基督徒艺术家，但基督教仍然影响着我们的艺术和生活：我们在法庭上宣誓，听福音音乐，看基于《圣经》故事的电影，欣赏以新方式创作的基督教题材的绘画、雕塑和建筑。

> “应当一无挂虑，只要凡事藉着祷告、祈求和感谢，将你们所要的告诉上帝。”
>
> 《腓立比书》4：6
> 保罗写给腓立比教会的信

庄严的承诺

在基督教文化中，最庄重和最具约束力的诺就是对《圣经》誓：“万能的上帝。法官在审判时发誓一尽其所能把工作做好证人则在法庭上发誓出全部真相。

视觉艺术

从绘画和耶稣的雕像到高耸入云的大教堂，基督教对视觉艺术产生了巨大的影响。很多著名的例子可以追溯到较早的时代，视觉艺术家受到信仰的影响而获得灵感。一些艺术家的创作用于装饰教堂，另外一些艺术家为广大的民众创作了描绘基督徒形象的作品。

里约热内卢的基督像

《救世主基督》完成于1931年，高30米，俯瞰着巴西的里约热内卢。它由艺术家卡洛斯·奥斯瓦尔多设计，用滑石作为雕像材料。滑石质地虽软，但能够最大程度地抵御天气对它的破坏。雕像矗立在岩石裸露的科尔科瓦杜山上，成为里约热内卢的标志，也是闻名世界的雕像。

钢铁天使

安东尼·戈姆利的《北方天使》耸立在英国的盖茨黑德，翼宽54米——与喷气式飞机的翼展相仿。这尊现代天使像完成于1998年，从公路或铁路过往的旅客都能目睹到它。这尊像由一种混有铜的特殊钢材制成，呈红褐色，与蓝天交相辉映。

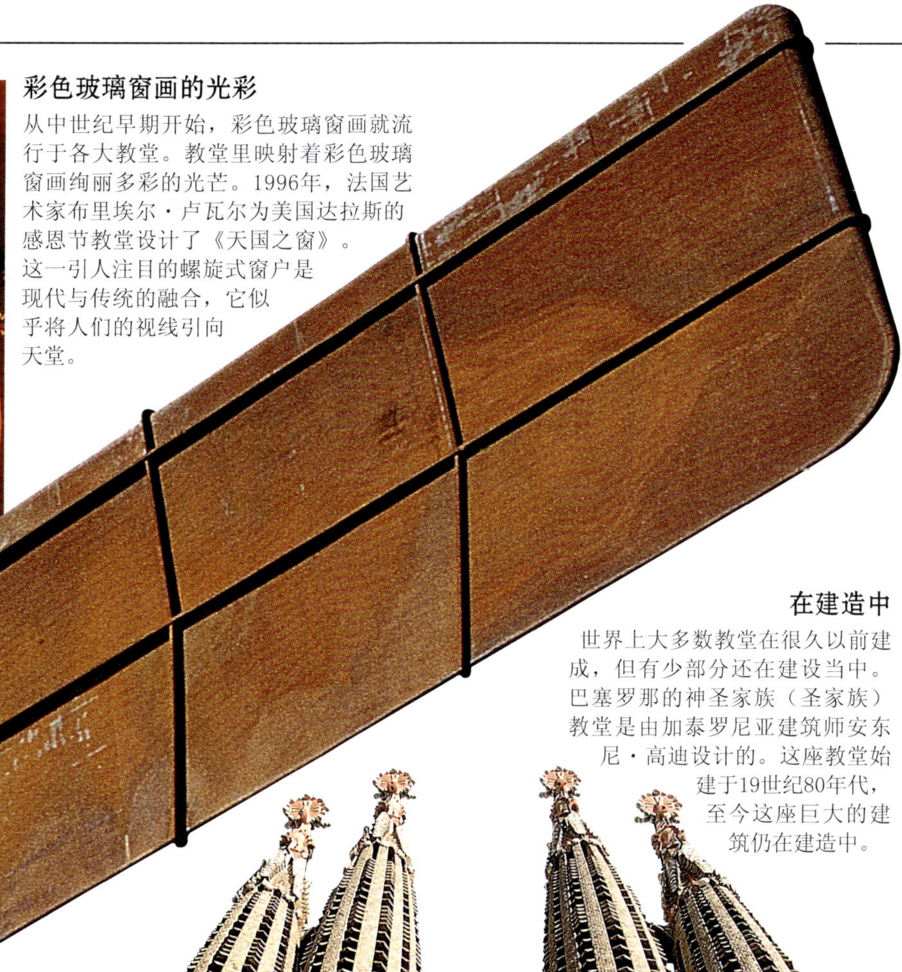

彩色玻璃窗画的光彩

从中世纪早期开始，彩色玻璃窗画就流行于各大教堂。教堂里映射着彩色玻璃窗画绚丽多彩的光芒。1996年，法国艺术家布里埃尔·卢瓦尔为美国达拉斯的感恩节教堂设计了《天国之窗》。这一引人注目的螺旋式窗户是现代与传统的融合，它似乎将人们的视线引向天堂。

在建造中

世界上大多数教堂在很久以前建成，但有少部分还在建设当中。巴塞罗那的神圣家族（圣家族）教堂是由加泰罗尼亚建筑师安东尼·高迪设计的。这座教堂始建于19世纪80年代，至今这座巨大的建筑仍在建造中。

9位圣徒

纽约现代画家和插画家劳拉·詹姆斯的艺术灵感来自于埃塞俄比亚的艺术。她希望通过她画的9位埃塞俄比亚圣徒，向人们介绍这个国家的历史。基督教在4世纪传到了埃塞俄比亚，长久以来，艺术家们从基督教艺术中汲取灵感。

上演耶稣受难剧

在欧洲的一些地方，当地人喜欢用传统戏剧来表演耶稣受难的故事，甚至耶稣被钉十字架的事件。在德国南部的村庄上阿默高，这里的人们自从逃脱了1633年那场瘟疫后，开始定期演出耶稣受难剧，现在每十年上演一次。

表演艺术

几个世纪以来，音乐一直是基督教礼拜的一部分，而且中世纪的许多作曲家都是修士，他们把毕生的精力都花在创作和吟唱教会音乐上。但是宗教音乐从一开始就影响着其他类型的音乐——无论是奢华的合唱音乐还是舞蹈音乐，抑或流行音乐。戏剧也曾受基督教的影响长达数百年，现在仍然有许多著名的电影和戏剧以宗教为主题。

从舞台到屏幕

摇滚音乐剧《耶稣基督巨星》1970年第一次被搬上舞台，1973年被制作成电影。主题歌由安德鲁·劳埃德·韦伯创作，蒂姆·赖斯作词。这是20世纪最流行的一部基督教故事的电影。

红海分开

摩西

拉姆西斯二世

史诗电影

《十诫》是好莱坞导演塞西尔·德米尔在1956年导演的一部电影，主要讲述了摩西如何带领以色列人逃出埃及来到他们的“应许之地”。这部电影不仅演员阵容强大，由查尔顿·赫斯顿饰演摩西，尤尔·伯连纳饰演拉姆西斯二世，还有壮观的特技效果，像红海分开让以色列人通过。

“普天下当向耶和华欢呼。你们当乐意侍奉耶和华，当来向他歌唱。”

《诗篇》 100:1-2 颂赞之诗

圣歌

神圣的清唱剧（由独唱和合唱共同完成）在18世纪流行起来。其中著名的有约翰·塞巴斯蒂安·巴赫的激情故事两部曲和格奥尔格·弗里德里希·亨德尔的《弥赛亚》。1741年，亨德尔在不到4周的时间内完成了这一乐章，剧中描述的耶稣的生活仍为当今观众所欣赏，特别是在圣诞节。

亨德尔的《弥赛亚》乐谱原稿

福音唱诗班在美国华盛顿演出

优美的福音

爵士灵歌歌手艾瑞莎·弗兰克林是一位牧师的女儿，来自美国底特律。她开始录制唱片前曾与父亲的唱诗班一起演唱。她的演唱音域宽广，具有强烈的感染力，展示了她福音音乐的根基。她的专辑《天赐恩宠》改编于福音歌曲。

音乐对白

美国的浸信会是福音音乐的发源地。在福音音乐中，牧师和会众创作了一种赋有情感的音乐对白。福音音乐的激情——滑动的旋律、快乐的呼喊以及其他声音效果，对许多不同流派的现代音乐——从爵士灵歌到摇滚乐都产生了巨大的影响。

猫王

摇滚史上的传奇人物埃尔维斯·普雷斯利是在当地的教会唱诗班学习的唱歌，并受到福音音乐的影响。他把这种节奏混入一种带有忧郁情绪的乡村音乐中，创造出一种独特的演唱风格。在他后来的音乐生涯中，他录制了许多赞美诗和颂歌的独特版本。

伊斯兰教

阿拉伯早期文明

采收椰枣

小村落建在阿拉伯半岛周围的小块绿洲中。这里有可靠的水源，而且还长有椰枣，为当地的人们提供了多汁的食物。

阿拉伯半岛是阿拉伯人的故乡。6世纪，在伊斯兰教的先知穆罕默德诞生以前，这个地区已经出现先进的文明。阿拉伯半岛位于欧洲、非洲、亚洲的交汇处，这个地域条件有利于阿拉伯人进行商业贸易。虽然大多数阿拉伯部落都有自己崇拜的偶像，但是基督教徒、犹太教徒以及易卜拉欣（亚伯拉罕）的追随者们只信仰唯一的真神。穆罕默德告诉他们一神的宗教已经传示给他，随后他们用自己的语言记录神的启示，形成了《古兰经》。这个宗教称为伊斯兰教，拥有很多虔诚的教徒。

阿拉伯南部的铭文

萨巴人于公元前8～前2世纪统治阿拉伯南部地区，他们书写使用的字母称为南阿拉伯文。考古学家发现了许多这种文字的铭文，在萨巴人失去权力后这种文字不再使用。

沙漠的沙丘

大部分阿拉伯地区要么是浩瀚无垠的沙漠，滚动着的沙丘，要么就是环绕麦加的黑火山石荒漠。“阿拉伯”是游牧的意思，基于这样的自然环境，很多阿拉伯人为了生存，采取游牧的生活方式。

石化的丛林

阿拉伯半岛的大部分地区都是人迹罕至的沙漠和崎岖多石的景色，比如这些锯齿状的岩石。最肥沃的地区是也门，也门能从印度洋获得季风雨。

巴尔米拉的妇女

叙利亚沙漠中的巴尔米拉城，是因为它处于几大贸易线路的交汇点而形成的。那里的人向途经此地的商人收取赋税而变得很富有。巴尔米拉的妇女通过金质的项链来炫耀其财富。

570年先知默罕默德出生时的阿拉伯世界

阿拉伯世界

阿拉伯半岛位于红海和波斯湾之间。阿拉伯人在肥沃的也门地区的海滨和绿洲兴建城镇。在阿拉伯半岛的东北部，波斯萨珊王朝占领了伊朗。在阿拉伯半岛的西北方，是信仰基督教的拜占廷帝国。

用来焚烧乳香的圣坛

名贵的香料

乳香是阿拉伯最昂贵的贸易品之一，它们被广泛地交易。贸易路线在阿拉伯半岛纵横交错，像马里卜和佩特拉的纳巴泰就是沿着这些贸易路线建立起来的。贸易给这些地区带来了生命力。

马里卜的城墙

也门的马里卜是萨巴人统治时期的都城，一些古老的城墙至今仍然屹立着。位于贸易路线上的马里卜曾经是一个繁荣的、充满活力的大城市，这里拥有一座宫殿（示巴女王的家）和许多房子，还有一座闻名遐迩的大坝，是在公元前7世纪设计建造的。

先知穆罕默德

穆罕默德570年出生于今沙特境内的麦加。穆罕默德是古莱什部落的成员。6岁时母亲病逝，由祖父和叔父相继抚养。610年他作为伊斯兰教的先知开始布道，这也是他接受《古兰经》降示的时间。3年后，穆罕默德开始公开传教。他吸引了一批追随者，但是他的一神论主张没有在麦加得到广泛的响应。当地大多数人崇拜多神，还有很多不信教的人。最终他迁徙到了麦地那，之后麦地那成为伊斯兰文明的中心。

《古兰经》

《古兰经》（见248~249页）是由安拉通过吉卜利勒天使传示给穆罕默德的，在那个“高贵之夜”启示降临了。之后的许多年里，《古兰经》一直在小范围的人群里传播。

商人的生活

穆罕默德年轻的时候是一个商人，为一个富孀工作，这个富孀名叫赫蒂彻。阿拉伯地区处在纵横交错的贸易路线交汇处，这些路线将阿拉伯半岛和地中海以及印度洋联系起来。穆罕默德随着骆驼商队沿着这些路线行走，贸易路线远至叙利亚。赫蒂彻与穆罕默德产生了很深的感情，虽然她是寡妇，而且比穆罕默德要大很多，但是两个人还是结婚了。

写或者说

这个书法写的是先知穆罕默德的名字。根据记载，先知穆罕默德有200个名字。当提及穆罕默德以及其他先知时，穆斯林通常在他们的名字后加上“尔莱希赛俩目”，意思是祈主福安之。

用书法书写的“穆罕默德”字样

贾巴尔安努山（光明山）

距离麦加几千米的贾巴尔安努山，是穆罕默德沉思冥想的地方。每年在莱麦丹月（见253页）期间，穆罕默德退隐到山洞里做祈祷、斋戒，向穷人施舍。其中一个隐蔽之处就是先知第一次接受《古兰经》启示的地方。

在山上

当行至贾巴尔安努山，穆罕默德决定在希拉山洞里静居。这个山洞位于山峰的顶部，有一个洞口面向麦加，里面非常小，但是有足够的空间让穆罕默德在里面祈祷。先知的一个女儿常常爬上山给他送食物。这样他就能整个莱麦丹月都待在山洞里。

星形图案是阿拉伯字母“安拉”的组合

安拉

安拉是穆斯林所信仰的真主的名字。穆斯林认为他是所有生命和所有存在的依靠，他是独一无二的，比他所创造的所有事物都要伟大。《古兰经》说他是自生的，换句话说，他是永恒的，无始无终的。他存在而且永远存在。

先知清真寺

先知

先知穆罕默德的名字非常工整地写在这里。穆斯林认为他是一系列先知中最后一位先知。这些先知包括易卜拉欣、穆萨（摩西），还有尔撒（耶稣），这些人都是品德高尚的人。

麦地那

穆罕默德在麦加本地遭到迫害，他的一些追随者先后迁往阿比西尼亚（今天的埃塞俄比亚）避难，当时那个地方被基督教统治者统治着。622年，来自麦加北部的叶斯里卜（后来称为麦地那）的人们邀请穆罕默德到他们那里居住。先知和他的追随者接受了邀请。这次迁徙被称作“希吉来”，成为伊斯兰教历的开端。最终，穆罕默德击败了异教徒，从克尔白天房里清除出异教徒崇拜之神像。从此，伊斯兰教在麦加也兴盛起来。

穆罕默德之墓

先知穆罕默德在他最喜爱的妻子阿依莎的怀里去世，当时他正在他妻子位于麦地那清真寺旁边的寓所里。他的墓就建在他过世的地方。后来，他最早的两个哈里发，也是最亲密的伙伴艾卜·伯克尔和欧麦尔分别葬在他的两边。

伙伴的名字组成的图案

伙伴

先知的伙伴是他最亲密的追随者。他们恭谨地听从他的教诲，熟背《古兰经》，并在《古兰经》被文字记载前传诵给他人。

《古兰经》

610年，吉卜利勒天使出现在先知穆罕默德的面前，安拉通过吉卜利勒天使开始向穆罕默德传示伊斯兰教的神圣经典《古兰经》，传示持续了23年。穆斯林确信《古兰经》是安拉给人类的最后启示，它完善了犹太教和基督教的圣典，但是《古兰经》在一个较高的层次，因为《古兰经》里的语言来自真主的意旨。自《古兰经》被传示，穆斯林为了保存这些经文，先用心学习，随后用文字记录下来。他们要按照《古兰经》的指示生活。

《古兰经》存放盒

镶嵌精美的盒子是为存放《古兰经》而设计的，它将《古兰经》分成30个部分。在莱麦丹月（斋月）里，每晚读一部分，在这个高贵之月读完《古兰经》。

装帧精美的《古兰经》

这部精美的《古兰经》翻开的页面是《古兰经》114章节中的第一章节的章首。每个章节都有一个名称，这些名称都源自经文中的词汇。

框子里写的是章节数，顶端的框子写的是章节的名称

粗库法体

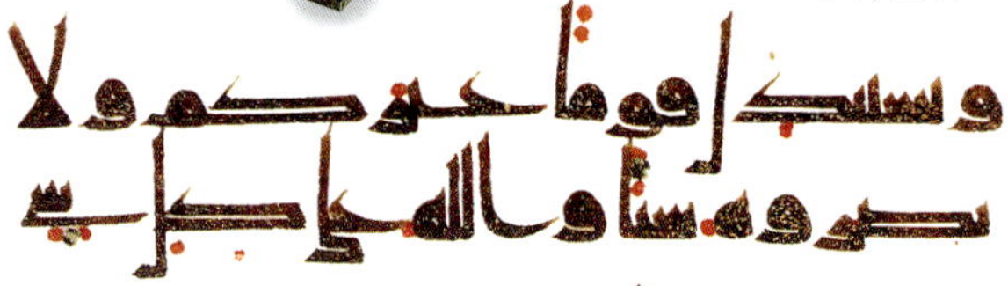

库法体的阿拉伯文

阿拉伯文字可以用若干种不同的字体来书写。最早的库法体出现在一个叫库法的小镇（位于今伊拉克）。右边这些库法体的文字选自1000年前的一部《古兰经》。这种字体的字形优美，强调纵向笔画，线条横平竖直，棱角清晰。

东方的库法体

“一切赞颂，全归安拉、众世界的主、普慈特慈的主、还报日的主，我们只崇拜你，只求你祐助，求你引领我们上正路，你所施恩者的路，不是受谴怒者的路，也不是迷误者的路。”

《古兰经》章首页 “法谛哈”

“法谛哈”的文字内容

一块宝石

在穆斯林的眼中，这块宝石的背面因为刻有《古兰经》的文字而变得更为珍贵，其译文翻译如下：

“真主，除他外绝无应受崇拜的；他是永生不灭的，是维护万物的；瞌睡不能侵犯他，睡眠不能克服他；天地万物都是他的……”

《古兰经》库尔西（知识）启示

瓷砖和经文

在整个伊斯兰世界，常用漂亮的书法在各种物体上做艺术装饰，书法的文字都出自《古兰经》的经文。各地的穆斯林都学习阿拉伯语，这也是《古兰经》所用的语言。这些共通的知识把世界各国和各种背景下的穆斯林都团结到一起。

穆斯哈夫

当人们谈起《古兰经》时，通常是指经文字记录、汇编成册的《古兰经》。然而最初《古兰经》只是被穆斯林用心学习并背诵的，随后才用文字分别记录下来。将这些记录汇编成册在阿拉伯语中称“穆斯哈夫”，也就是“汇编本”的意思。在穆斯哈夫每章里都写有本章降示于麦加还是麦地那的说明。

抄写

抄写《古兰经》是必须小心和怀着崇敬的心情才能做的事情，因为安拉的语言是不能改变的。完成一部像这样的《古兰经》手抄本是一种虔诚的奉献行为。

伊斯兰教的五功

伊斯兰教有五项基本功修，称之为伊斯兰教的五大支柱。第一项也是最重要的就是关于信仰的誓言。“伊斯兰”的意思是“顺从”，从“和平”一词演化而来，被穆斯林看作与“信仰唯一的主”同等重要，这点也向基督教徒和犹太教徒传示了。这个信念通过真主的使者来传示，这些使者包括摩西和耶稣，阿拉伯语称穆萨和尔撒。穆斯林相信主的终极的、接受最多信息的先知是穆罕默德。信仰唯一的真主是伊斯兰教最基本的信条。伊斯兰教的其他四功是礼拜、天课、斋戒、朝觐。

星月

一个弯月上面有一颗星星，这在15世纪成为土耳其人的标志。从那时起，它也成为伊斯兰教的标志。在这个标志中，清真言组成了月亮的形状，而“以普慈特慈真主之名”组成了星星的形状。

清真言

穆斯林的信仰誓词中最关键的部分是清真言。它的意思是：“除真主外，再没有主，穆罕默德是真主的使者。”穆斯林用阿拉伯语“安拉”来称呼真主。他们与基督教徒和犹太教徒崇拜的是一个主。清真言在穆斯林中经常能听到，因为这些话在礼拜时会被不断重复。清真言在一般情况下会在出生或者死去的时候在穆斯林的耳边响起。

起来去礼拜

在穆斯林聚居区，每天能听到五次宣礼，也就是“礼拜”的声音。礼拜的时间为：在太阳露出曙光到太阳完全升起前的时候（晨礼），刚过中午的时候（晌礼），下午晚些的时候（晡礼），日落之后（昏礼），晚间（宵礼）。传统的方式是由宣礼员在塔上呼喊。第一个报告礼拜时刻的人是圣门弟子比莱勒，他是一个被释放的奴隶，他被挑选出来是因为他拥有洪亮的声音。

礼拜

穆斯林在一天中必须按照五个设定的时刻礼拜。这些有规律的礼拜构成了拜功，也就是伊斯兰教的第二项功修。穆斯林们或者单独礼拜，或者成组礼拜。但是在星期五的中午，男性穆斯林被要求聚在一起进行“主麻礼”，或者称为星期五礼拜。星期五的礼拜由伊玛目（意思是站在前面的人）带领。他要给大家讲“卧尔兹”，讲经布道。

在安拉的眼里，所有的团体成员都是平等的，所以他们都要履行相同的大小净和礼拜仪式

准备礼拜

在礼拜之前，一名穆斯林必须要做好准备工作，排除杂念，清洗身体。在通常情况下，做大小净要么用流动的水，要么用清真寺的泉水，要么在家里用壶和脸盆。在没有水的地方，例如沙漠地区，穆斯林可以用沙子和石头来做代净。

指示麦加方向

因为穆斯林礼拜的时候要面向麦加的克尔白天房，他们需要知道朝拜的方向和麦加城的方向。中世纪，人们制作出了能够指示方向的仪器。在清真寺里，米哈拉布（壁龛）指示着麦加的方向。

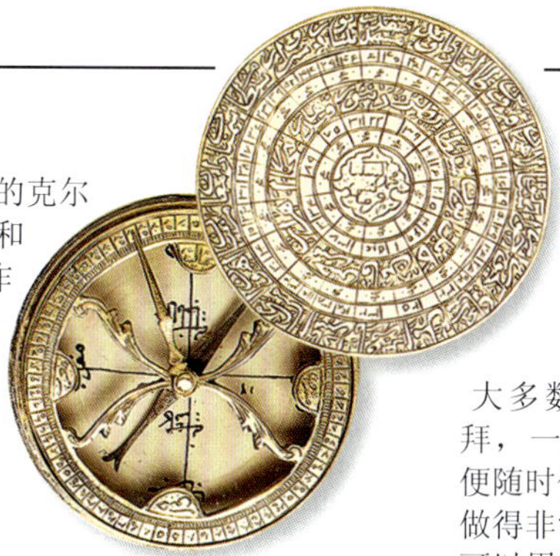

麦加朝向的指示仪

念珠

安拉另有99个美丽的称谓。许多穆斯林的名字来源于这些名称，如阿卜杜勒，意思是真主的仆人。虔诚的穆斯林使用念珠，每念一个尊名时拨动一颗念珠，故通常使用的念珠为99颗珠子。

通常一串念珠有99颗珠子

礼拜用的垫子

大多数穆斯林在垫子上做礼拜，一些人还随身携带它，以便随时使用。礼拜用的垫子常常做得非常精美。从丝毯到芦席都可以用作礼拜的垫子。在没有覆盖物的地面也可以做礼拜，但前提是那里必须是干净的。

伊朗礼拜垫

1. 礼拜开始

这个短语“Allahu Akbar”，意思是真主伟大（超过其他的事物），在礼拜起始阶段使用。然后是赞颂真主、诵读《古兰经》章首“法谛哈”，接着诵读另外几段《古兰经》经文。

2. 鞠躬

当诵读完另外一段《古兰经》后，礼拜者低下头鞠躬，以显示对安拉的尊敬，接下来是“齐亚姆”，即站起来并赞颂安拉。

3. 跪拜

这个姿势是叩头，显示穆斯林的谦卑，礼拜者默念：“崇敬我最高的主，真主至大。”

4. 坐下来

这个姿势是坐下来，为礼拜留下短暂安静的机会，然后重复叩头的动作。

5. 安宁

最后的一个步骤是道“赛俩目”，即道安宁，礼拜的人向右向左看，然后说：“把安宁和真主的慈悯赐予你。”这些话说给所有看得见和看不见的存在。

礼拜的步骤

礼拜要严格按照规定的语言和动作顺序进行。按照顺序做完一组礼拜称为“拉卡”。拉卡是由若干步骤组成的。在礼拜的过程中，这样的拉卡要重复两三次甚至四次，做多少次取决于在五个时刻中的哪个时刻进行的礼拜。

施舍

将救济品（礼物）分配给穷人和有需要的人，这在伊斯兰教中是非常重要的。在所有向穷人施舍的方式中，天课是最正式的，也是伊斯兰教五功之一。一个人按照他财产的一定比例缴纳天课。赋税可以分配给穷人，也可以用来帮助社会中的其他成员。

供应水

除了缴纳天课以外，人们还可以通过各种方式的个人捐赠来帮助社区，为社区提供便利条件。比如这个土耳其伊斯坦布尔的公共饮水处。许多伊斯兰国家位于干旱地区，水的供给很难得到保障，所以捐钱修建公共饮水处是非常有用的。

公共浴室

做大小净在伊斯兰教中是很重要的。在许多伊斯兰国家的城镇里浴室非常常见。浴室的费用是通过捐赠来解决的。一个典型的公共浴室有一个更衣室，屋顶采用穹隆式。更衣室连接着很多不同温度的屋子，在这些屋子中，温度最高的是桑拿屋，洗澡的人在洗澡和按摩之前，先在那里出出汗。

医院

医院设施所需的资金都是
施舍的钱支付的。这个
亮的格子窗属于一家
院，这家医院是用捐
和施舍的钱来建造的。
穆斯林在医学领域
得的成就，要早于西
（见268页）。

金钱或者实物

天课一般缴纳的是钱，但也可以以实物形式捐赠。在这两种形式中，支付的比例最少要占个人财产的2.5%。个人的住宅和重要物品不计算在内，当一个人外出工作后就开始缴纳天课。天课原意是纯净，因为人们认为放弃自己财富的一部分，可以净化剩下的财富。

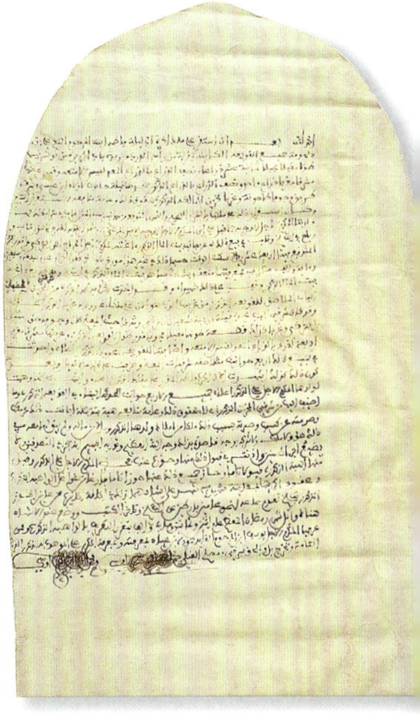

为穷人准备食物

在印度的一部分信奉伊斯兰教的地区，用巨大的烹饪罐子，也称 “德”，准备户外食物。在阿杰米尔，两个德被用来为有需要的人烹饪食物。到此地礼拜的人做慈善的一种方式就是往罐子里放入食物。

持续行善

这一文件详述了一种向国家赠予的善举，这种赠予的形式叫作瓦克夫。一旦赠出，就不能再收回。这些赠予用于清真寺的维修以及修建像医院一样的建筑。

适当的饮食

在莱麦丹月里，当太阳落山，但还有一线光芒时，就可以进食了。食物非常简单，几个蜜枣和水。宵礼过后，是比较正式的晚餐，但也不是特别丰盛，因为穆斯林不主张封斋后吃得过多，适当饮食以消除饥饿感为最佳。所以人们只吃些简单的菜肴，比如蔬菜汤和面包。

快乐的游行

当伟大庄严的莱麦丹月接近尾声时，还会有一场游行活动。这幅插图来自巴格达13世纪的一部书，画中展示的是吹着喇叭和举着旗帜正在行进的游行队伍。

封斋

先知穆罕默德受到《古兰经》的第一个启示是在莱麦丹月获得的。这个月在伊斯兰教中有特殊的意义。在莱麦丹月的每一天，穆斯林从黎明一直到太阳落山都要斋戒（称封斋），停止进食和饮水，也不能发生性行为。虽然封斋是伊斯兰教五功之一，但不是所有人都必须禁食，如病人、怀孕的妇女以及年纪太小的儿童都可以不封斋。

莱麦丹月的信号

许多伊斯兰国家，在莱麦丹月的前一天都有放炮的习俗，表示莱麦丹月开始了。在莱麦丹月里，放炮也用来通知每天封斋的开始和结束。

在莱麦丹月结束的时候

莱麦丹月是以开斋节（见292页）的到来而宣告结束。在这个节日开始的时候，整个社区的居民都聚集在户外礼拜的地点（或者清真寺）举行会礼，庆祝活动持续三天。在此期间，给穷人施舍，朋友之间也互相交换礼物。

朝觐

伊斯兰教五项基本功修的最后一项是朝觐，或称“哈吉”。所有穆斯林都以一生中至少到麦加朝觐一次为目标。朝觐仪式历时数日，涉及很多地方，在麦加的神圣清真寺以及附近的米那、穆扎达利法、阿拉法特山等仪式地都要举行朝觐仪式。在非朝觐季节进入麦加进行短暂的拜谒，称为巡礼。巡礼可以在一年中大朝以外的任意时间举行。

一块克尔白的布幔

克尔白的布幔

克尔白（下图）是一座方形石殿，约有13米高，矗立在麦加大清真寺的中心。这座天房的历史可以追溯到阿丹时期，它被全世界的穆斯林视为最神圣的处所。克尔白被覆以一块绣着《古兰经》经文的布幔。布幔每年都要更换，一块块旧的布幔（左图）被赠送，这些布幔曾经因为挂在克尔白天房而受到特别的尊重。

在克尔白

朝觐者刚进入麦加，就开始巡礼（小朝）。他们环绕克尔白天房七圈，然后在易卜拉欣立足地进行礼拜。为了纪念易卜拉欣之子伊什梅尔的母亲海格尔，朝觐者们饮“渗渗”泉水之后，在萨法和麦尔卧两座小山 之间来回奔走。

指南书

在这部古老的麦加指南书里，详细说明了麦加大清真寺的神圣特征。这幅图显示了敏拜尔（布道说教之处）的台阶，以及一盏悬挂的油灯（见257页）。

哈吉

在完成巡礼后，朝觐者离开麦加，去米那山谷。次日，他们离开米那前往阿拉法特山向真主祈祷，请求饶恕。在回来的路上，他们在穆扎达利法停留下来。晚上，他们利用一部分休息的时间进行礼拜，并且在回到米那山谷前收集小石子。第三天，他们朝三个石柱中最大的那个投掷七颗小石子，这个石柱代表着魔鬼的引诱。在接下来的两天里，朝觐者继续在米那山谷停留，继续向石柱投掷小石子。随后，他们便宰牲。然后修剪头发或剃发，沐浴，最后回到麦加环绕克尔白走七圈，以表示新气象。

引自《古兰经》的一段经文，意思是：凡能旅行到天房的，人人都有为真主而朝觐天房的义务

瓷砖上的麦加大清真寺平面图，用阿拉伯语说就是“麦斯吉德·哈拉姆”（麦加禁寺）

伊斯兰戒衣

朝圣者在大朝或小朝时必须进入的圣洁状态，称为受戒。这种状态通过清洁和宣读意旨来达到。男性穆斯林需着两大片未缝制的白布戒衣来表示受戒。

通向麦加之路

这幅13世纪的图显示的是一组富裕的朝圣者的彩色帐篷。他们在前往麦加的路上，还没有穿戒衣。今天朝觐者依然使用帐篷，在朝觐期间，环绕米那山布满了数以千计的纯白色的帐篷。在他们停留期间，朝觐者通常还要访问在麦地那的圣寺。

朝觐者的房子

一些地方有这样的传统，朝觐者回家后通过装饰房屋外墙来纪念他们的旅程。这幅图展示的是一座埃及的民居，外墙上画了一架飞机，表示朝觐者乘坐着飞机到达沙特、克尔白和麦加禁寺，朝觐者还穿着戒衣。

黑石

传说克尔白最初是阿丹建立的。阿丹被穆斯林看作人类之父、第一位先知。易卜拉欣和他的儿子伊什梅尔重建了克尔白。在克尔白天房的一角有一块黑石，它是一块陨石，据说克尔白建立之初被阿丹使用过。黑石曾经遗失过，被易卜拉欣发现后放置在现在的位置上。

清真寺

学习的中心

许多大型的清真寺都有图书馆，那里收藏有很多关于宗教的书籍，其中包括伊斯兰法典。此外，清真寺普遍都有附属学校，在那里孩子学习和诵读《古兰经》。

清真寺是为做礼拜的人修建的，每天都向礼拜者开放，满足所有的祈祷方式。此外，清真寺在穆斯林社区还履行着其他的功能。它提供了一个宗教议事的场所，在那里可以进行宗教教育和慈善活动。大部分清真寺服务于当地，并且成为当地的精神中心。即使这些清真寺得到了富人的捐赠和资金支持，它们也要由当地人来修建和管理。此外，每个城镇都有一个大清真寺，主麻日（星期五）的聚礼就在那里举行。

清真寺内部结构

清真寺在建筑设计上没有统一的标准，从简单朴素的房屋到巨大华丽的建筑群，存在很大差异。清真寺最主要的功能是为穆斯林社区居民提供礼拜的场所，并指示出麦加的方向。但是无论进入哪个清真寺，在行为和穿着上人们都必须严格遵守同一标准：在进殿前必须脱掉鞋子，盖住头。有一些清真寺还为妇女保留了一些专属区域。

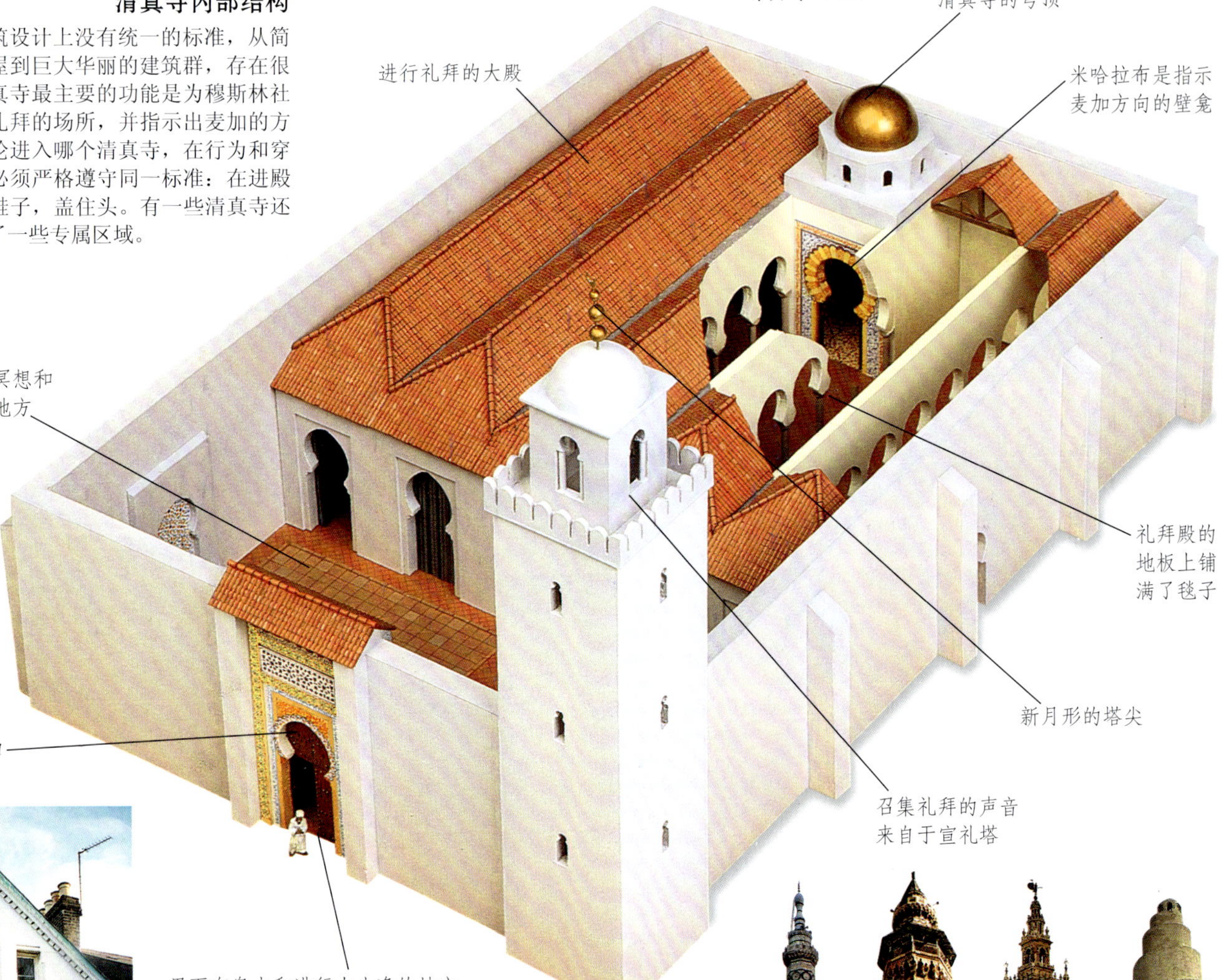

英格兰清真寺

清真寺的建造常常体现出当地的建筑风格，像这座英国城市中的清真寺。

不同样式的宣礼塔

宣礼塔是清真寺里的最高点，宣礼员从那里召集人们参加每日五次的礼拜（见250页）。宣礼塔的建筑外形多种多样——有的装饰繁复，有的简单朴素；有的是正方形，有的是多角形，有的是圆形；有的是细长的，还有的是筒状的。

大马士革革希南清真寺的宣礼塔

叙利亚萨利希耶清真寺的宣礼塔

西班牙希拉尔达清真寺的宣礼塔

伊拉克萨马拉清真寺的宣礼塔

敏拜尔

在星期五聚礼日中信徒聆听呼图白（讲道）。伊玛目坐在有台阶的讲坛——敏拜尔上布道。有一些保存上千年的敏拜尔被镶嵌物和雕刻装饰得非常漂亮。

油灯

清真寺传统的照明方式是使用油灯。这些大型悬挂着的油灯被装饰得金碧辉煌，像这个铜灯用黄金和白银包裹，通过反射光而显得更加明亮。那些去施舍的人经常为他们的清真寺提供油灯钱，以此作为要缴纳的天课。

15世纪清真寺的油灯

土耳其塞利米耶清真寺的塔尖

精美的瓷砖装饰

伊斯坦布尔蓝色清真寺

1453年，奥斯曼帝国占领了君士坦丁堡（今土耳其伊斯坦布尔）。那里的基督教堂装饰得很奢华，屋顶是穹顶结构。奥斯曼帝国的建筑师采用类似的风格建造清真寺。苏丹艾哈迈德清真寺是世界最大的清真寺之一，因为内部的瓷砖是蓝色的，所以称蓝色清真寺。

悉尼清真寺

最早到达澳大利亚的穆斯林是阿富汗和旁遮普赶骆驼的人，到达的时间是在1867～1918年。他们为澳大利亚提供了基本的内陆运输服务。更多的穆斯林是20世纪时到达的。

非洲清真寺

最早的清真寺设计非常简单，像这座非洲16世纪的清真寺。穹顶和复杂的装饰是后来才发展起来的。然而清真寺的主要属性不是象征意义，它最重要的功能是提供集中礼拜的场所。

清真寺的装饰

随着穆斯林的日益兴盛，他们为信仰捐赠出了更多的财富。一些清真寺因此被装饰得很奢华，像这座被瓷砖装饰塔尖的土耳其宣礼塔。另外，为礼拜大殿捐赠地毯是另一种人们喜爱的捐赠方式。

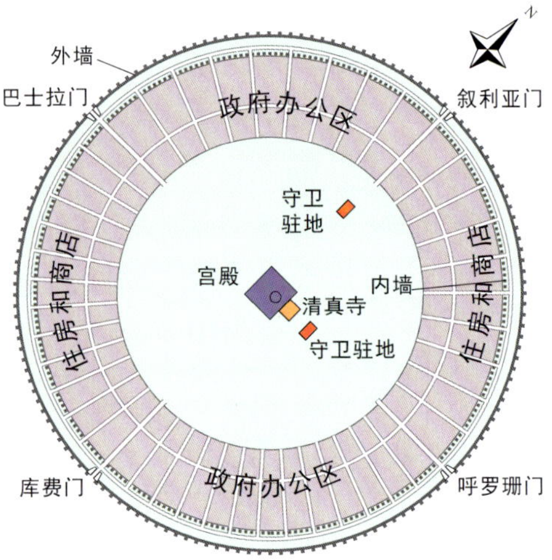

哈里发

632年，先知穆罕默德病逝，但没有明确他的继承者，于是一些杰出的穆斯林就聚在一起选举领导人。他们选择了艾卜·伯克尔，授予他“哈里发”的头衔，意思是继任者或者总督。但一些人认为合法的继承者是先知的堂弟阿里，他娶了先知的女儿法蒂玛。这些推举阿里做哈里发的人后来称为什叶派。在656年，阿里成为哈里发，但是穆斯林仍然因哈里发继承人如何选择的问题而陷入分裂。伊斯兰教的多数派——逊尼派主张通过选举产生哈里发，而什叶派则认为哈里发应该由阿里和法蒂玛的后代来继承。

圆形的城市——巴格达

伊斯兰教最早的王朝是倭马亚王朝，王朝的统治中心设在叙利亚的大马士革。749年，倭马亚王朝被阿拔斯王朝所取代。阿拔斯王朝统治长达500余年，首都设在伊拉克的巴格达。这座城市兴建于763年，城市被设计成一个巨大的圆形，城门组成的点构成罗盘上的指南针，整个城市形状像一幅宇宙图。

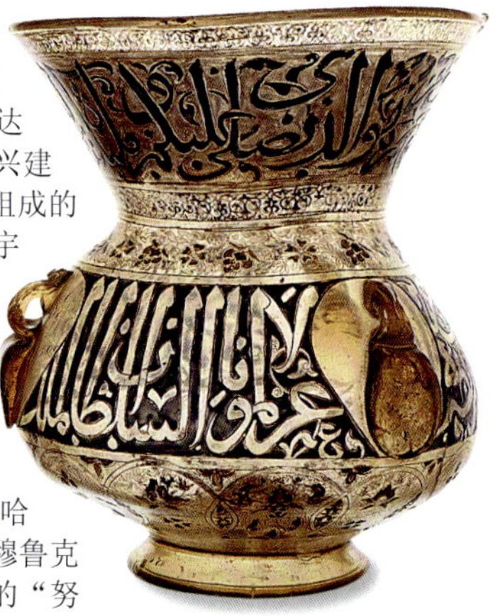

哈里发的角色

哈里发是全世界伊斯兰国家的统治者。他以符合伊斯兰教教义为宗旨管理和领导军队。他赋予穆斯林领导人在各自管辖的领域内拥有绝对的权力。举例来说，马穆鲁克哈里发统治埃及直到16世纪，这盏油灯就是马穆鲁克清真寺的。这样的油灯通常用《古兰经》中的“努尔”（光明）章的经文书法来装饰（右图）。

“真主是天地的光明，他的光明像一座灯塔。”

《古兰经》“努尔”（光明）章

最早的四位哈里发

艾卜·伯克尔、欧麦尔、奥斯曼和阿里是最早的四位哈里发，受到穆斯林极大的尊崇。作为先知最亲密的伙伴，他们遵从他的圣训，因此，他们四人被称为“正统哈里发”。

早期的哈里发

在伊斯兰教中，任何生物的造物者都是被否定的，因为他们相信只有安拉拥有造物的神圣权力。然而这幅早期的哈里发像采用的是伊斯兰教出现以前波斯硬币的风格。

哈里发的礼物

一些统治者非常富有，像8世纪的哈里发哈伦·拉希德，他与统治西欧广阔领土的法兰克国王查理曼交换礼物，他送给查理曼的礼物是这个珠宝壶连同一头大象。

重复书法题字

伊斯兰纺织品

有的哈里发向朝臣、大使、海外的统治者赐予编织有书法的纺织品或者长袍。特别要说明的是，这是开罗什叶派法蒂玛王朝的习惯（他宣称是阿里和法蒂玛的后代）。衣服上印有哈里发的名字、伊斯兰教的礼拜辞、诗句，是非常珍贵的。

这段书法为：安拉、穆罕默德、法蒂玛、阿里、哈桑、侯赛因

十叶派的旗帜

80年，倭马亚王朝哈里发的军队在卡尔巴拉杀死了阿里和法蒂玛的儿子侯赛因。在战斗开始之前，什叶派选定了军队的旗帜，战旗成为军队进攻的标志。这场战争使得什叶派和逊尼派穆斯林的分歧加大。今天，大约有十分之一的穆斯林是什叶派。

满载礼物

保护圣城麦加和麦地那以及那里的朝觐者是哈里发的职责之一。朝圣者通常带着满载礼品的驼队一同前往圣地。

题字为“安拉独一”

倭马亚硬币

阿卜杜·马利克是倭马亚王朝的一位哈里发，在他统治叙利亚大马士革期间铸造了这种货币。倭马亚王朝被阿拔斯王朝打败之后，倭马亚王朝旁支的哈里发在西班牙统治穆斯林在西方的土地。

阿塔图尔克

最后的哈里发是土耳其奥斯曼帝国的统治者。1923年，土耳其的第一任总统凯末尔·阿塔图尔克执掌政权后，他决定在他的国家实现现代化。1924年，他废除了哈里发制度。

最初的征服

最早的三个哈里发（艾卜·伯克尔、欧麦尔、奥斯曼）时期快速扩张了他们的领土，最终建立了一个从阿拉伯半岛一直延伸到西班牙的大帝国。其中的大部分领土是靠军事征服来获得的。但有些地区则是通过当地统治者与哈里发结成联盟以和平方式获得的。生活在这些区域信仰其他宗教的人们，像犹太人、基督徒以及琐罗亚斯德教的教徒，称作“受保护者”，他们通过缴纳赋税而获得保护。后来其他地区的人，包括西印度的印度教徒也变成了“受保护者”。

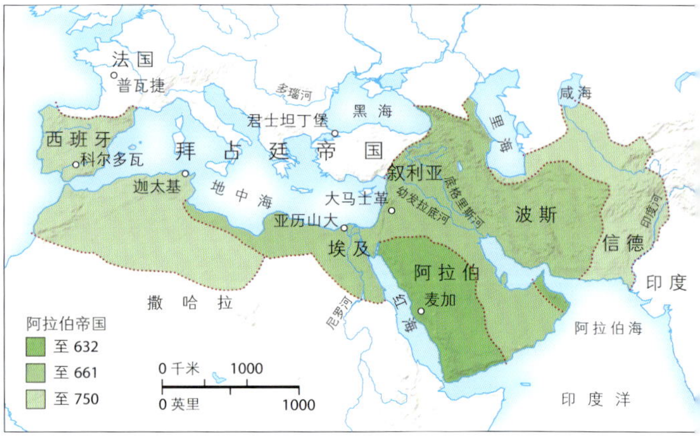

扩张的帝国

在656年奥斯曼统治结束时，阿拉伯帝国版图包括了阿拉伯、巴勒斯坦、叙利亚、埃及、利比亚、伊拉克、波斯（今伊朗）大部分地区和信德（今巴基斯坦）。倭马亚王朝（661～750）将领土扩张到了北非的其他地区和西班牙，并将东部边境线继续向东推进。

耶路撒冷地图

这幅马赛克地图显示的是6世纪的耶路撒冷。638年的耶路撒冷，正是哈里发欧麦尔统治期间，穆斯林征服了这座城市，就像图中显示的样子一样。许多世纪以来，这座城市的穆斯林统治者管理着耶路撒冷，他们对犹太人和基督徒在这里生活并且将耶路撒冷作为圣城采取了宽容的态度。

直布罗陀巨岩

711年，穆斯林军队在柏柏尔人塔里克（一位曾经的奴隶）的指挥下登陆西班牙，首次到达直布罗陀巨岩。“直布罗陀”的名称就来源于它名字的阿拉伯语，意思是“塔里克之山”。715年，穆斯林军队已经占据了西班牙的大片领土，他们主要定居在南部。不久他们的军队又进入了法国。

大马士革清真寺

在倭马亚王朝的统治之下，叙利亚的城市大马士革成为伊斯兰帝国的首都。倭马亚人在8世纪早期修建了这座雄伟的清真寺。

清真寺内的装饰

阿拉伯国家到处都建有清真寺，而且很多修建得非常奢华。这个大马士革大清真寺大门上方的拱形装饰，表现了穆斯林石匠拼贴大理石和镶嵌石头马赛克的精湛工艺。

迦太基遗迹

辉煌的北非城市迦太基，最初是腓尼基人的故乡。在它成为基督教拜占廷帝国的海外殖民地以前，曾短暂地被罗马人统治。697～698年，很多人在战争中丧失了生命，之后，迦太基向穆斯林军队投降。生活在那里的原住民柏柏尔人很快接受了伊斯兰教，并且参加了穆斯林西进的军队。

迦太基的古罗马凯旋门

法兰克王国宫相查理·马特

8世纪，西欧的大片领土被日耳曼人称为法兰克王国宫相的查理·马特统治。732年，伊斯兰帝国已经扩展到法国西北部。查理在法国的图卢兹和普瓦提埃之间打败了穆斯林军队，划清了伊斯兰帝国西北方向的国界。五年后，他又把穆斯林驱逐出法国的南部地区。

出征

这是一幅早期的绘画手稿，图画显示了穆斯林士兵在他们的营帐附近集合的情景。这些士兵非常有战斗力，并且纪律严明，使得当时的西欧很恐惧。他们征战远至法国，征服了朗格多克和勃艮第地区。

战旗

1212年，西班牙经历了纳瓦斯-德托洛萨战役。战役在穆斯林在当地建立的阿尔摩哈德王朝和基督教军队之间展开。跟随着这面战旗征战的阿尔摩哈德人被打败了，穆斯林在西班牙的势力开始被削弱。

学者和教育

爱资哈尔大学

开罗的爱资哈尔大学成立于10世纪，它是世界著名的伊斯兰大学。这所大学在哲学和神学领域获得了辉煌的成就，而这所大学名字的含义就是“辉煌”。爱资哈尔大学有很多学院传统，像划分大学毕业生和肄业生，就是始于爱资哈尔大学。

学习在伊斯兰世界一直发挥着重要作用。伊斯兰教有一套儿童在伊斯兰学校里学习记忆和诵读《古兰经》的教育体系。当他们已经掌握了这些知识之后，要到更高一级的学校即“马德拉沙”继续学习，之后进一步的学习研究可以在大学里进行。从最早期的教育开始，穆斯林的教育主体是以宗教为基础，在高等教育阶段培养从数学到诗歌各个领域的学者。

阿维森

学者阿维森纳（980～1037），阿拉
语名是伊本·西纳。阿维森纳撰写了
多医学和哲学方面的重要著作，他在
两个领域里发展了古希腊的成就。

在开罗的马德拉沙

“马德拉沙”是阿拉伯语，指设有法律、历史、数学、逻辑学等课程的学校。马德拉沙建筑格局通常是一个庭院，院子内四周建有用于教学的大厅和一些供学生使用的小房子。

地球仪

13世纪，穆斯林学者已经掌握了很多天文学知识（见267页）。他们制作了天体地球仪，用来确定恒星在天空中的位置。

学者的墓

人们通过建造大型陵墓来纪念著名学者。这座使人印象深刻的双塔尖坟墓位于阿曼佐法尔附近，里面安葬的是14世纪来自也门的一位著名学者——本·阿里。

图书馆的藏书

一些大城市逐渐形成学习中心，像伊拉克的巴格达和叙利亚的大马士革。这些学习中心图书馆的藏书量甚至超过了西方城市或者西方大学的藏书量。

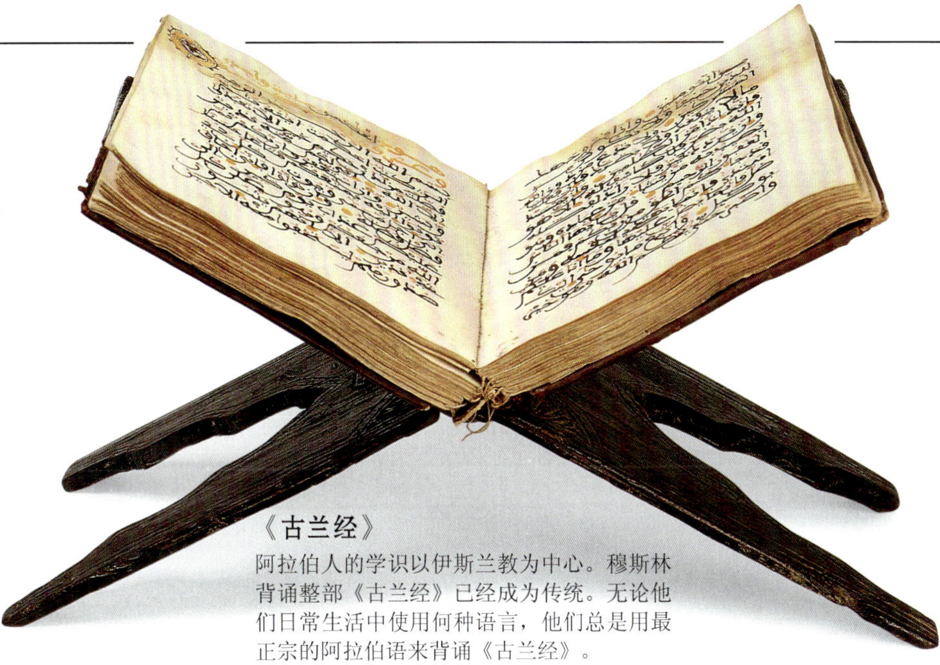

《古兰经》

阿拉伯人的学识以伊斯兰教为中心。穆斯林背诵整部《古兰经》已经成为传统。无论他们日常生活中使用何种语言，他们总是用最正宗的阿拉伯语来背诵《古兰经》。

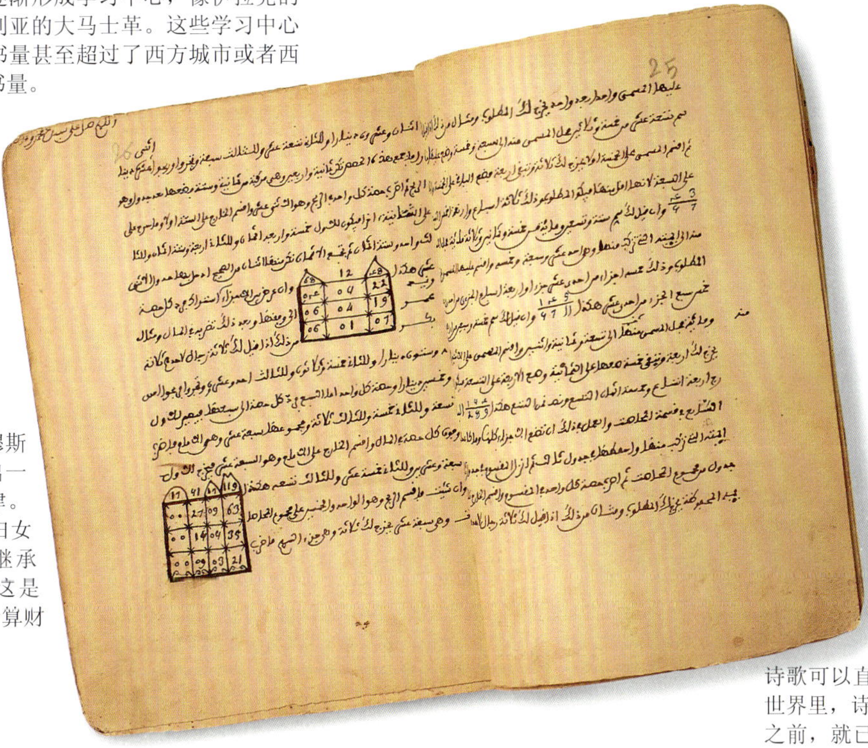

法律书籍

从很早开始，穆斯林学者就制定出一些很严密的法律。比如，穆斯林妇女对财产拥有和继承方面的规定。这是一部关于如何计算财产继承的书籍。

毛拉

“毛拉”是伊斯兰教对研究宗教的人的称谓。大多数的毛拉都接受过正式的宗教培训，但毛拉这个头衔只授予一些在宗教学术上有成就的人。

诗歌朗诵

诗歌可以直接背诵，也可以配上音乐朗诵。在阿拉伯世界里，诗歌在先知穆罕默德出现之前，就已经被人们重视，今天仍在流行。诗歌内容除了宗教题材外，常见的主题都是关于爱情和政治方面的。

玛瑙墨水瓶

法是非常重要而且备受尊敬的艺术。大数书写用具都很简单，但有些制作得非精细，比如这个19世纪的墨水瓶。

书写

对于穆斯林来说，写字是所有技能中最重要的一项。因为穆斯林相信《古兰经》记录着安拉的意旨，抄写时必须准确，并尽可能书写得工整漂亮。许多穆斯林因此练习书法，希望写出更具艺术性的字。书法不仅仅出现在书本上，也出现在雄伟的建筑物以及其他物品上，作为装饰并且承载意义。

早期的学习者

这幅插图来自16世纪波斯文本。画上显示两个孩子正在《古兰经》学校里学习。在这里他们将接受对年轻穆斯林的传统教育，学习读、写和背诵《古兰经》的经文。

正在上课的学生

一些穆斯林儿童就像这些乌兹别克斯坦的学生一样，要进入传统的《古兰经》学校学习。在许多地方，现代教育方式作为主要教育类型已经替代了传统的教育模式。不过孩子们可以同时到两种类型的学校学习。

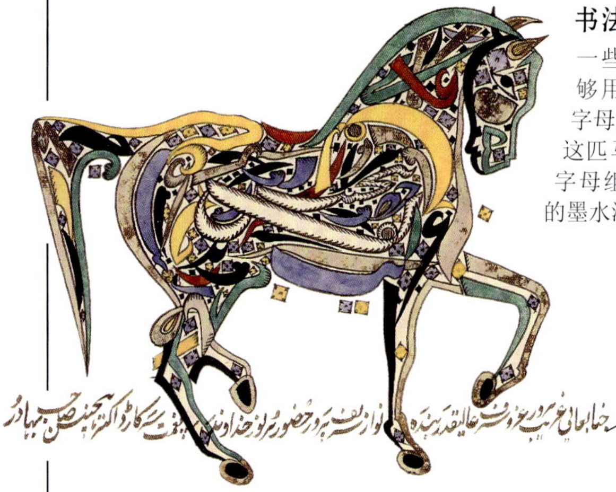

书法绘画

一些穆斯林书法家能够用曲线形的阿拉伯字母绘制出美丽的画。这匹马完全是用阿拉伯字母组成的，并以彩色的墨水添色。

用易读的形式书写的铭文

石刻书法装饰带

书法也被用来装饰伊斯兰建筑。在土耳其科尼亚的一所马德拉沙，大门的周围雕刻着用书法组成的条幅形图案，图案在大门上方相互交叉，就像两条打结的带子一样。

马格里布连体字是一种伊斯兰流行字体

用动物毛制成的用于写大字的毛笔

钢笔和墨水

早期的书法家使用由芦苇制成的笔（左图）。笔尖是用小刀削成的，黑墨水是用煤灰加一点水调制而成。

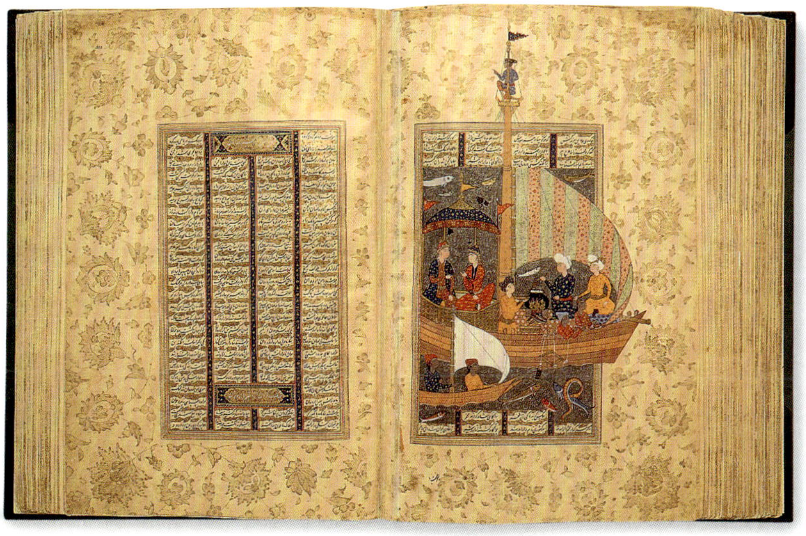

墨水池

这是伊朗16世纪的墨水池。墨水池的上下边有两条书法装饰。这种精美的装饰意在鼓励使用者写出美丽优雅的文字。

国王的书

这是伊朗的一部史诗。文字使用了一种叫“纳斯塔利克”的波斯字体。这种字体弧线修长，看起来像鸟的羽翼。

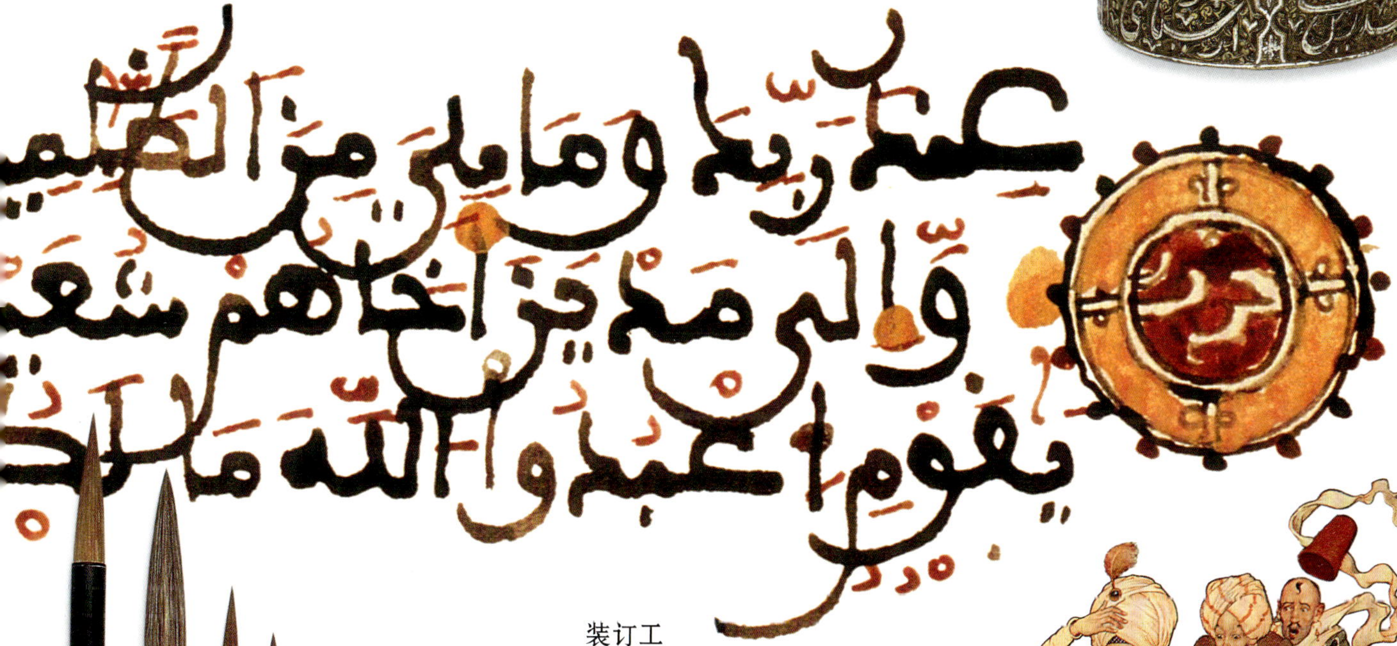

装订工

一位印度工匠将很多散页收集起来，并装订在一起。由于保存《古兰经》副本的需要，装订成为非常重要的手艺。

用动物毛制成的用于写小字的毛笔

粗笔产生的效果

许多书法都是用硬笔和墨水书写的，而用动物毛制作的毛笔是另一种适用于写粗线条字体的书写工具，也是给黑色轮廓中间上颜色的工具。这些毛笔是用山羊和狼的毛制成的。

《天方夜谭》

《一千零一夜》又译《天方夜谭》，是一部阿拉伯民间故事集。据说这是国王山鲁亚尔的妻子山鲁佐德每晚讲给国王听的故事。这些神奇的、充满了惊险的故事至今仍然令读者喜欢。

传播知识

伊斯兰教的学术研究不仅仅停留在《古兰经》上。穆斯林学者都知道一句名言："探寻知识，即使远在中国。"中世纪，在众多领域里，都出现了很多著名的穆斯林学者，从天文学到数学，从医学到自然科学，并且在大多数领域，他们的观点都处于世界最先进的地位。穆斯林学者的很多知识都来源于古代世界。他们翻译古希腊学者的著作，整理保存那些已经丢失或者被遗忘的信息。穆斯林学者基于这些知识构建自己的理论著作，仔细地记录着他们所有的发现。

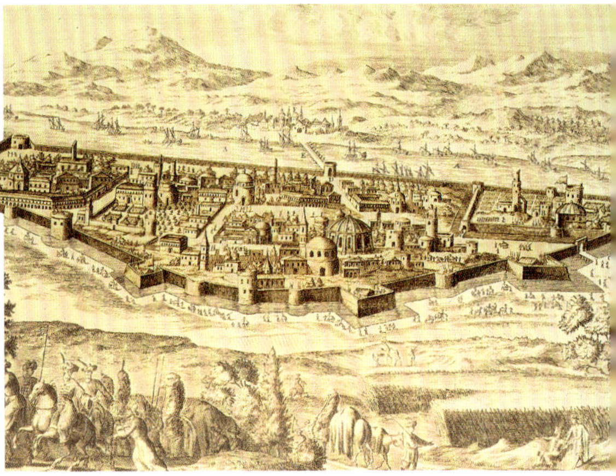

巴格达

在阿拔斯王朝统治时期，巴格达——这座被城墙围起来的城市成为重要的学习中心，这里拥有大学和许多学校。在786～809年哈里发哈伦·拉希德统治期间，这座城市的发展达到了顶峰，这一时期巴格达成为伊斯兰世界的智慧中心。

马蹄形的拱门，西班牙安达卢西亚的科尔多瓦

建筑风格

无论信仰伊斯兰教的人们在哪里定居，定居多长时间，他们的建筑都具有伊斯兰特有的风格。这些建筑通常外部简单素朴，内部则隐藏着奢华的装饰。建筑内部通常采用几何图案和书法来装饰。这个马蹄形的拱门非常流行，因为它的造型很优美，并且能抵挡拉力和压力。

伊德里希绘制的地图，表现的是他所认识的12世纪世界的形

不像现在的西方地图，这幅地图的南方在顶部，而北方在底部

伊德里希

阿拉伯作家、旅行家伊德里
（1099～1180）
生在摩洛哥的休达，但是他的一生主要为
西里诺曼王——罗杰二世
作。他将掌握的资料为罗杰二世
制了这幅世界地图，他还撰写了一部地理学著作，在书中描绘出赤道以北的区域。

灌溉技术

因为伊斯兰教的大部分地区都是缺水地区，于是发明者利用他们的技能建造了灌溉设施。而这些简单的灌溉设施连接成为远程的灌溉系统，像图中用驴拉轴产生动力转动水舀设备，是伊朗一条灌溉水渠中的一处。水渠建在地下以减少水的蒸发，这些水渠称为坎儿井。一些水渠长达19千米。

天文学

天文学对于穆斯林是非常重要的，因为它可以确定麦加的方向，以使人们知道礼拜时的朝向，也可以帮助人们确定祈祷的时间。所以伊斯兰天文学成为高度发达的领域。伊斯兰天文学家发明了越来越先进的天文测量装置，画出精确的图表以显示行星运动的方位，制成准确的日历。直到今天我们仍然受到这些科学家的影响，一些星星的名字就起源于阿拉伯语。

斋浦尔天文台

印度斋浦尔天文台修建于18世纪。它的许多仪器都是由石头制成的。这些仪器包括巨大的弧形四分仪，天文学家用它来测算行星穿越天空时的高度。斋浦尔的天文学家获得了很大的成功，因为他们从阿拉伯世界和早期的印度科学家那里汲取了知识。

伊斯坦布尔天文台

1575年，奥斯曼帝国正处于鼎盛时期，天文学家塔奇阿图丁在格莱特（今土耳其伊斯坦布尔的一部分）创建了天文台。这幅画描绘了这一时期天文学家和他们使用的设备。这些设备包括地球仪、计算时间用的沙瓶、绘图工具、各种调节观测装置。

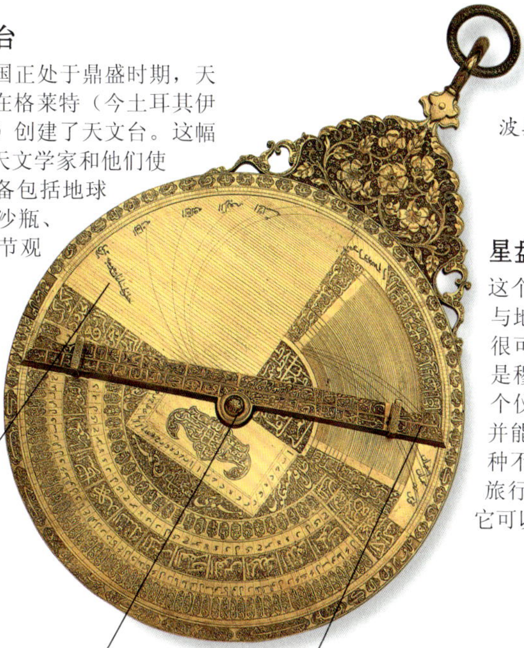

波斯的星盘

刻度显示了不同星星的位置

中轴

带有指针的旋臂

星盘

这个星盘是测量恒星或者行星与地球距离、方位的仪器。它很可能是古希腊人发明的，但是穆斯林学者和技师改进了这个仪器装置，使它更为精确，并能搜集更多的数据来显示多种不同恒星的位置。星盘对于旅行者非常有用，因为在海上它可以确定旅行者的方位。

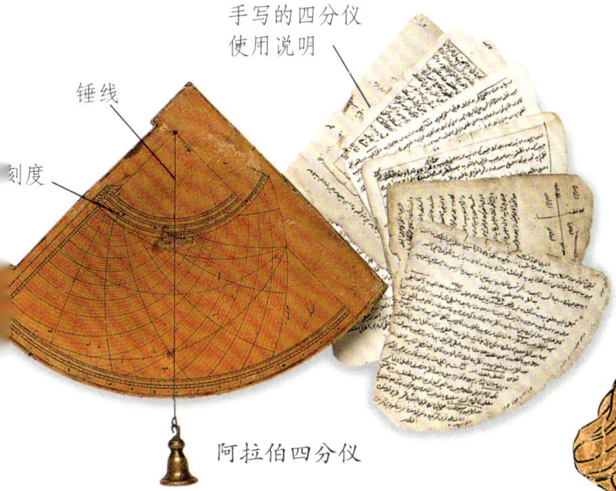

手写的四分仪使用说明

锤线

刻度

阿拉伯四分仪

天文学课程

这组学者正在观看他们的老师演示星盘。有许多天文台都有这样的课程。这些天文观测中心在9世纪哈里发马蒙统治期间迅速扩展。马蒙在巴格达建立了学术中心，其中包括一个天文台，他要求那里的科学家必须绘制出更为准确的天文图表。

四分仪

这是一个测量星星到地球距离的最简单的装置。它是一个四分之一圆形的架子，在框架的弧线上有刻度，并且悬挂一条锤线。使用的人通过架子的孔来观测星星。这颗星的高度就显示在锤线所接触的那一点的刻度。

医学

早期的伊斯兰医疗技术在当时处于世界高度发达水平，医生们已经能够诊断和治疗很多疾病。不仅如此，他们对解剖学、婴儿护理、公共卫生甚至精神病学都有很深的了解，这些知识在今天仍然是非常有价值的。伊斯兰教注重医学的传授，当时的学生们要跋涉数千千米到巴格达著名的医学中心爱杜迪医院学习。

《医典》的扉页

《医典》

《医典》是学者阿维森纳最有影响的著作（见262页）。《医典》中的大部分内容是依据古希腊医学家的医学理论撰写的。这部巨著涵盖了解剖学、保健学等基本科目，描述了各种疾病和损伤，还介绍了几百种不同的药物。

药剂师

伊斯兰世界产生了最早掌握高技术的、经过特别培训的药剂师。他们自己制作药品，并且与医生密切合作。9世纪早期，独立的个体药房在巴格达开业，亚洲与非洲之间繁荣的贸易给这里带来了很多草本植物和香料。药房很快也在其他城市出现了。

饰有狮子头的象牙刀柄

18世纪的手术刀

饰有山羊头的金属刀柄

外科手术

10世纪伟大的外科医生宰赫拉威来自安达卢西亚，著有一部描述如何治疗外伤、接断骨以及拔出中箭人身上的箭等手术操作的书。不是所有手术都很疼的，因为穆斯林外科医生最早采用了麻醉技术。宰赫拉威设计了多种外科手术器械，类似的这些器械已经被使用了数百年。

解剖刀

刀片折叠进刀柄为的是安全

剪刀

可折叠手把

放血

像古希腊人一样，穆斯林医生也认为给病人放血能够治疗很多疾病。虽然这种做法现在看上去并没有什么道理，但是早期的穆斯林医生对血液已经有了很多的了解，知道它是如何流遍全身的。13世纪埃及作家伊本·安那菲斯写了一部关于血液循环的书，这个发现早于欧洲约400年。

草药

古希腊的外科医生迪奥斯科里斯撰写了一部著名的草药百科全书，该书被翻译成阿拉伯语。它由五部书组成，书中对所有用于制作药物和配剂的草药、香料的茎、叶、种子进行了详尽描述。这页选自迪奥斯科里斯著作的10世纪阿拉伯译本，此页展示了一种作为染料广泛应用于阿拉伯世界的植物——指甲花。

储藏

许多的药物是用新鲜的草药制成的，但是这些草药不是一年中随时都可以找得到。因此草药师把叶子、种子和植物的其他部分晒干，这样它们就可以在一年的任何时候使用。草药贮存在玻璃罐或者陶器罐里，通常用软木塞封住瓶口。

深色有利于避光

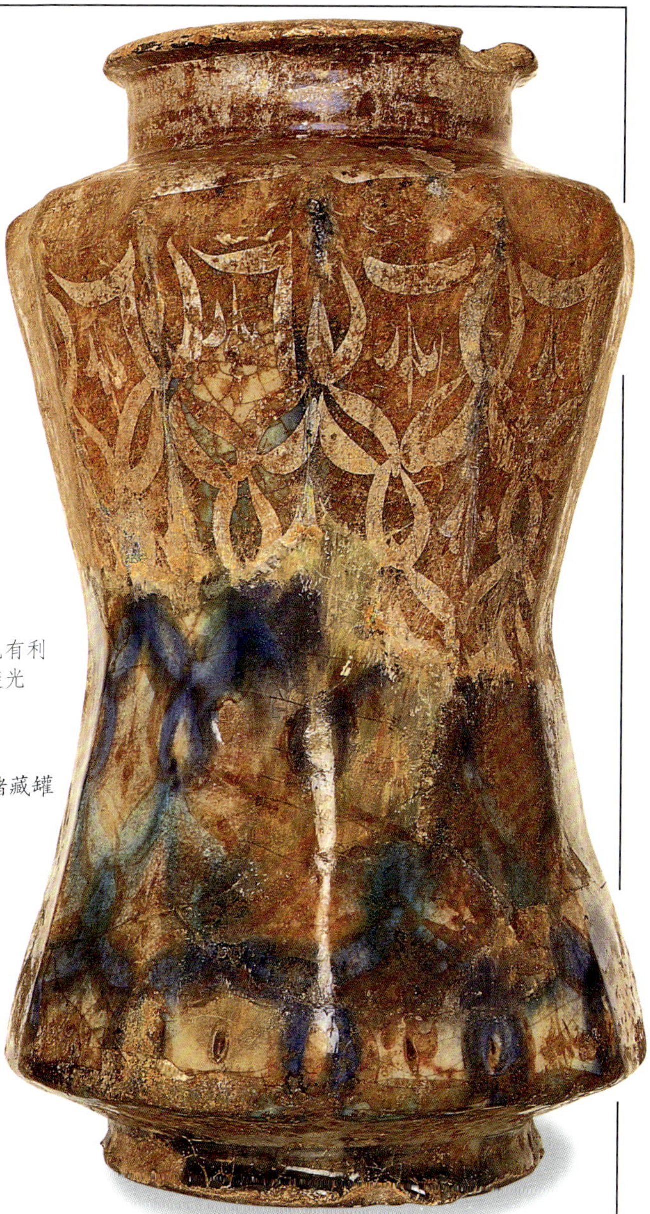

陶制储藏罐

锐利的刀锋便于刺入、割开皮肤

圆形的底部便于搅拌

杵和研钵

准备充分

药剂师和医生经常使用杵和研钵来磨碎配料制作药物。他们在配制过程中非常小心，通常是依据标准的教科书，比如11世纪的《药物处方集》，书中描述了许多不同的处方药物配制。

数学

现代数学可能是穆斯林学者创造的。这是因为在巴格达的数学家从古希腊和印度汲取了思想，同时也贡献了自己的智慧。除了研究计算和几何科目外，他们还建立了代数学。“代数学”一词出自于阿拉伯语“还原”一词，这个词来源于一部论述方程式解法的著作。

阿拉伯数字

我们现在使用的数字起源于印度。印度人使用位值（根据数字所处的位置，赋予一个数字一个意义）和零，当时的西方对此还一无所知。数字的发明，使得运算比过去更加容易。6世纪印度开始应用这种运算方式。穆斯林在9世纪获得了这些方法，欧洲在12世纪可能通过翻译阿拉伯数学著作知道了这种发明。

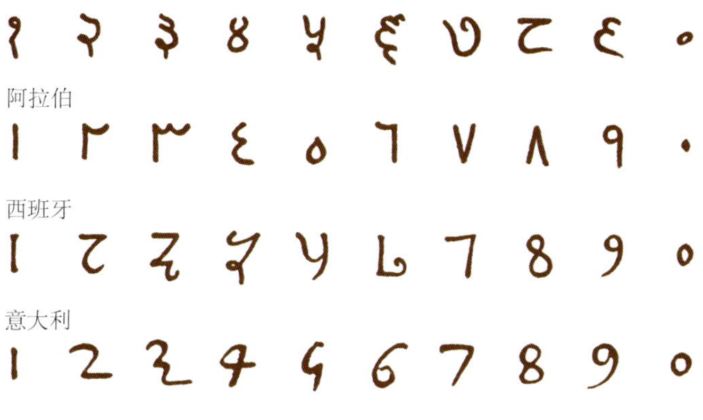

游牧和定居

绿洲

地底深处的水源涌出地表形成绿洲，也就是沙漠中间的小块绿地。人们能够在那里定居并种植农作物，比如椰枣树。绿洲也为那些在沙漠中行进的人们提供了生死攸关的水源。

随着伊斯兰教的传播，很多有着不同生活方式的人们建立起相同的信仰。一些游牧民族生活在帐篷里，从一个地方到另一个地方不断地迁移，为的是给他们的牲畜寻找到新的牧场。另一些人过着定居的生活，他们有的定居在绿洲里的小村庄，有的住在喧嚣的大城市里。但即使定居在城市里的人也经常迁徙，因为许多人是商人，他们带着骆驼商队穿越沙漠，从一个集市到另一个集市。过着游牧生活和定居生活的人们以此带动了伊斯兰教在亚洲和北非的传播。

门槛

按照伊斯兰教的传统，门是内部私人空间和外面公共世界的分界线。门上常被饰以美丽的雕刻和绘画图案。

居住在高层建筑里

在若干世纪里，也门一直是繁荣的阿拉伯地区之一。这个地区是人们从红海进行水路运输贸易获得财富最理想的地点，由此形成了像这样有着漂亮高层建筑的城市。城市里繁忙的贸易往来使得人们的思想也相互交融，也门成为伊斯兰教的两大分支——逊尼派和什叶派创立之地。

贸易地点

从北非的丹吉尔到阿拉伯半岛的马斯喀特，大部分伊斯兰城市都有一些市场，那里形成了所有伊斯兰世界商人聚集的场所。很多人来到这里进行贸易，这里有游牧的牧民、定居的农民，以及手工艺者，还有远近的商人。这些聚集的人群使得市场成为伊斯兰教传播的第一站。

拉索、木桩支撑着这个帐篷

骑手和骆驼

骆驼是理想的沙漠运输工具，因为它能够靠消耗驼峰里的脂肪，不吃不喝行进很多天。在这只骆驼的羊皮鞍毯下面搭载着饰有流苏的鞍囊。这个骑手穿着传统的贝都因服装——一件长长的白色长袍外披着没有袖子的斗篷，戴着一条用两个毛线圈固定的头巾。这套服装保护他不受日晒风吹。

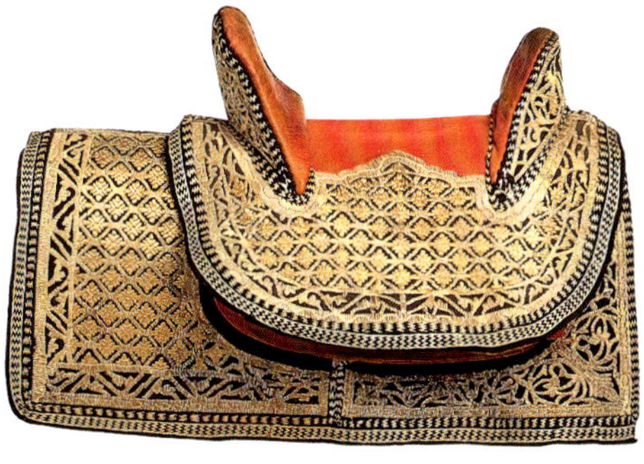

高级马鞍

马匹对阿拉伯人一直是非常重要的，特别是那些过着游牧生活的人们。阿拉伯马今天仍然被认为是很值钱的。使用这种鞍布的马鞍被用于最好的阿拉伯马。

蒙古人的生活

中亚的蒙古人是游牧民族，他们习惯住在叫作“蒙古包”的圆形帐篷里。在13～14世纪征服了伊斯兰的土地后，许多蒙古人成为了穆斯林。

贝都因人的帐篷

阿拉伯和北非的贝都因人是沙漠定居者，他们过着放牧骆驼的传统游牧生活。他们是最早一批信仰并传播伊斯兰教的人。一些贝都因人现在依然居住在长长的低矮帐篷里，尽管基本上已经没有人从事游牧活动了。

伊斯兰文化

伊斯兰教迅速建立起自己的文化发展模式，并在各种不同的文化体系中形成了独特的表现方式，使其在帝国内更加兴盛繁荣。有一条著名的圣训（伊斯兰教语）：“安拉是美的，并且喜欢美。”美是如此重要，因而视觉艺术像建筑、书法、绘画、纺织品、金属制品以及陶器在伊斯兰世界都受到格外重视。伊斯兰艺术一个突出的特点是装饰中普遍使用图案，这是受到他们酷爱的几何学的启发。诗歌和音乐也是伊斯兰文化中重要的艺术形式。

苏丹王的餐厅装饰

伊斯坦布尔的托普卡比宫殿是15～19世纪土耳其奥斯曼帝国统治者的住所。在这装饰得富丽堂皇的私人住所里，有苏丹艾哈迈德三世的餐厅，这个餐厅用绘有插花的彩色装饰画和水果碗来装饰。

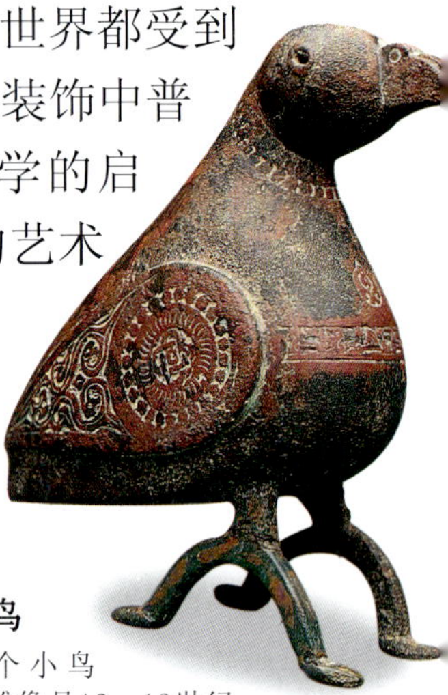

铜鸟

这个小鸟的雕像是12～13世纪波斯金属工艺品。小鸟羽翼和身体上的图案是那个时期的典型代表。

笔盒

这个笔盒表面用镶嵌和书法来装饰，属于一个非常富有的人。笔盒里面装着钢笔、小刀、毛笔、墨水，还有书法家使用的其他器具。物品一流的工艺和奢华的材料显示了伊斯兰文化中书写的重要性。

装饰精美的《古兰经》

这部手抄本《古兰经》制作于17世纪的印度德里，它采用金叶图案装饰。不是所有的手抄本都像这本一样有着奢华的装饰，但是当穆斯林书法家抄写《古兰经》时，总是尽可能使用漂亮的字体。

地毯上的图案

这条地毯上色彩鲜艳的图案展示了穆斯林艺术家如何将自然界中的实物提炼并转化为装饰图形。这个设计源自鲜花，但是它们已经被简化，被赋予了更多抽象的特质。

苏非

斯兰教的神秘主义——苏非主义，其信者企图通过个人对真主的亲身体验以寻神爱与知识。苏非们有他们自己的精神动和富有特色的诗歌、音乐文化。他们活动有时包括令人心醉神迷的歌唱和神的舞蹈仪式，这使得苏非神秘主义者获一个绰号："旋转的苦行僧"。

束腰衣

这件束腰衣的锯齿形图案来源于一种名叫"伊卡特"的织造技术。这种技术是先扎染经线或者纬线，或者经、纬线均进行扎染，然后再织造。这种硬线条、图样色彩鲜艳的丝织物，深受中亚地区人们的喜爱。

鲁特琴

阿拉伯音乐有它自己独特的乐器，其中最流行的是乌德，它是西方鲁特琴的祖先。乌德可以独奏，也可以集体演奏。技艺高超的演奏者使用它可以演奏出丰富细致的音响效果。这件乐器获得了"阿米尔·阿勒塔拉布"（魔法王子）的称号。

星状瓷砖

瓷砖是阿拉伯建筑物上最爱使用的一种装饰材料。瓷砖表面通常采用抽象或者书法图案，组合成复杂的图形，比如星星。

商人和旅行者

贸易在伊斯兰教世界中一直扮演着重要的角色。先知本人就来自一个商贸世家，他的家族很早以前就建立了两个流动的商队，从麦加出发，冬季去往也门，夏季出现在罗马帝国郊外。当伊斯兰军队占领了这片土地，商人们很快就追随而来，开辟了东部延伸到中国、南部延伸到非洲、西北部延伸到欧洲、东南穿越印度洋的航线。商人们很快就把伊斯兰教传播到马来西亚和印度尼西亚这样遥远的地区。穆斯林们不仅为贸易而旅行，也同样为寻求知识、履行外交使命而跋涉，当然朝圣也是旅行的一个目的。

伊本·拔图塔

在早期的穆斯林旅行家当中，摩洛哥丹吉尔的伊本·拔图塔是最引人注目的。1325年，他去麦加朝觐时开始旅行，在长达29年里，他的旅行线路总计12万千米。他访问过西非和东非，阿拉伯，印度和中国。当他回到摩洛哥的时候，他向摩洛哥苏丹讲述了他的冒险故事。

游走的商人

这幅描述13世纪商人的插图来自伊拉克巴士拉的阿米尔·哈里里撰写的一部书。这些远离故乡的商人不仅仅携带物品出售，他们还将思想、发明以及伊斯兰教教义介绍到新的地区。

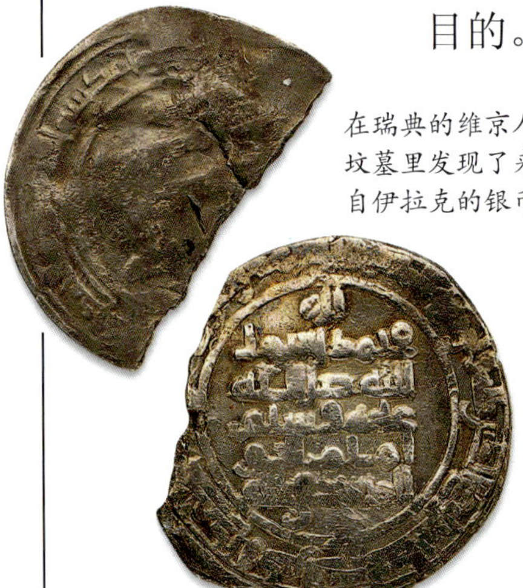

在瑞典的维京人坟墓里发现了来自伊拉克的银币

贸易硬币

考古学家通过发掘出来的硬币来研究伊斯兰商人的足迹。在维京人领地、斯里兰卡、中国的中原地区都发现了他们的硬币。穆斯林的硬币因其含有高比例的珍贵金属成分而受到广泛推崇。这些货币极大地推动了世界贸易的发展。

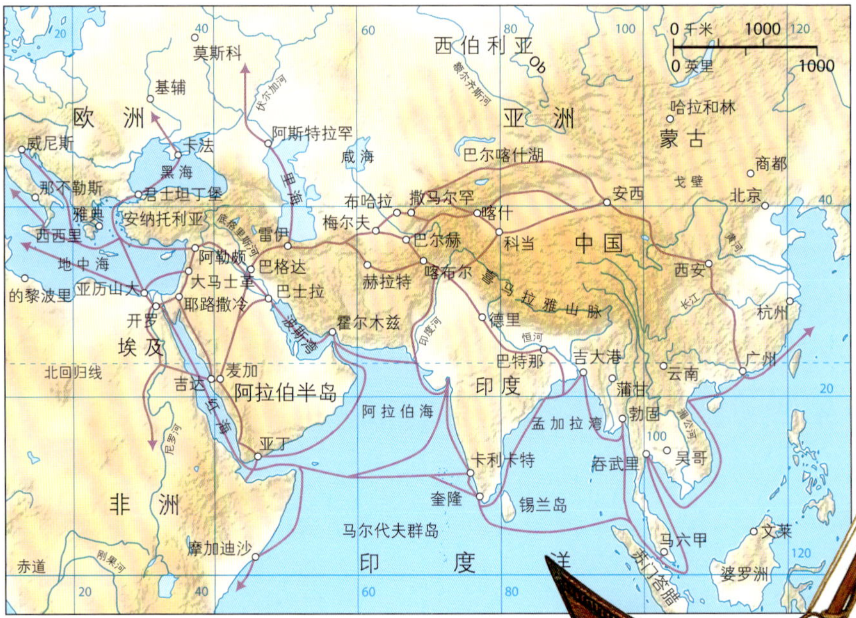

伊斯兰贸易路线

贸易路线

官方记载、旅行者的传说以及考古发现，为之后伊斯兰商人的贸易路线提供了线索。其中一条路线在所有路线中是最闻名遐迩的，它就是丝绸之路。丝绸之路是许多线路的总汇，它穿越中亚，联结中国和欧洲，沿线经过了很多伊斯兰地区。

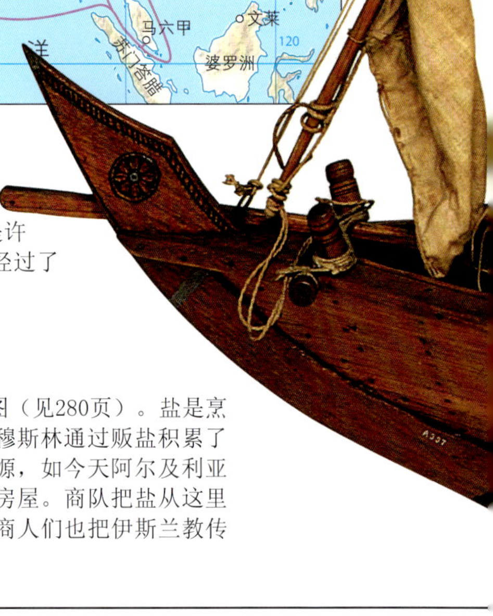

贩盐的商队

贩盐的商队旅行到马里的廷巴克图（见280页）。盐是烹饪和保存食物的必需品，早期的穆斯林通过贩盐积累了巨额的财富。非洲有丰富的盐资源，如今天阿尔及利亚的塔阿扎，当地甚至用盐来建造房屋。商队把盐从这里贩运到南方，随着他们的旅行，商人们也把伊斯兰教传播到世界各地。

阿拉伯三角帆船

在印度洋里最常见的是单桅阿拉伯帆船，它今天仍然被使用着。这些船有三角形的帆，非常容易操纵，即使在逆风的状态下也能航行。船长靠观察星星来给船只导航，也有许多人使用磁性指南针，他们还掌握洋流、航线标志以及气流等方面的知识。

双峰驼

双峰驼具有强大的忍耐力，以及仅靠吃一点儿带苦味的植物、喝难闻的水就能产出乳汁的能力，让穆斯林们能够在恶劣的环境下生存和旅行。在伊斯兰贸易的北线发现了双峰驼，南线发现了单峰驼。

卖糖果

在像沙特阿拉伯一样的国家里，商店和市场都在出售糖果。几个世纪以来，阿拉伯地区出产的糖果一直享誉世界，英语单词“sugar”（食糖）和“candy”（糖果）都来自阿拉伯语。

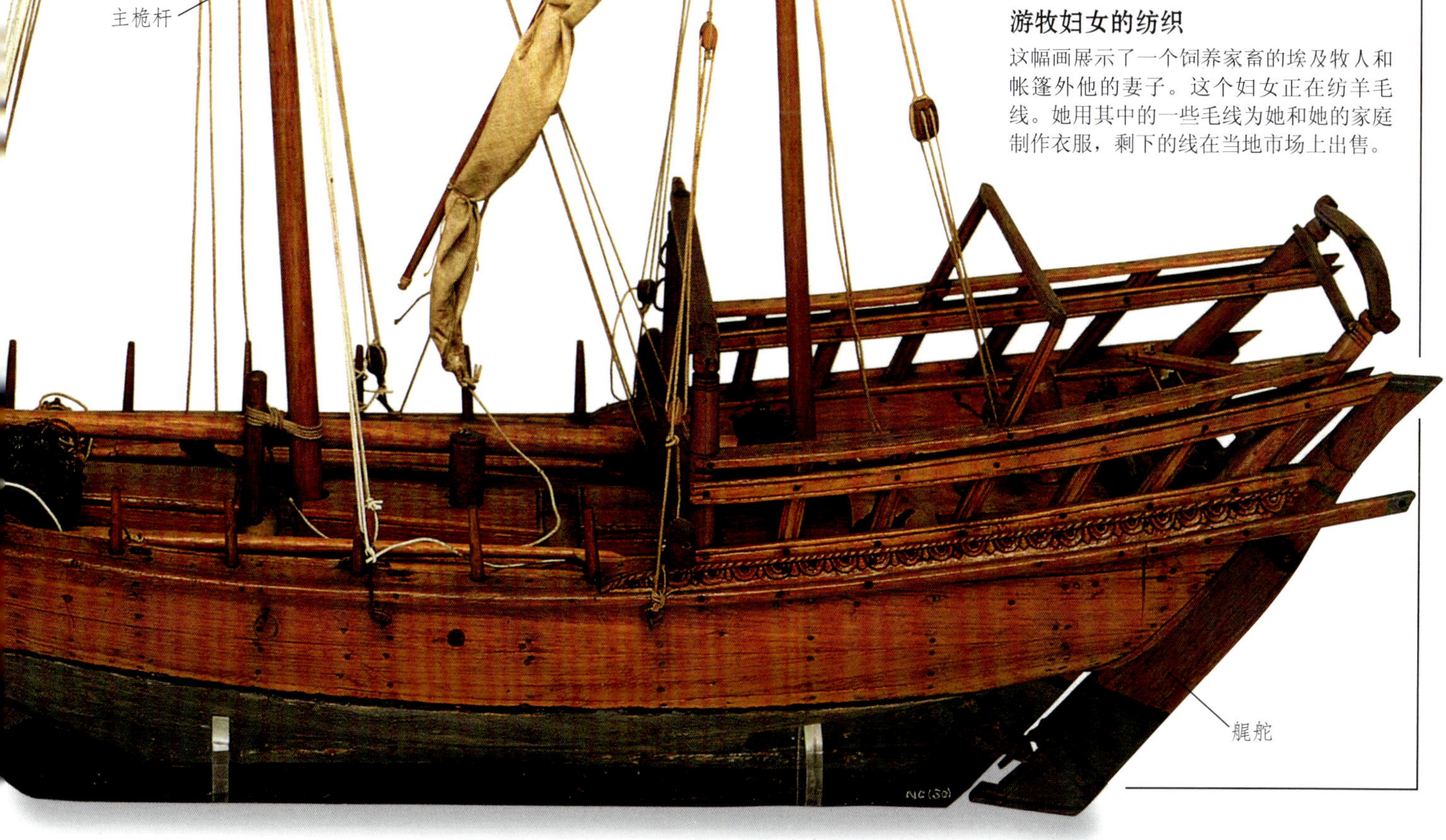

游牧妇女的纺织

这幅画展示了一个饲养家畜的埃及牧人和帐篷外他的妻子。这个妇女正在纺羊毛线。她用其中的一些毛线为她和她的家庭制作衣服，剩下的线在当地市场上出售。

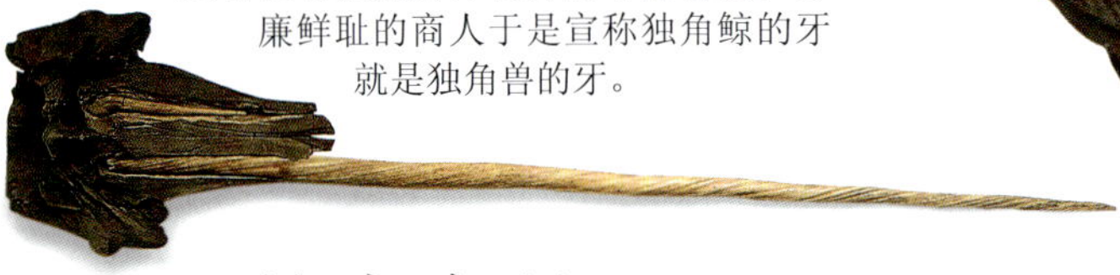

独角鲸的长牙

在中世纪市场上有一种令人惊奇的商品出售——独角鲸的牙。独角鲸是鲸众多类别中一个小类别。因为独角兽的传说使当时的人们对这种长有独角的神秘野兽非常着迷，寡廉鲜耻的商人于是宣称独角鲸的牙就是独角兽的牙。

狩猎的猛禽

东西方的贵族都喜欢用猎鹰进行狩猎，而阿拉伯世界拥有着鸟类中可用于狩猎的最优秀、最昂贵的品种。当穆斯林使节拜访中国明朝的皇帝时，明朝皇帝要求他们进献猎鹰。

乳香

乳香是一种生长在南部阿拉伯半岛的乳香树产出的含有挥发油的树脂。乳香经燃烧产生香气，同时它也是中世纪药物中的一种原料。乳香在基督教欧洲有着巨大的需求，因为它被用于宗教仪式。乳香成为阿拉伯商人的主要贸易物品。

外来商品

伊斯兰世界有两大商业优势：伊斯兰商人对海洋和陆地广泛的了解，使得他们能够交易很多物品，如非洲的黄金，中国的瓷器，欧洲的琥珀和皮革；伊斯兰手工艺人有着很高的技术，商人带回天然的原料，手工艺人可以将其制成各种物品，如皮革制品、金属制品、纺织品、玻璃。每类商品都有一个成熟的市场。

棉花植物

棉花

原本生长在埃及和伊拉克。棉花是非常受欢迎的棉布服装的原材料，因为它凉爽、舒适而且比亚麻布要便宜。

油

用于做饭、制造肥皂和化妆品，以及在这样的油灯中使用。油的贸易广泛而活跃。伊斯兰世界出产的植物油要比欧洲常见的鱼油更受欢迎。

骆驼商队

在现代的运输方式出现以前，在阿拉伯地区、撒哈拉沙漠，以及穿越亚洲的丝绸之路上，骆驼商队的出现是很常见的风景。这些骆驼的驼峰上驮着包裹，包裹中是用于交换的商品。

用靛蓝染的礼服

彩色染料

蓝色是非常受欢迎的布料颜色。用于牛仔布染色的靛蓝染料是从植物中提炼而成的。其他的染料像罗马紫是从骨螺属的一种贝类中提取制成的，罗马紫因为稀缺而价格昂贵。靛蓝染料的市场交易非常活跃。

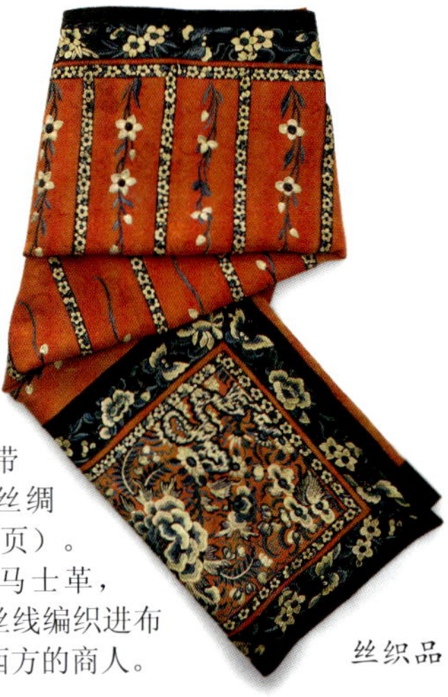

丝织品

丝绸

伊斯兰商人沿着丝绸之路从中国带回来丝线和丝绸成品（见274页）。在叙利亚大马士革，人们把这种丝线编织进布料中，卖给西方的商人。

珍珠项链

有珍珠的牡蛎贝壳

采集珍珠

为采集珍珠而进行的水下作业是非常危险的工作，但是潜水者仍然冒着生命危险在阿拉伯湾和印度洋上进行采集，这是因为人们对珍珠的巨大需求。在巴林、斯里兰卡，以及阿曼和伊朗的霍尔木兹海峡周围，都有活跃的珍珠市场。

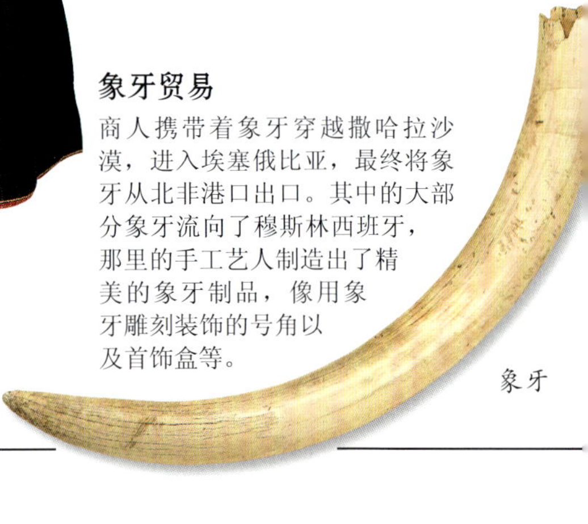

象牙

象牙贸易

商人携带着象牙穿越撒哈拉沙漠，进入埃塞俄比亚，最终将象牙从北非港口出口。其中的大部分象牙流向了穆斯林西班牙，那里的手工艺人制造出了精美的象牙制品，像用象牙雕刻装饰的号角以及首饰盒等。

食品贸易

伊斯兰世界活跃的食品贸易，今天仍然在蓬勃发展着。因为这项贸易让多方受益：商人可以获取巨大的收益，整个亚洲的食品被引入西欧。如果没有伊斯兰商人，欧洲人就没有大米、糖以及咖啡。此外，伊斯兰商人在世界的许多地方建立了贸易聚集地，这帮助伊斯兰教向东传播至东南亚。

米罐

大米

穆斯林从东南亚带回来的大米，很快得到欧洲一些地区的欢迎。之后，西方的农民学会了种植水稻。

桂皮

胡椒子

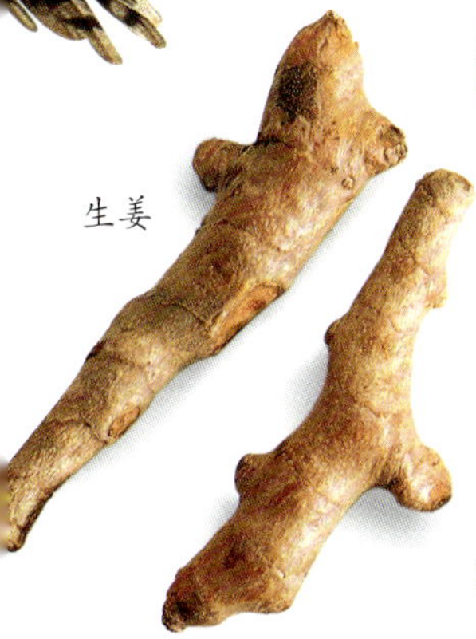

生姜

肉豆蔻

珍贵的香料

生长在印度尼西亚岛屿上的植物香料在欧洲和西亚能卖到很高的价钱。在欧洲和西亚，它们被用在食物和药物中。从先知穆罕默德时代一直到16世纪，伊斯兰商人经营香料，通过海运为阿拉伯地区带来了肉豆蔻、丁香、肉桂和其他香料，并把它们卖给欧洲的商人，获得到了高额利润。

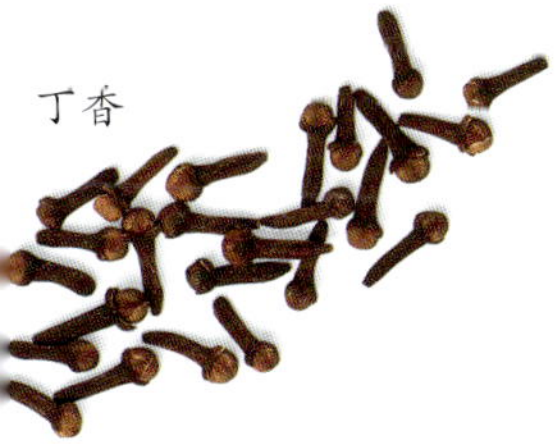

丁香

水果贸易

穆斯林将杏这样的新品种水果引入欧洲。新鲜的水果一般不能在长时间旅行中保持新鲜。尽管人们高度重视运输包装，损失还是不可避免的。将昂贵的甜瓜严密地包裹起来，但是甜瓜的数量还是在减少。像椰枣一类的干果能保存好几个月，适合被长距离运输。

樱桃

杏

无花果

椰枣

茶叶

绿咖啡豆

茶和咖啡

中国是茶的原产地，而也门是咖啡的种植地。也门西南部城镇穆哈是著名的咖啡交易地。“mocha”一词成为优质阿拉伯咖啡的同义语（即摩卡咖啡）。茶和咖啡在相对晚些时候才成为世界性的贸易商品，但在18世纪时已成为引领时尚的饮品。

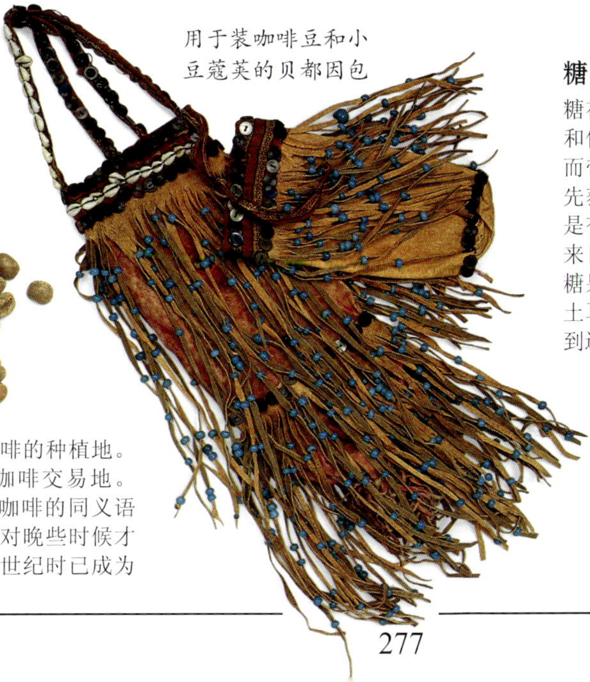

用于装咖啡豆和小豆蔻荚的贝都因包

糖

糖在中世纪是一种奢侈品，它从伊朗和伊拉克被带到了穆斯林西班牙，进而带到了西方。伊斯兰糖果制造者首先获得了制造糖所用的昂贵原料，于是有机会生产出他们自己的特产——来自波斯的冰冻果子露、各种各样的糖果、用甘草植物制作的甜食，以及土耳其软糖。所有这些最终通过贸易到达了欧洲。

冰冻果子露

硬糖果

土耳其软糖

甘草糖

糖衣杏仁

西班牙

摩尔人的硬币

摩尔人——基督徒对来自摩洛哥穆斯林的称呼。摩尔人的到来也给当地带来了他们的硬币和政府系统。在摩尔人被打败以后，早期的西班牙基督教国王继续使用穆斯林设计的硬币。

在8世纪早期，来自摩洛哥的穆斯林入侵了西班牙，很快他们控制了大部分的伊比利亚半岛。穆斯林在西班牙的统治持续到了15世纪，不过他们从未统治过整个半岛，当时基督教王国仍然控制着半岛北部。在11世纪，哈里发属地衰落以后，摩尔人的西班牙被北部和东部的基督徒征服，但是南部的城市，像科尔多瓦、塞维利亚仍然是伊斯兰教艺术和知识的中心。

科尔多瓦大清真寺

这座在科尔多瓦的清真寺始建于9世纪，后经扩建，成为当时穆斯林权力的象征。这座清真寺还代表着伊斯兰教绚丽多彩的建筑艺术。清真寺由850多根墨绿色花岗岩圆柱支撑着双拱门上的大理石天花板。

游方艺人

穆斯林西班牙的音乐家在欧洲是最优秀的。他们中的一些人是游方艺人，他们把鲁特琴介绍给欧洲的演奏者，告诉他们如何使用弓演奏带弦的乐器。

哈里发的盒子

伟大的摩尔人工匠在10世纪制造了这个盒子。它上面刻有“穆基拉”的名字，他是阿卜杜勒·拉赫曼三世的儿子。阿卜杜勒·拉赫曼三世历经旷日持久的战争，他以科尔多瓦哈里发身份统治着穆斯林西班牙。他在位期间，穆斯林西班牙非常繁荣。

格拉纳达的艾勒汉卜拉宫

14世纪，西班牙由伊斯兰奈斯尔王朝统治。奈斯尔王朝以西班牙南部的格拉纳达为统治中心。在那里，他们修建了雄伟的宫殿——艾勒汉卜拉宫。宫殿名字的阿拉伯文原意为“红宫”，缘于它所用石材温暖的颜色。它被设计成地球上极其富丽堂皇的宫殿，奢华的装潢隐藏在它高耸的塔楼以及坚固的外墙之内。

艾勒汉卜拉宫的庭院

艾勒汉卜拉宫的美丽不仅仅体现在精致的伊斯兰装饰，也体现在独创性地使用光和水去创造一个个空间的场景。庭院的光反射到宫殿，还有很多平静的水池柔和地反射着天光。拱形的走廊创造出阴凉的空间，奈斯尔人在这里散步和休闲。

穆迪扎尔人的塔

在西班牙的很多地区，穆斯林工匠在基督教徒的统治下工作。他们创造了一种建筑样式，现在称作“穆迪扎尔式”，即用砖砌成伊斯兰各种图样来装饰建筑表面，像这座在特鲁埃尔的塔。

最后的伊斯兰王国

随着基督徒对西班牙统治的逐渐扩大，穆斯林统治者被迫退到南部地区。到了15世纪，只有西班牙南部的格拉纳达王国，即格拉纳达城及其城墙周围地区，还保留在穆斯林的手中。

赫内拉里菲宫的花园

在《古兰经》里，天堂被描绘成一个花园——通常是一个与世隔绝的凉爽花园，在那里有水在流动着。为了逃避宫殿中的政治生活，奈斯尔王朝的哈里发动用国家的财力建造了恬静的花园宫殿——赫内拉里菲宫，从那里可以俯视格拉纳达城。

摩尔人的影响力

这是塞维利亚皇室宫殿的金属门。这座宫殿不仅被一位哈里发修葺过，而且也被西班牙国王佩德罗一世改建过。这座宫殿显示了伊斯兰艺术在西班牙的影响力。

最后的哈里发

巴布迪尔在经历了一场与他的父亲的权力斗争，并夺取格拉纳达之后，于1482年成为哈里发。1490年，阿拉贡和卡斯蒂利亚的基督教军队围攻了这座城市。两年以后，格拉纳达城被攻陷。在流亡摩洛哥的路上，巴布迪尔回头望着艾勒汉卜拉，为它的美丽而流下眼泪。这个场景现在被称为“摩尔人最后的叹息”。

非洲

750年，也就是倭马亚王朝哈里发统治的末期，伊斯兰教已经扩展至从埃及到摩洛哥的北非地区。从这里开始，柏柏尔穆斯林和图阿雷格商人穿越非洲，运送着商品，传播着思想，伊斯兰教的信仰随之向南方传播。马里的廷巴克图和杰内，毛里塔尼亚的欣盖提，都是拥有伊斯兰教文化知识的大城市。在北非、西非以及东非的许多国家，现在的穆斯林大多数是逊尼派。非洲是一个幅员广阔而且复杂多样的大陆，在那里彼此相邻的信仰伊斯兰教的国家，又有着特征迥异的当地文化和政治体系，从社会主义到君主制，国与国之间有很大的差异。

柏柏尔妇女

柏柏尔人是北非原住民，生活在北非山区和沙漠中。他们是坚持当地传统的穆斯林，比如他们会穿着色彩鲜艳的长袍，戴着银质的项链。

女勇士

在记录穆斯林征服北非战争的史诗《贝尼西拉尔》中，有一位最受欢迎的女主角贾齐亚。在图中她被描绘成骑着骆驼的勇士。

版心外宽大的留白使得翻页时不碰到经文

装饰华丽的手抄本《古兰经》

像其他伊斯兰地区一样，在非洲，书法和学术、技能同样受到了高度重视，也拥有一些著名的学术中心。15～16世纪的廷巴克图就是最大的中心之一。来自北非的学者都到这座城市的图书馆查阅珍贵的手写稿，比如这部手抄本《古兰经》。

苏萨的宣礼塔

穆斯林征服者占领了像突尼斯这样的地区后，他们便修建城市和清真寺。19世纪，苏萨的清真寺内圆柱形的宣礼塔就是早期的一个例子。

用泥土包裹木桩制成的塔尖

杰内清真寺

在非洲的许多地区，泥土是一种传统的建筑材料。泥土被用于建筑房屋，巨大的建筑物如马里的杰内清真寺也是用泥土建造的。杰内是尼罗河沿岸最重要的贸易中心之一。

穿着《古兰经》

这是一件西非阿桑特战士穿的外衣。每一个小袋子里都装有《古兰经》的经文。战士们相信在战斗中它能够保护他们。

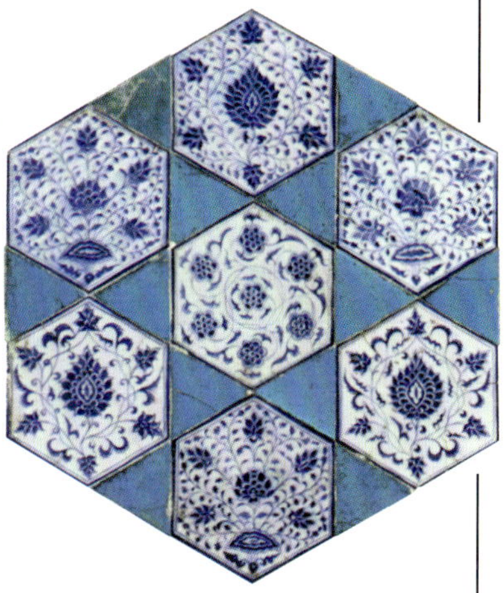

瓷砖图案

这些来自北非的六角形瓷砖印有植物形状的图案。花、叶子以及相互缠绕的茎都以伊斯兰的风格融入抽象的设计中。

珍贵的金属

在伊斯兰教到达以前，西非的人们就已经掌握了黄金冶炼技术。穆斯林把这些技术应用到制造金属货币中。

背诵《古兰经》

伊斯兰教给非洲的许多地区首次带来了正规的教育。这个毛里塔尼亚的学生正在读《古兰经》的一章，并且用心背诵。

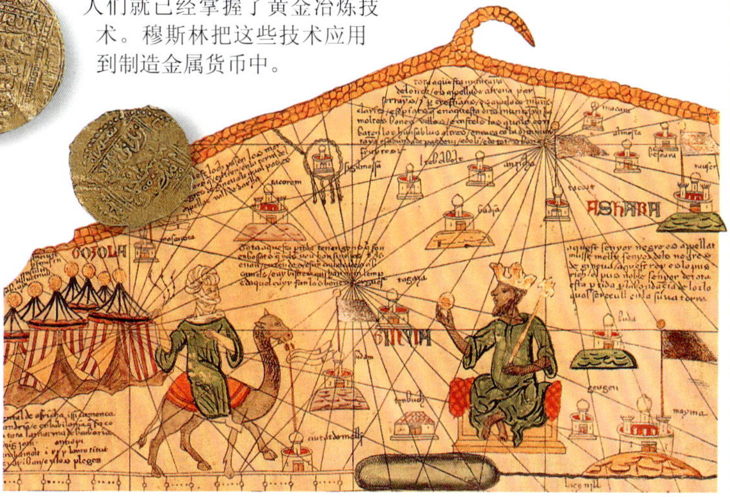

著名的朝圣

14世纪时的马里是大西非帝国的中心。它的统治者芒萨姆萨在1324～1325年去麦加朝觐，他的长途旅程被记录在这幅地图中。

带穹顶的坟墓

大多数穆斯林的墓地都比较简单，但是却有为哈里发和其他值得纪念的人修建大坟墓的传统。上面这座小墓地位于苏丹喀土穆附近，很可能是为当地一位长老修建的。这座坟墓的特点是有一个简单的穹顶，坟墓供人们瞻仰并表达崇敬之意。

蒙古人和土耳其人

1219年伊斯兰的土地遭到了蒙古军队从北面的入侵。直到1258年，蒙古人——来自蒙古大草原的战士劫掠了巴格达，并杀死了哈里发，毁灭了伊斯兰教的政治中心。但是到1260年，蒙古人被马穆鲁克骑兵击败，许多蒙古人转而信仰了伊斯兰教。接下来掌握强大伊斯兰权力的是由土耳其人于1299年建立的奥斯曼帝国。他们征服了欧洲东部的一些地区，像以前的阿拉伯人一样，他们成为伊斯兰教具有主导地位的政治力量。

成吉思汗

成吉思汗是一位蒙古的军事首领，他于1206年获得了权力。当时的蒙古处于四分五裂的战争状态，成吉思汗成功地统一了蒙古各部。随后，他开始了西征。至1227年他离世时，他的帝国从中国一直延伸到欧洲的边境。

蒙古战士

蒙古战士很擅长骑马，而且勇猛无比。他们以风驰电掣般的速度，灭杀了数百万人，摧毁了数以百计的定居点，把亚洲的大部分地区都置于蒙古统治者的控制之下。

碗

从这个9世纪碗上的图案可以看出，蒙古人为他们的战士而感到自豪。因为蒙古人起初就是游牧民族，对于地域状况非常熟悉，这就意味着他们能够在村庄中突然消失，而又突然出现，给敌人以突然的袭击。

新的首都

在成吉思汗去世以后，他的帝国被他三个儿子和孙子忽必烈分割。东部的帝国在忽必烈统治下繁荣起来，他建立了中国的元朝，并修建了新的首都，称为“汗八里”，也就是现在的北京。

无情的帖木儿

或许在所有的蒙古征战者中，帖木儿是最残忍的。他是土耳其-蒙古的领导者，宣称是成吉思汗的后代。14世纪，他征服了蒙古帝国西部的许多地区，在1390年占领了巴格达。在大规模的战斗之后，他喜欢展示牺牲者的头颅，这幅画描绘了他在巴格达取得胜利时的景象，画中展示了用头颅做成的塔。

君士坦丁堡的沦陷

君士坦丁堡（今土耳其伊斯坦布尔）是基督教拜占廷帝国的首都。在中世纪，土耳其人占据了拜占廷帝国越来越多的土地。在1453年，君士坦丁堡落入了苏丹穆罕默德二世的手中。这座城市成为奥斯曼帝国的新中心。

穆罕默德二世修筑了如梅利堡垒，把它作为进攻君士坦丁堡的基地

弯弓，蒙古人最喜欢的武器

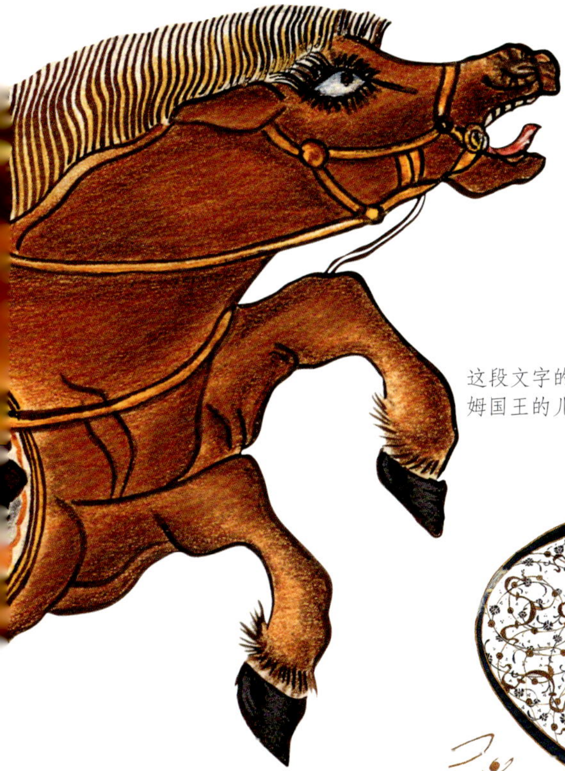

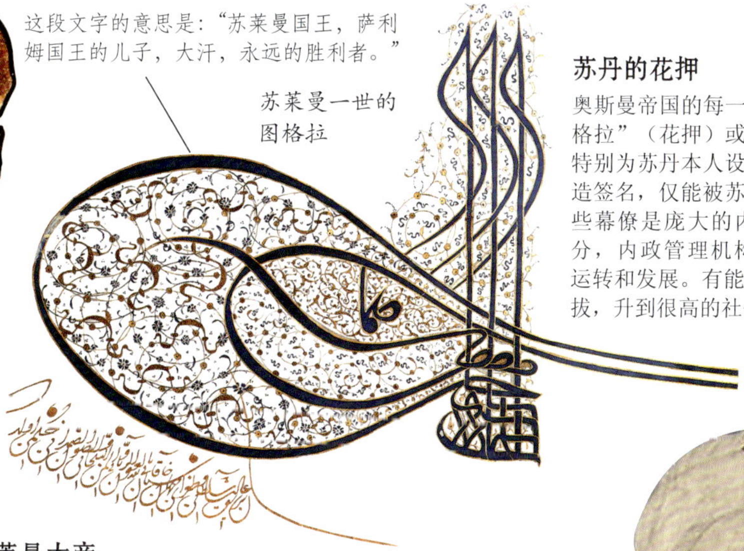

这段文字的意思是：“苏莱曼国王，萨利姆国王的儿子，大汗，永远的胜利者。”

苏莱曼一世的图格拉

苏丹的花押

奥斯曼帝国的每一位苏丹都有一个“图格拉”（花押）或者官方的签名。这是特别为苏丹本人设计的，目的是防止仿造签名，仅能被苏丹的幕僚所使用。这些幕僚是庞大的内政管理机构的一部分，内政管理机构负责奥斯曼帝国的运转和发展。有能力的人可以因此被提拔，升到很高的社会阶层。

苏莱曼大帝

苏莱曼一世在西方被誉为“苏莱曼大帝”，在东方则以“立法者”著名，从1520年到1566年，他实行强有力的统治，奥斯曼帝国从而进入极盛时期。他下决心拓展帝国的疆土，将其扩展至欧洲，并且在1529年围困了奥地利的维也纳。尽管他拥有强大的军队，他还是未能占领维也纳。

征服者

奥斯曼苏丹穆罕默德二世在1453年占领了君士坦丁堡以后便以征服者闻名。他是一个有着广阔胸襟和思想自由的人，对各种各样的文化都很感兴趣。他的宫廷吸引着来自整个伊斯兰世界的学者和有技能的人，他还藏有一幅意大利画家贝利尼的人像作品。

中亚，伊朗和印度

火亮

这盏工艺精湛的金属油灯是伽色尼王朝的手工艺者制作的。伽色尼王朝在11世纪早期势力臻于鼎盛。11世纪中期伽色尼王朝在阿富汗和伊朗的大片领土落入塞尔柱人手中。伽色尼王朝属于逊尼派，敌对势力是在伊朗属于什叶派的白益王朝。

伊斯兰教很早就传入了伊朗，但直到641年，穆斯林统治者才完全征服这一地区。在接下来的几个世纪中，伊朗历经一系列王朝的统治，包括从土耳其来的塞尔柱人，来自中亚的蒙古人、帖木儿（军事领袖帖木儿的王朝）人，还有萨非人。在印度，不同的区域有着不同的宗教。穆斯林于712年首次征战信德。之后，莫卧儿王朝建立。从1193年到19世纪穆斯林全部或者部分控制了印度。19世纪，印度次大陆变成了大英帝国的殖民地。当这个国家于1947年摆脱英国的控制获得独立时，印度被分割开来，新的伊斯兰国家巴基斯坦建立起来。留在印度的穆斯林人口日渐增长。

帖木儿的陵墓

蒙古军事领袖帖木儿（见282页）是非常成功的军事家，他在伊朗、印度、叙利亚和土耳其都获得了胜利。他在1405年去世前，曾试图把中国列入他军事成果的名单中。帖木儿在中亚撒马尔罕装饰奢华的陵墓，反映出他在征战中聚集的巨大财富。

伊斯法罕的星期五清真寺

伊朗的伊斯法罕是强大的萨非王朝（1501～1736）的首都。萨非王朝将伊斯兰教什叶派定为伊朗的国教。该王朝的苏丹在这座城市建造了一系列令人震惊的建筑，包括宫殿群、清真寺、国王广场，以及宏伟的星期五清真寺。这块16或17世纪红蓝釉料的瓦片就是典型的萨非王朝风格。

德里的顾特卜塔

1193年，阿富汗统治者穆
默德·古里征服了印度北
地区，他把首都定在德里
实施穆斯林苏丹统治，还
造了这座高耸的宣礼塔。
里的苏丹于1398～1399年
被帖木儿发起的战争推翻
但是在其他地区的穆斯林
丹统治一直持续到1526年。

哈瓦基欧桥

萨非王朝的一个成就是在伊斯法罕建造了哈瓦基欧桥。这座桥大约长133米，以23个拱洞跨越朝阳岱河。这种设计使哈瓦基欧桥同时具备了桥和大坝的双重功能，河水可以灌溉附近的花园。

莫卧儿王朝

莫卧儿王朝从1526～1858年统治印度。王朝初期统治者拥有绝对的权力。在他们的统治下，多元化的印度次大陆联合统一成一体，经历了文化发展的全盛时期。在艺术、音乐、文学、建筑等方面都取得了很高的成就。然而，在莫卧儿王朝后期，统治者使王朝又陷入了分裂。

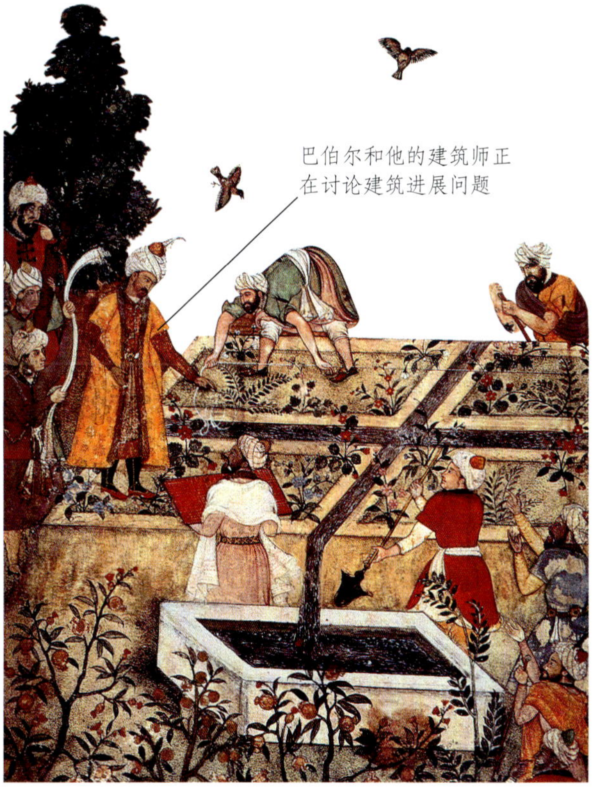

巴伯尔和他的建筑师正在讨论建筑进展问题

战场上的巴伯尔和他的军队

巴伯尔

来自伊朗的巴伯尔是莫卧儿王朝第一位皇帝，他是帖木儿和成吉思汗的后裔。根据巴伯尔的血统，“莫卧儿”这个词来源于蒙古。当他成为中亚河中地区的统治者时仅有11岁，他14岁时征服了撒马尔罕。他在伊朗建立了一个王国又丢失了，之后在阿富汗建立了另一个王国。1526年，巴伯尔征服了印度。巴伯尔受过良好的教育，他是一位诗人和历史学家；他热爱自然，崇尚艺术。

阿克巴

莫卧儿王朝最伟大的皇帝是阿克巴（1556～1605年在位）。凭借纯熟的政治手段，阿克巴建立了一套富有效率的官僚体制，这种体制对今天的印度政体仍然产生影响。阿克巴以最宽容的君主而著称，他废止了对印度人征收的人头税，并且鼓励艺术家在他们的作品中将印度和伊斯兰的艺术形式结合起来。

奥朗则布

这部书收录了莫卧儿王朝后期重要的君主奥朗则布（1658～1707年在位）的信。在奥朗则布统治期间，他看到了莫卧儿王朝的日益衰落，他扩展了他的帝国版图，但是未能在农业上给予投入，所以没有足够的资金支持他的军队和法院。他迫害非穆斯林，对印度教徒课以重税，并且毁坏了他们很多的寺庙。

中国和东南亚

伊斯兰教从7世纪开始在中国传播，当时它被阿拉伯人介绍到中国沿海地区。之后过了200年，穿越丝绸之路的商人把伊斯兰教带到了中国内陆。今天中国的穆斯林是由很多民族组成，每一个民族都有自己的习俗和文化。伊斯兰教也通过贸易到达了东南亚地区，在今天，印度尼西亚是全世界穆斯林最多的国家。

乘船

一些伊斯兰商人乘坐船首带有显著弧线的传统船只由本土前往东南亚。

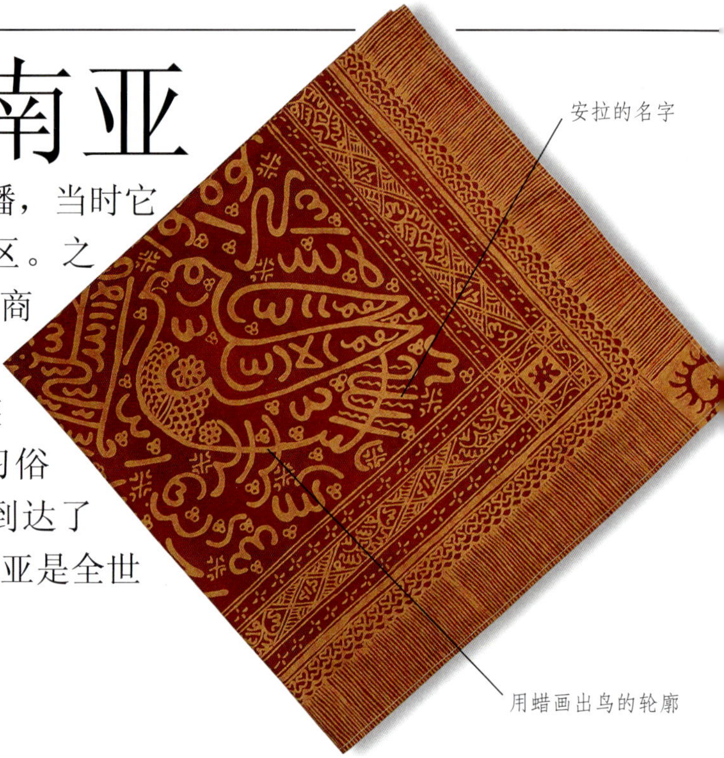

蜡染

中国和东南亚一直从事丝绸等纺织品贸易。这块布料是用蜡染的方法染色而成。染工将蜡液描绘到还没有染色的布上，然后把布浸泡在染料里，煮沸织物，脱去蜡质，晾干后即显出图案。

北京牛街清真寺内景

20世纪初，中国已有了相当规模的穆斯林。在大城市里建有豪华的清真寺，如上图北京牛街清真寺内，有描金的柱子，墙壁是用阿拉伯和中国传统图案装饰的。大多数中国穆斯林生活在西北部地区，那里的清真寺通常比较简朴。

西安清真大寺内石雕装饰

西安清真大寺

中国在1949年成为社会主义国家，穆斯林获得了信仰自由。西安清真大寺始建于明代初年，历经多次重修、扩建，形成现有规模。该寺采用中国古典庭院建筑形式，细部及装饰方面融合了伊斯兰教建筑艺术，是中国现存规模最大、保存最为完整的一座清真寺。

提杆木偶

爪哇语意为“影子”的提杆木偶戏称为“哇扬戏”。哇扬戏里的人物形象由彩绘的木雕制成，用杆来操纵。哇扬戏是爪哇一种传统的娱乐项目，穆斯林也广泛地用在节日和庆典活动中。

商队客栈

商人在陆路旅行需要有住宿的地方，所以当地人就在穿越亚洲直至中国的路线上修建了商队客栈。在这些简易的石制建筑物里面，有床和用于安置骆驼的厩。

盛米饭的碗

大米在中国和东南亚是主食。吃的时候将米饭盛在瓷制的小圆碗里。瓷器是一种被广泛贸易的物品，也是将中国与伊斯兰世界、西方紧密联系起来的纽带。

混合风格

马来西亚瓜拉江沙城的现代清真寺是1957年马来西亚独立后修建的。独立后的马来西亚确定伊斯兰教为国教，对于这里的穆斯林来说，一个美好的时期到来了。

马来西亚清真寺

伊斯兰教被喜欢旅行的商人带到了东南亚，因此这个地区呈现出多元的文化特征。这座马来西亚清真寺就融合了伊朗和印度清真寺的装饰风格。

服装与首饰

虽然《古兰经》要求妇女和男人都要穿着朴素庄重，但是穆斯林没有固定样式的服装。因而，从阿拉伯沙漠中的传统长袍到现代西方服饰，穆斯林穿着各式各样不同的服装。但穆斯林都喜欢穿一种精美的、复杂多样的传统服装，特别是在家庭聚会这种特殊的场合。这些美丽的服装展示着织造、染色以及刺绣技术是如何在伊斯兰教世界一代又一代的传递中被发展完善的。这些技术从北非传到东亚。

乌兹别克新娘

在很多地区，婚礼庆典时新人都要穿戴上精心制作的传统服饰。这名来自乌兹别克斯坦的新娘戴着金制的头饰，身穿一件用金色面料缝制的华丽衣服，披戴一条几乎可以垂到地面的刺绣头盖。

硬币长袍

在阿拉伯地区和西亚，穿着显示财富的服装是一个古老的习俗。这件贝都因人的长袍上缝有硬币，这种纯棉质地的衣服，适宜在炎热的沙漠环境下穿着。

戴面纱的沙特阿拉伯妇女

面纱

在一些伊斯兰地区，用面纱蒙住脸是妇女的传统。面纱可以从眼睛以下的部分遮盖，也可以像这个人一样盖住整个脸，只露眼睛。

现代图案

穆斯林男孩儿们经常戴一种色彩鲜艳的帽子。样式和编织方法都是传统的，但帽子上的图案可以选择现代的，像这顶帽子上的直升机图案。

金手镯

阿拉伯的金匠们为他们制造的精美首饰而感到自豪。几个世纪以来，他们主要用银来制作首饰，但是现在黄金成为流行的首饰材料。手镯和新人结婚时新娘佩戴的饰物都是用黄金制作的。

耳饰

这是阿拉伯半岛的一种传统样式的首饰。妇女喜欢在耳朵上佩戴这种饰物。

护身符

一些穆斯林常常佩戴一件珠宝或者其他饰品作为护身符来保护他们远离邪恶。护身符或许是刻有一段《古兰经》经文的石头，或许是装有《古兰经》经文的小盒儿。

珐琅项链

珐琅的釉色可以呈现出亮丽的红色、蓝色，还有绿色。这种工艺过程是将粉状的彩色玻璃混合物调制成釉料，施覆在金属胎体上，经过窑里烧制后，釉料完全与金属胎体结合在一起，非常牢固，不褪色，可以永久保存。

中式长袍

在上等丝绸上饰以精美的刺绣，属于中国最优雅的传统服装。下面这件有宽大袖子的中式长袍，是典型的东方设计。

令人炫目的设计

这件色彩明亮的北非长袍有两个设计亮点：一是漂亮的竖条纹，是由不同颜色的窄条丝织布缝在一起形成的；二是长袍上缝制的五颜六色的珠子，使这件长袍熠熠闪光，与众不同。

两种图案

这件中亚地区的夹长袍，外层面料采用“伊卡特”的技术织造（见273页）；衬里的花朵图案与伊卡特锯齿形图案形成对比，使得衬里脱颖而出。

伊斯兰社会

苏丹和他的臣民

伊斯兰国家各自以不同的方式治理。在过去，许多国家的首脑拥有绝对的统治权力，像摩洛哥的苏丹。第二次世界大战和哈里发制度终结后，很多伊斯兰国家的政体发生了变化。

《古兰经》告诉穆斯林：人是真主在大地上的代理人，代表主来关爱他身边的一切，从自然环境到人。穆斯林被告知对其他人要包容，并且要创造公平、慈爱的社会。因为在这样的社会里，人们不会去做有罪的事情。这些美好的品德从家庭开始做起，《古兰经》里清晰地描绘了男人、女人和儿童扮演的角色。

公正的天平

伊斯兰法律也涉及商业，它为了鼓励并确保公平的贸易，设立了交易规则。自从阿拔斯王朝以来，在伊斯兰国家的市场里都有检查度量衡以及商品质量的官员，这种官员被称为市场检察官。现在在一些市场里仍然保留了这种传统。

贩卖奴隶

奴隶制是古代社会制度中的重要组成部分，直到先知穆罕默德时代仍然非常普遍。在中世纪，奴隶制仍然主宰着人们的部分生活，就像这幅图中描绘的北非奴隶市场一样。《古兰经》鼓励奴隶解放，强调要仁慈地对待他们，给他们更多友爱。

“安拉在世界上创造的最美好的事物是公正。公正是真主放置在世界里的一杆秤，所有崇尚公正的人将被带入天堂。”

先知穆罕默德

宽容

《古兰经》强调穆斯林和非穆斯林之间要宽容。犹太教徒和基督教徒，以及喜欢穆斯林、信仰唯一真神的人们在《古兰经》中都被给予了特殊的尊重。像这幅西班牙画里正在下国际象棋的穆斯林棋手和基督教徒棋手那样，人们应该能够和平共处。

在一起

许多穆斯林与有着不同信仰的人共同生活在一起。他们和睦相处，像这些行进中的中国的穆斯林和佛教徒。

尖塔和宣礼塔

在赞比亚、坦桑尼亚，清真寺和基督教堂是近邻。在这些国家的很多地方，穆斯林生活在多样化的社区里，与基督徒以及信仰其他宗教的人紧密地生活在一起。

男人的角色

伊斯兰教对男人和女人在家里的角色有清晰的定义。男人的工作是处理家庭和外部世界的关系，比如这个男人正在款待他的男性客人。

孩子和家庭

穆斯林认为孩子是真主赐给他们的礼物，孩子使他们生活充满了乐趣。父母将承担起养育孩子的责任，确保孩子有一个良好的环境，接受恰当的抚养和教育。父母期望孩子能尊敬和服从他们，并且拥有仁慈、善良的品格。

被画上红色图案的手

在传统的结婚仪式上都要用到散沫花染剂。结婚的前一日，新娘的手和脚要绘上美丽的图案，这些图案是用散沫花制成的染料画上去的。这通常由新娘的女性朋友或者亲戚来完成。

据说此图案象征力量和爱

婚后的生活

穆斯林通常期待结婚生子。婚姻不仅仅是个人的事情，还把几个家庭联系到一起。越来越多的新家庭让穆斯林社会变得越来越紧密，反映着真主的造物之功。

聘礼盒

一位穆斯林男人给他的准新娘 份聘礼，通常是将金钱或者财物放在这种盒子里。聘礼金的多少根据男人的财产情况决定。

西方的妇女

在许多社会里，穆斯林妇女接受高等教育，从事像医生、法律咨询这种行业的工作。有的穆斯林妇女还在公众生活中担任重要角色，像女男爵乌德丁，是英国上议院中的穆斯林成员，这是 个很好的例子。

苏丹妇女

像苏丹这种传统的穆斯林社会里，妇女始终担当着照顾家庭和照顾孩子的角色。然而在早期的穆斯林社会，妇女可以成为著名的学者和统治者。在中世纪，许多穆斯林妇女拥有知识，比如埃及伟大的学者乌姆哈尼（1376～1466）。

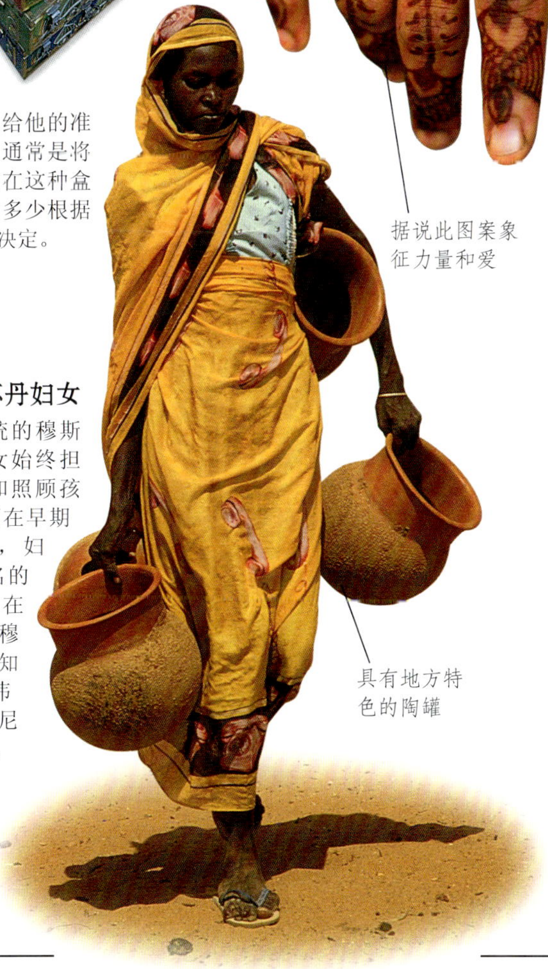

具有地方特色的陶罐

祈祷的男人

根据伊斯兰教，万事万物来自真主也将归于真主。爱家庭、爱朋友、爱广阔社会的品质是来自真主的本性。所以个体与真主的关系至关重要。每一个穆斯林都向真主寻求引导、宽恕和支持。

节日与仪式

太阴历

伊斯兰教历以月相为依据。每年有12月，每个月有29天或者30天，总计是354天。每个月以新月的出现为标志。

穆斯林的历法中包含有许多周年节日。一些是纪念宗教历史的重要事件，比如先知的生日和登宵夜。其他的则和伊斯兰教的五功有关。宰牲节，在朝觐的时候举行；开斋节，标志着斋月的结束，斋月是节制饮食的一个月。又如伊朗的诺鲁兹节，是庆祝新年的节日。另外穆斯林还庆祝生日、结婚等日子，以纪念人生中关键的时间点。

卡尔巴拉

伊拉克的卡尔巴拉是先知穆罕默德的外孙侯赛因680年被杀的地方。侯赛因的墓地成为什叶派穆斯林最重要的圣地和朝拜中心之一。什叶派将侯赛因逝世的日子定为阿舒拉节（见293页），以示纪念。

莱麦丹月

在莱麦丹月里，穆斯林每天从日出前到日落期间实施斋戒（见253页）。在每天日落的时候，人们先祈祷，再吃饭。像这种造型奇特的星月型油灯，在晚餐时将被点亮。

彩色玻璃

圣纪

这些来自肯尼亚的男孩儿们正在参加庆祝圣纪的游行。圣纪是先知的生日，这一天在一些伊斯兰国家是法定假日，在这个节日里要诵读《布尔岱》。《布尔岱》是一部赞颂先知穆罕默德的著名长诗。

开斋节贺卡

开斋节快乐

在开斋节的时候，人们敲邻居家的门，道祝福语“开斋节快乐”；不住在一起的亲戚或者朋友互寄问候贺卡（左图）。

开斋节气球

开斋节标志着斋月的结束，人们喜欢用五颜六色的气球装扮节日。庆祝活动包括开斋节会礼，享用丰盛的早餐和向穷人施舍。

伊斯兰教历

穆哈兰姆月 圣月　30天 1日：希吉莱（新年） 10日：阿舒拉节	**色法尔月** 这个月是空闲月 29天	**赖比儿·敖外鲁月** 春季第一个月 30天 12日是圣纪节（先知的生日）

撒冷节

一些伊斯兰节日只在伊斯兰教的某个国家或地区存在。举例来说，撒冷节作为标志莱麦丹月结束仪式的一部分，仅在尼日利亚北部举行。节日的特征是参加游行集会的人们都身着五颜六色的礼袍，有一位盛装的首领骑在马上，身后是鲁特琴演奏者。

旋转的苦行僧

苏非神秘主义成员（见273页）在一个特定的节日里，他们要表演称为“聆听”的旋转的舞蹈。这个节日是纪念苏非神秘主义奠基人、伟大的苏非神秘主义诗人鲁米（1207～1273）的逝世。

阿舒拉节

阿舒拉节是纪念侯赛因逝世的节日。这个节日的一个主要活动是人们抬着侯赛因陵墓模型穿越大街小巷，演出侯赛因之死的戏剧也是活动的一部分。

割礼

通常穆斯林男孩儿被实施割礼时，都要举行叫“海特乃”的仪式。虽然男孩儿在12岁之前任何时候都可以进行割礼，但割礼通常是在7岁左右施行。这些土耳其男孩儿进入清真寺准备参加海特乃仪式。

聘礼钱袋

结婚庆典

在伊斯兰教里，婚约表现为新郎给准新娘聘礼，然后新娘在见证人面前答应求婚。聘礼放在绣花的钱包里。婚礼庆典根据伊斯兰教在世界各个地区不同的传统而复杂多样，但是通常都要背诵《古兰经》并用盛宴款待来宾。

赖比儿・阿赫尔月 春季第二个月 29天	主马达・敖外鲁月 干燥的第一个月 30天	主马达・阿赫尔月 干燥的第二个月 29天

食物

众多的食物起源于伊斯兰教国家，并得到了很广泛的传播。在这些种类繁多的食物中，只有少量的品种受到了伊斯兰教饮食禁忌的限制，禁忌包括对某些食物应如何食用的规定。伊斯兰教禁止穆斯林喝酒和吃猪肉，猪肉被认为是不洁之物。一些动物可以被食用，但在屠宰这些动物时，必须提念真主之名，并以规定的方式屠宰，这样的肉被认为是清真的，可以合法食用。

甜点托盘

糖广泛的实用性，使得许多伊斯兰地区形成了自己的传统甜点品种。比如在马来西亚，当地的“库吃”很有名，库吃是用爪哇红糖和椰子肉调制的味道醇厚的蛋糕。

薄荷茶

很多伊斯兰国家都饮用茶。用玻璃杯冲上一杯热的甜薄荷茶是广受人们欢迎的清爽饮品。柠檬茶是常见的另一种茶。

小豆蔻

孜然

姜黄

香料

香料贸易对穆斯林商人而言一直非常重要。在中东地区的烹饪中使用了许多来自印度和东南亚的香料。像孜然和小豆蔻这样的烹调作料，因为有浓郁的香味并且有助于消化，所以受到人们的喜爱。

商店

伊朗伊斯法罕一对母女正在当地的售店购买干果和调味品。在统的商店里，大多数商品都露着陈放，以便购买者能够楚地看到他们想购买的东西。

快餐

在伊斯兰教世界里，食用快餐和半成品食物不是新鲜事。在街头，商贩烹制和出售他们自制的食物，这样的场面非常常见。比如这名埃及街头小贩正在将刚做熟的蚕豆饼蘸上当地的佐料出售给路人。

枣椰树

枣椰树是一种生长在西亚和北非干燥地区的作物。其果实香甜可口，并富含碳水化合物。很久以来一直是地中海、红海沙漠地带的主要食品。

赖哲卜月	**舍尔邦月**	**莱麦丹月**
崇敬月	分离月	高温月
30天	29	30天
27日：登宵夜	15日：白拉提夜（在伊朗和印度纪念亡人）	27日：盖德尔夜（《古兰经》降临之夜）

给喜欢甜食的人

甜点是西亚地区人们喜爱的一种食品。这间在叙利亚的甜品店，销售一种当地名叫“哈马”的甜点，它的甜味来自盖在它上面的一层蜂蜜。商店橱窗里展示着不同品种的甜点吸引着路人。

烤面饼

在伊斯兰世界里常见的主食是一种未经发酵的面饼。这种面饼因为没有加酵母，烤制后呈扁平状而且不发起。这名吉尔吉斯斯坦的妇女正在用明火烤制面饼，这是一种传统的烤制方式。像这样的面饼也可以放在烤热的石头上烘制。

烤羊肉串

把小块儿羊肉用钎子串起来进行烧烤的方式在地中海东部地区和土耳其被广泛应用。烤羊肉串，或者用切片的羊肉、鸡肉制成的肉串烧烤，现在已经流行于整个欧洲及周边地区。

咖啡壶

咖啡被穆斯林引入西方。在阿拉伯半岛的西南角种植优质的咖啡已经有几个世纪了。今天咖啡仍然是那里的待客饮品，通常浓厚而且芳香的咖啡就盛放在这样精美的咖啡壶里。

橘子

橘子是沿着贸易路线从伊斯兰世界传到欧洲的。大约在14世纪的西欧，橘子汁被用来解渴。“orange”一词起源于阿拉伯语的“naranj”。

分享食物

热情好客一直是伊斯兰教的一种美德。特别是在沙漠地区，那里的食物获取艰难，因而非常珍贵。这幅早期的插图显示的是波斯人正和陌生人分享食物。

日常食物

这是塞内加尔的一家人正在露天做饭。饭熟了，一家人要在这一个锅里吃饭。每个人都期待着每天这个时候的家庭聚会，不仅能够听到新鲜事，还能享受到美餐。

闪瓦鲁月	都尔喀尔德月	都尔黑哲月
狩猎月	休整月	朝圣月
29天	30天	29天
1日：尔德・菲图尔节（开斋节）		10日：古尔邦节（宰牲节）

词汇表

综合

安息日 一周中用来休息和进行宗教活动的日子。

拜占廷帝国 5世纪罗马陷落后，在罗马帝国东部建立起来的帝国，定都于君士坦丁堡（今土耳其伊斯坦布尔）。

忏悔 对自己的罪过向神佛表示悔过，请求宽恕。

朝圣者 长途跋涉到圣地拜访、礼拜的人。

崇敬 推崇尊敬某人或某物。

传道 有组织地传播信息或道义，目的在于从最佳角度向人们展示宗教。

传教士 四处游历，将宗教传到其他国家的人。

顿悟 顿然破除妄念，觉悟真理。

隔离 把人们分隔成许多团体。例如，根据他们的种族或宗教划分。

古鲁 精神导师。

皈依者 指信奉某一宗教，或从信奉某一宗教转信其他宗教的人。

嫁妆 结婚时由女方家庭送出的财物。

怜悯 对遭遇不幸的人表示同情，并由此产生帮助受难者的愿望。

灵性 指人在宗教、超自然方面的智慧。

流放 被迫离开自己的家乡或国家。

门徒 信仰某一宗教，追随宗教领袖的人。

冥想 使心灵平静下来，专注于精神世界。

迫害 出于宗教信仰的原因，骚扰、袭击甚至杀害某人或某个群体。

人道主义 将人放在首位，摒弃超自然的思想体系。

入会仪式 标志着一个人加入群体或社会的仪式，如成年礼标志着一个人进入成年人的社会。

神 男神或女神。

圣地 因与圣徒或圣人相关联而变得神圣的地方，或是保存有他们的圣物的地方。

圣典 宗教中被奉为经典的著作。

施舍 向贫穷的人慷慨地赠予财物的行为。

十字军东征 中世纪时期，欧洲西部的基督教信徒与地中海东部的穆斯林进行的一系列战争。

世俗 同物质世界相关，与宗教或精神世界无关的事情。

誓言 宣誓时说的话，如修士或修女在进入隐修院时的誓言，夫妇在结婚时的誓言。

誓约 宣誓订立的必须遵守的条款。在宗教中通常指某人与神、另一个人或一群人订立的条款。

授权 把权力委托给某人或某个群体代为执行。

授任神职 使某人成为主教、司祭，或成为佛教僧尼的仪式。

寺庙 专门修建的用于礼拜的建筑。

王朝 同一个家族中一脉相承的几位统治者。

希腊化时期 通常指约公元前4世纪～前1世纪。在地中海东部和中东，起自亚历山大大帝逝世直到罗马征服埃及为止这一段时期。

殉道者 为了自己的信仰而死的人。

仪式 定期进行的典礼、仪式或其他宗教活动的程序。

移居入境 进入新的国家定居。

移民 从一个国家迁移到另一个国家定居的人。

异教徒 基督教创立前，把当地宗教作为信仰的人；或者，有时作为贬义词用来指代没有宗教信仰的人；同时它也是一种现代宗教。

预言 对未来的预测，或指在神的指引下言明真理。

斋戒 不进食，或严格地限制饮食。

咒 帮助人们进入冥想的诗、句或声音，常常出现在东方宗教中。

印度教

奥义书 阐述印度教重要信条的印度教经典文献。

不害 在行为和思想上不伤害任何生命。这一词在印度教和佛教中均有出现。

传承文献 印度教圣典的第二类文献合集。梵文中，“传承”一词字面意思是“记忆的事情”。

法 指人们生活和行为的规范。每个人都有不同的法，人们可能需要通过学习和听取僧侣或宗教导师的建议来发现自己的法。

梵 至高无上的、全能的存在。传说男神、女神及所有生命都是梵的一部分。

梵语 印度古代神圣的语言，最早出现在印度教圣典中。

吠陀 印度赞美诗和颂歌的合集，是印度圣典中最神圣的部分。

化身 神现身人间时的一种形式。最著名的是毗湿奴的化身，显现为罗摩、黑天等。

霍利节 印度教重要的节日之一。在印度历12月的望日举行，庆祝旧年结束新年开始。

解脱 从死亡和重生的轮回中得到释放或解放。

轮回 生与死的无尽循环。

《罗摩衍那》 古代印度文学的两大史诗之一，用梵文写成。《罗摩衍那》讲述了毗湿奴第七个化身——罗摩的故事。

《摩诃婆罗多》 古代印度文学的两大史诗之一，用梵文写成。《摩诃婆罗多》讲述了两个家族之间从对抗到战争，最终“善”的一方——般度族获胜的故事。

配偶 神的伴侣、丈夫或妻子。

印度教中指被看作神的妻子的女神们。

婆罗门 印度社会等级中最高的一级，由身为僧侣的宗教导师构成。

普阇 对神的崇拜活动，包括奉献贡品、颂唱、注视神像等形式。

萨克蒂 具有女性特征的神，通常被看作湿婆的伴侣。人们用各种方式敬拜伟大的女神，名字各有不同，如难近母和迦利。

三神一体 印度神中梵天、毗湿奴和湿婆三神合一的三面神形象。

圣人 抛弃物质追求，追随梵或神的圣洁者。

示现 通过看神的画像对神表示尊崇的行为。通过这一行为，崇信者相信，自己获得了神力的加持。

天启文献 印度圣典的一部分。人们相信它们是由远古的圣人从神那里聆听到的教导，因此有着最高的权威。最开始这些教导由人们口口相传，后来才用梵文记录下来。梵文中，“天启”一词字面意思是“听说的事情”。

往世书 古代印度梵文神话系列作品。“往世书”是传承文献的一部分。

印度神像 神的画像。人们认为它是神显现的形式，或者说神附身于画像上。

瑜伽 结合了身体、心理和精神的一种修持方法。目的是从死亡和重生的轮回中获得解脱。

种姓 印度社会中，人生而具有的社会等级。

佛教

阿修罗 佛教中的六道之一，常常被称为恶魔。

八圣道 佛教教义。指八种克服以苦为根本特征的世间存在而获得涅槃解脱的正当途径或修行方法。

巴利语 早期佛教经书中使用的神圣的语言。巴利文文献主要有上座部佛教的经典，通常称为巴利文三藏。

《本生经》 佛教经典。主要讲述释迦牟尼佛前生不同身形和身份，以及相关的行菩萨道的故事。

达摩 印度僧人，禅宗创立者。游历于中国嵩山、洛阳一带，传播禅法。

法 一切因果道法、佛陀的教导和在这种教导下人的生活。

法事 佛教仪式之一。佛教为说法、供佛、施僧等所举行的仪式。

法印 佛教术语。佛教徒用以鉴别佛法真伪的标准。

放生 基于众生平等的慈悲精神以及轮回生死的因果观念，佛教信徒举行的一种宗教活动。

佛经 佛陀的教导与言论集。

观音 佛教徒尊奉的菩萨之一，被认为是救苦救难之神。

叩拜 面朝下伏于地面，表示对佛陀的崇敬。作为皈依仪式的一部分，代表着佛教徒对佛、法、僧的虔诚。

苦行者 通过简单朴素的生活和避免身体上的愉悦来实现圣洁的人。

曼陀罗 表现宇宙和众神的象征性图形，在宗教仪式和禅定时使用，尤其多出现在藏传佛教中。

涅槃 当人从死亡和重生的轮回中得到彻底解脱时的境界。

菩萨 在上座部佛教中，菩萨指尚未修行到佛的人；在大乘佛教中，菩萨是放弃涅槃的机会而帮助他人涅槃的人。

僧伽 佛教僧侣、尼姑和修行佛道的团体。

沙弥 指七岁以上，二十岁以下受过十诫的出家男子。

手印 佛像中显示的佛陀的各种手势。每种手印都代表着不同的含义，如禅定印或施无畏印。

四圣谛 苦谛、集谛、灭谛、道谛是原始佛教的中心思想，也是佛陀证悟了并晓示世人的真理。

窣堵波 供奉或收藏佛骨、佛像、佛经、僧人遗体的建筑。

玄奘 中国僧人。经长途跋涉，将梵文佛经从印度带回中国，并翻译成汉文。

业 指一切行为、语言和思想。

东亚宗教

《道德经》 中国古代重要哲学著作。分上下篇，上篇为《道经》，下篇为《德经》。

道观 道教供奉神像、举行祈祷仪式，以及道士生活、修道的处所。

孔子 中国古代思想家，儒家学派创始人。

老子 中国古代思想家，道家学派创始人。

《论语》 中国儒家重要经典。孔子的弟子记录孔子言行的著作。

儒学 中国儒家的学说。儒学的基本特征是以孔子为宗师，以人道为中心，提倡仁义之道，重视礼义教化。

神社 日本神道教祭神或参神的场所。

神仙 道教信奉的一类神灵。主要指经过修炼而得道的神人、真人。他们居住在天宫、琼楼、仙山洞府或海岛神州，有各种神奇本领，能隐身遁形，造物变化，来去自由。

锡克教

匕首 锡克人佩带的短剑。锡克人身份的五种外在标志——五K之一。

插发梳 将梳子插在长发上可以保持发型整洁。锡克人身份的五种外在标志——五K之一。

短裤 被锡克人当作内衣穿在里面的短裤。锡克人身份的五种外在标志——五K之一。

拂尘 像掸子一样的物品，象征着高贵。用它来扫拂《古鲁·格兰特·沙哈卜》上的尘埃，是向圣典表示尊重的一种方式。

甘露 水和糖做的。锡克教徒

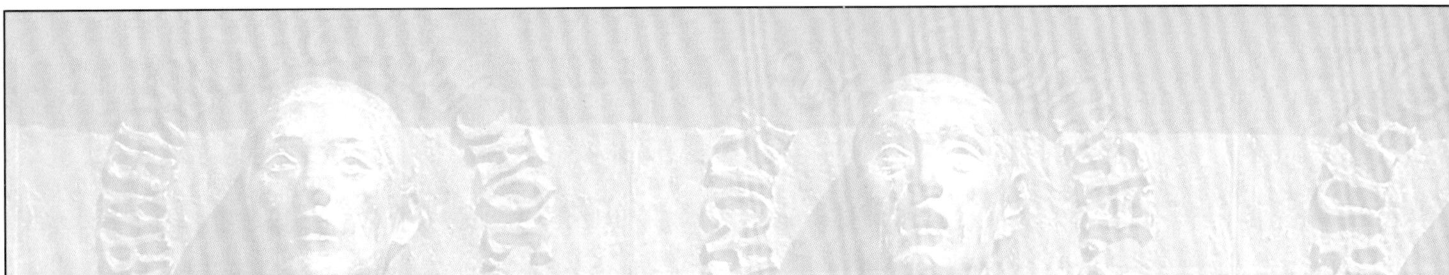

在成为卡尔沙成员的仪式上使用。

钢手镯 锡克人在右手腕佩戴的铁或钢制的手镯。锡克人身份的五种外在标志——五K之一。

格兰缇 熟练诵读《古鲁·格兰特·沙哈卜》的人，同时在谒师所负责看管保存的经书。

《古鲁·格兰特·沙哈卜》 锡克教圣典，也称《阿底·格兰特》。

古鲁穆奇文字 通常被认为是第二代祖师安格德发明的文字，被用于书写锡克教圣典。

卡尔沙 锡克教成年教徒加入的社团。

坎达长剑 一种双刃剑，锡克教的标志。第十代祖师戈宾德·辛格曾在创办卡尔沙的仪式中使用这种长剑。

萨瓦 锡克教中为他人服务的理念,包括向穷人施舍救济品，以及在谒师所里服务。

颂神礼 集体唱赞歌，通常有乐器伴奏，是锡克教礼拜中的一个环节。

蓄长发 锡克人不剪头发，表示他们接受了神的意志。锡克人身份的五种外在标志——五K之一。

谒师所 锡克教徒集体做礼拜的地方。《古鲁·格兰特·沙哈卜》圣典被妥善地安置在谒师所内。

犹太教

保守派 犹太教中介于正统派和改革派之间的一个派别。

成年礼 犹太教为已达到一定年龄的孩子举行的成年仪式。男孩成年礼使用“诫命之子”一词，女孩成年礼使用“诫命之女”一词。

大屠杀 指1880~1920年居住在波兰和俄国的犹太人遭受的迫害。“大屠杀”还特指在第二次世界大战期间，纳粹对犹太人实施的大规模谋杀。

德系犹太人 来自欧洲中东部的犹太人，以及他们在世界其他地区的后代。

改革派 将自己的信仰与现代社会相适应的犹太人。改革派犹太人相信《托拉》里所写的不是上帝真正说过的话，而是接受上帝启示的人的言辞。

割礼 犹太教中，将男性婴儿的包皮全部或部分切除的仪式。旨在证明他是犹太教的成员。

哈努卡节 也称光明节。为了纪念公元前164年犹大·马加比领导的起义胜利和第二圣殿重新用于祭拜的日子。

合礼 指符合犹太教饮食教规的食品。

基布兹 以色列的农业社区。在社区里，土地和产品由居民共同享有，决策也由居民通过会议共同制定。

拉比 研究《托拉》的学者，及犹太社区的精神领袖。

七枝灯台 有七个灯盏的烛台。七只灯台是犹太教和犹太人最重要的标志之一。

散居 犹太人在以色列地外的流散和迁移。

闪米特人 指犹太人。

赎罪日 犹太日历中最神圣的一天。犹太人在这一天会通过禁食、祈祷来赎罪。

《托拉》 也称《摩西五经》，是犹太教圣典中最重要的经书。

西班牙犹太人 西班牙、葡萄牙或北非地区的犹太人后裔，其中包括定居荷兰的犹太人的后裔。

《希伯来圣经》 犹太教主要经书的汇编，由《托拉》《先知书》和《圣文集》组成。

意第绪语 许多德裔犹太人使用的语言，既包含了来源于德语的单词，也包括从希伯来语引入的单词。

犹太复国主义 19世纪开始兴起的一场政治运动，主张在以色列建立犹太人的国家。

犹太会堂 犹太人进行礼拜或集体敬拜、学习《托拉》的地方。

犹太人区 城市中犹太人生活的区域。那里的人们通常生活贫困,而且行动自由受到限制。

逾越节 纪念摩西带领以色列人摆脱埃及人奴役的节日。

正统派 最严格地遵循传统犹太教教规的犹太人。

基督教

传福音 指耶稣的话及门徒传播的教义；或者指基督教信徒相信自己有责任传播福音的一种行为。

道成肉身 上帝成为人来到世界,以耶稣的身份出现在人间。

钉十字架 在十字架上被钉死。

复活 在死后复生。

复活节 基督教中纪念耶稣复活的节日。

告解 对自己的罪恶通过自我惩罚表明真心悔罪，以获得宽恕。

共融体 指圣餐仪式或弥撒。又指一群因为信仰、教规和礼拜仪式而结合在一起的教会团体。

祭礼服 在宗教仪式中主持穿着的特殊服装。

坚振礼 已经受洗的信徒再次坚定自己的信仰的仪式。在婴儿时期受洗过的教徒通常会在青少年时期或成年早期坚定自己的信仰。

见习修道士 准备进入修会，尚未发入会愿的修士或修女。

讲道 针对宗教主题的演讲，通常作为宗教仪式的一部分。

降临期 降临期是引出圣诞节的一个节期，它包括圣诞节前的四个星期。

教区 由主教管辖的教务行政区。

教堂 基督教举行宗教仪式的建筑物。

绝罚 不允许某人参加圣餐仪式。

弥撒 天主教对圣体圣事仪式的称谓。

念珠 念诵玫瑰经时使用的(英文中念珠与玫瑰经为同一单词)

物品，即反复数念念珠进行祈祷。

驱魔 驱除魔鬼的仪式。

神迹 因为上帝的介入，发生的事情违背了正常的自然规律。

圣餐 基督教主要仪式之一。在圣餐仪式中，代表着耶稣体和血的圣饼和葡萄酒被分发下去，供信徒食用。圣餐也被称为弥撒、圣体圣事、主的晚餐。

圣诞节 基督教节日，在12月25日举行，庆祝耶稣的诞生。

圣骨盒 存放圣人遗骨的容器。

《圣经》 基督教的经典汇编。《圣经》分为两个部分，或称两个圣约。《旧约》由《希伯来圣经》构成，《新约》主要讲述耶稣及早期追随者的生活与宗教活动。

圣母领报 天使加百列报告童女马利亚降生上帝之子，她将其命名为耶稣。

圣母升天 人们相信圣母马利亚在死后灵、体都会升入天堂。

圣事 基督教中庄严的宗教仪式。

圣体 在弥撒或圣餐仪式中祝圣的面饼，代表耶稣的身体。

圣体发光 供奉圣体（圣饼）、举行仪式时使用的容器。

圣像 绘在小型板上的基督、圣母像。敬拜圣像是东正教信徒用来表达虔敬的重要方式，在教堂和每一个家庭中都设有供奉圣像的圣像屏。

四旬期 圣灰礼仪日和复活节之间的时期（在东方教会中时间稍长）。基督徒在这段时间中不举行婚配，停止娱乐并斋戒，以纪念耶稣在旷野中守斋祈祷的日子。

洗礼 基督教入教仪式。仪式各教派不尽相同，既有浸礼也有注水礼。

耶稣升天 耶稣在复活之后被接到天上，与他的天父在一起。

隐修院 罗马天主教和东正教修士或修女聚居之院。他们与外界隔绝，发誓绝财、绝色和绝意。

寓言故事 用讲故事的方法阐述道德或宗教的道理，尤其指耶稣讲述的故事。

拯救 信仰耶稣基督的人能够从人类普遍的罪恶中得到拯救。

主教会议 罗马天主教会地方性的会议形式。由地方全体主教组成。

主教座堂 主教或大主教所在的基督教堂，教堂里设有主教座位。

宗教改革 在16世纪早期欧洲，人们为改革基督教会，建立新教教会而掀起了一场社会运动。

伊斯兰教

朝觐 到麦加的朝圣，特别是在都尔黑哲月进行的朝圣。是伊斯兰教五项基本功修之一。

割礼 男性割礼，通常在男孩七岁或七岁以上的时候进行。

《古兰经》 伊斯兰教的经典，被认为是经穆罕默德传示的神的话。

哈里发 伊斯兰国家的政治领袖。也被更宽泛地指安拉在人间的代理人。

拉卡 祈祷中需重复多次按照步骤完成的一组动作。

莱麦丹月 伊斯兰历法中的第九个月，穆斯林的斋月。

礼拜 穆斯林每天按照五个规定的时刻进行祈祷。

马德拉沙 伊斯兰教学校，初等和高等宗教教育的中心。

毛拉 伊斯兰教学者，有时指主持公共祈祷的导师和教士。

米哈拉布 清真寺里的壁龛，指示麦加的方向。

敏拜尔 清真寺中有台阶的宣讲台。星期五聚礼日时伊玛目在上面布道。

摩尔人 西北非的穆斯林或指中世纪西班牙的穆斯林。

清真寺 穆斯林聚集在一起礼拜的地方。

什叶派 伊斯兰教两大派别之一。什叶派认为先知穆罕默德的堂弟、女婿阿里及其后裔为先知的合法继承人。

圣训 先知穆罕默德的言行记录。

苏非 伊斯兰教中信奉神秘主义的团体，期望与真主直接接触。

天课 伊斯兰教中的一种赋税。根据个人财产计算缴税比例，收来的税款被分发给伊斯兰社区里的穷人。天课是伊斯兰教五项基本功修之一。

宣礼塔 清真寺群体建筑的组成部分之一，宣礼员在塔上呼唤人们进行祷告。

宣礼员 每天五次呼唤穆斯林祷告的人。

逊尼派 伊斯兰教的多数派。支持选举产生继承人。

伊玛目 穆斯林礼拜的领拜人，通常由学习过《古兰经》和圣训的人来担任。

伊斯兰教法 伊斯兰教律法。主要依据《古兰经》、圣训和先知穆罕默德的实践制定的律法。

章 《古兰经》的部或章节。《古兰经》被分为114章，每一章都有独立的名字。

索引

致谢

Dorling Kindersley would like to thank: Virpal Kaur at The Sikh Museum, Leicester; Sawag Singh, model on pp. 124–125; Ritesh and Darshana Patel, models on pp. 48–49; Darshana Patel for her knowledge and patient guidance on the details of a Hindu wedding ceremony; Nancy Arnott for kind loan of props; Joshi fabric shop, Wembley, London; Julie Ferris for proof reading; Sue Lightfoot for the index; Father Francis Baird; Father Stephen Horton; Julian Brand; Valerie Brand; Sister Susanna Mills; Sister M Anthony; Sister Irene Joseph; Rev. Malcom Allen; Rev. Stephen Tyrell; Rev. Felicity Walters; Amber Mullins; the monks of Prinknash Abbey, Cranham, UK; the nuns of the Convent of Poor Clares, Woodchester, UK; Birminham Buddhist Vihara, UK, especially Venerable Dr. Rewata Dhamma and Yann Lovelock; Karma Ling Temple, Birmingham, UK; Lama Rabsang; Venerable Nagesena Bhikkhu; Stiematzky and Jerusalem the Golden; Sheila Collins; Fran Jones; Sadie Smith; Clare Lister; Zahavit Shalev; Philip Letsu; Wilfrid Wood; and Batul Salazar

The publishers would like to thank the following for their kind permission to reproduce their photographs:

a=above; b=below; c=centre; l=left; r=right; t=top

A-Z Botanical Collection: Matt Johnston 294bl.

AKG London: 129tl, 135c, 138c, 146b, 147tr, 149tc, 161cbr, 184br, 185, 195tr, 197cb, 198bl, 199tl, 204tr, 211tl, 213tc, 214bc, 216tl, 216tc, 221t, 221t, 253cr, 259br, 280c, 282tl; British Library 241t; British Museum, London 247tr; Stefan Diller 139l; Erich Lessing 178tr, 184tl, 185bc, 185cbr, 185r, 189bl, 193C, 196tr, 198tr; Victoria and Albert Museum 285tr, 285cl.

Ahuzan Gallery, Ahuzan Islamic Art, London: 272c.

Alamy Images: 206bc; Bryan & Cherry Alexander Photography 15br; Jon Arnold Images 14bc; Paul Doyle 119tr; Brian Harris 232b; Christine Osborne 124b; Robert Harding Picture Library 37tr; Robert Preston 16c.

Photograph by Alexander Stone Lunde: 252cr, 256bl.

All Saints Church: 204br, 205tr, 205cl.

Ancient Art & Architecture Collection: 33bc, 134cr, 136b, 160bl, 188clb, 192r, 195tl, 239br, 248tl; R. Sheridan 204tl, 205cr.

Andes Press Agency: 81cr, 81br; C & D Hill 85tl; Carlos Reyes-Manzo 101br, 104bl, 107tl.

Arcaid: Alex Bartel 210tl; Alan Weintraub 152cl.

Archivo Fotografico: 261br, 279br.

The Art Archive: Archaeological Museum, Madrid 260tl; Biblioteca Nacional Lisbon/Dagli Orti 173br; Bibliotheque des Arts Decoratifs Paris/Dagli Orti 129cb; Dagli Orti 130cl; Museuo Capitolino Rome/Dagli Orti 137br; Nationalmuseet Copenhagen Denmark/Dagli Orti (A) 139br; Topkapi Musuem, Istanbul 283br.

Art Directors & TRIP: 29tl, 35tl, 35br, 40tl, 42bl, 44bl, 118c, 118br, 118l, 119b, 120tr, 121tr, 122cr, 122-123, 123cr, 124tl; Ask Images 168tr; T. Bognar 70cl, 106tr; R. Daniell 41tl; Dinodia 46-47; I. Genut 160c; F. Good 105cr; J. Highet 66bc; T. Morse 100tl; Christopher Rennie 87br; Resource Foto 43tl, 47cr; H. Rogers 7br, 13cr, 159tl, 167br, 54cr, 106t; S Shaprio 174tr; J. Sweeney 12tr, 25car, 77tr; B. Turner 51tr.

Art Resource: The Jewish Museum, New York 176c.

Ashmolean Museum, Oxford: 74bl, 74bc, 78b, 88c; Bibliotheque Nationale, Paris 110tl.

Barnabas Kindersley: 71c, 71c, 91cr, 95bl, 97tr, 97c, 99tl, 101tl.

Baroness Udin/Universal Pictorial Press: 291clb.

Beth Hatefutsoth, Photo Archive, Tel Aviv: 138bl, 145tr, 152cr, 164tl; Central Zionist Archives, Jerusalem 142cl, 144tr, 145br, 145c; Courtesy of E. M Stern 165cb; Ghetto Fighter's House- Photo Archive 150c; Jewish National and University Library, Jerusalem 159tr; Municipal Archives of Rome 140tr; Tel Aviv, The Gross Family Collection 144br.

Bodleian Library, University of Oxford: 266c, 273cl.

Bridgeman Art Library, London/New York: 38bl, 190cr, 199b, 203br, 213bc, 213br, 216c, 219clb, 219bcl, 239bl, 257tc, 262bl, 263bl, 270tr, 272tr, 282cl, 282br, 283tr, 283b; Alte Pinakothek, Munich, Germany 219cla; American Museum, Bath, Avon 216cl; Basilica di San Marco, Venice, Italy 128tr; Bible Society, London 5tl; Govt. Museum and National Art Gallery, Madras, India 35tr; Bible Society, London, UK 201tr, 201br; Biblioteca Publica Episcopal, Barcelona 227bc; Bibilioteque Mazarine, Paris 199cr; Bibliotheque Nationale, Paris, France 132bl, 138br, 268tl, 290c; Bradford Art Galleries and Museums 212bl; British Library, London 132c, 202br, 264tr, 266tr, 295bl; British Museum 82tr, 282bl; Egyptian National Library, Cairo, Egypt 273cr; Eton College, Windsor 268tr; The Fine Art Society 216bl; Giraudon 158tl; Insititute of Oriental Studies, St Petersburg, Russia 255bc, 268bl, 274tr; Instituto da Biblioteca Nacional, Lisbon 199cl; Koninklijk Museum voor Schone Kunsten, Antwerp 227tr; Kunsthistorisches Meseum, Vienna, Austria 258br; Lauros/Giraudon 177br; Louvre, Paris 262cr, 278cr; Monasterio de El Escorial, Spain 261bl, 278c, 290cr; Musee Conde, Chantilly, France 204cl, 248-249; Musee de la Revolution Francaise, Vizille, France 141tl; Musee Guimet, Paris 56c, 58tl, 59b, 65br, 75tr; Museo Real Academia de Medicina, Madrid 262tr; Museo di San Marco dell' Angelico, Florence, Italy 196bl; Museum of the City of New York, USA 215tl; National Museum of Ancient Art, Lisbon, Portugal 219c; National Museum of India, New Delhi 67br, 92r; Oriental Museum, Durham University 64c, 64tl, 65tr, 66bl, 75tl, 77br; Private Collection 20tl, 72b, 89tl, 93tr, 140cr, 159br, 205br; Rafael Valls Gallery, London, UK 214cal; Richardson and Kailas Icons, London 210cal; Royal Asiastic Society, London 265bc; Sarnath, Uttar Pradesh, India 68l; Sixt Parish Church, Haute-Savoie, France 208c; Stapleton collection 250tl, 250bc, 258bl, 259bl; Surya Temple, Somnath, Bombay, India 40bl; Topkapi Palace Museum, Istanbul, Turkey 263br, 267br; Le Tresor de L@Abbaye de Saint-Maurice, France 259tl; University Library, Istanbul, Turkey 267tl; Volubilis, Morocco: 261tl; Victoria and Albert Museum, London 84b, 204bc; Wesley's Chapel, London, UK 215tr.

British Library: 23, 20tr, 20cl, 20cr, 20br, 20l, 21l, 32cr, 32bl, 36tr, 39br, 40tr, 40bc, 41b, 69tr, 72tl, 72c, 73cr, 73bl, 167tr, 202tr, 202bl, 232c.

British Museum: 57b, 83c, 90tl, 128cl, 128c, 194r, 200ca, 207tr, 207tr, 220c, 221br, 226tl, 237cr.

Buddha Padipa Temple, Wimbledon: 96r.

Camera Press: 149cb, 149br.

Christine Osborne: 59tl, 66tl, 92c, 98tl, 99tc, 102cl, 107c, 176tc, 220tcl, 236bl, 256br, 257cr, 262br, 263cr, 266bl, 267tr, 270cr, 274bl, 276tr, 280tl, 286tl, 287bl, 292tr, 292cb; Nick Dawson 78tr, 88tl; Paul Gapper 95cb; Liam White 225tr.

Coca Cola Company: 167bl.

Collection Ali Bellagha: 293br.

Corbis: 24cl, 239tl, 279cl; Paul Almasy 244bl, 284b; James L. Amos 182-183; Archivo Iconografico, S.A. 10c, 245br, 261tr; Nathan Benn 137tl; Bettmann 142bl, 148c, 148bl, 151cl; D.Boone 89; British Museum 264bl, 264-265; Kathleen Brown 12bl; Burstein Collection 180–181tc © ADAGP, Paris and DACS, London 2003; Michael Busselle 279tr; Sheldan Collins 69br, 284cr; Dean Conger 128–129b, 131tr; Cordaiy Photo Library Ltd/Eve Miessler 12-13b; Gianni Dagli Orti 12cr, 130b, 134tl; Gerard Degeorge 281tr; Edifice 279bc; Ric Ergenbright 279tl; Eye Ubiquitous: David Cumming 21br, 28bl, Bennett Dean 18-19, 43tr; Michael Freeman 99bl; Keerle Geo/Sygma 79tr; Shai Ginott 166br; Philip Gould 237br; Dallas and John Heaton 207br; Lindsey Hebberd 22-23, 28cr, 33br, 47tc, 50c, 52-53, 123bc; John Hesletine 278-279; Angelo Hornak 34tr, 35bl, 61bl; Dave G. Houser 50-51; Hanan Isachar 22bl, 174b; Historical Picture Archive 36c, 36cr, 36cb; Rabbi Naamah Kelman 164c; Christine Kolisch 21tr; Earl & Nazima Kowall 290bl; Charles & Josette Lenars 14-15, 270-271; Barry Lewis 135tr; Chris Lisle 120bl, 124tc; Araldo de Luca 244br; Lawrence Manning 16-17, 24c; Roy Morsch 126-127; Richard T. Nowitz 134b, 152tr, 178br; Tim Page 61bl, 105tr; Philadelphia Museum of Art 39ca; Roger Ressmeyer 11tr, 37br; Albrecht G. Schaefer 46cl; Moshe Shai 178tl; Ariel Skelley 18tl; Janez Skok 46bl; Joseph Sohm/Chromo Sohm Inc. 25br; Paul. A. Souders 154br; Stapleton Collection 156tr; Sygma: Baldev 45cl, 45br; Richard Ellis 25cb; Desai Noshir 116-117; Leonard de Selva 144cl; Ted Spiegel 151bc; Unger Kevin/Sygma 165cra; Luca I. Tettoni 64cl; Graham Tim 51c; Travel Ink/Abbie Enock 270cl; David Turnley 17cb; endpapers; Peter Turnley 166bl, 241cr; Penny Tweedie 17tr; Brian A.Vikander 10bl; West Semitic Research/Dead Sea Scrolls Foundation 157tc; Peter M. Wilson 158bl; Janet Wishnetsky 287br; Roger Wood 260br; Adam Woolfit 264cr, 278tr; Alison Wright 96tl, 262; Michael S. Yamashita 105b, 107bl, 108-109.

Danish National Museum: 192t.

www.dinodia.com: M.Amirtham 36bl; Anil A.Dave 45tr; Pramod Mistry 44tl; Satish T. Parashar 50tl.

DK Picture Library: American Museum of Natural History 17cr; Ashmolean Museum 42tr, 249tr, 258c,

284tl; Akhil Bakhsi 45tl; © Bowness, Hepworth Estate 2bl; British Library 248cl, 248bl, 249cr, 265tl, 276cr; British Museum 6tl, 6cl, 7tl, 41tr, 42cb, 244tl, 245tr, 246tl, 258-259, 278tl; Central London Gurdwara 120-121; Glasgow Museum 2c, 2br, 5r, 7cr, 32tl, 33c, 42tl, 42cl, 121tc, 249cr, 273br; David Gower 275tc; Jewish Museum 3tl; David Murray & Jules Selmes 295cl; Barnabas Kindersley 34c, 234tr, 234tr, 234tr, 234cl, 234br, 235bl, 271cl; Museum of the Royal Pharmaceutical Society 269cb; Natural History Museum 276tr; National Maratime Museum 251tc, 267cr, 274-275; Stephen Oliver 22c; Aditya Patankar 272bl; Pavillion Musem and Art Galleries 281tl; Pitt Rivers Museum 2cbl, 276bl; Royal Museum of Scotland 274cl; Science Museum 268br, 269r; University of Archaeology and Anthropology 22tl; Westminster Cathedral 2tl.

E & E Picture Library: 179b.

Eye Ubiquitous: James Davis Travel Photography 122bl.

Florence Nightingale Museum: 210bc.

Fotomas Index: 281cr.

Fritz Hansen A/S: 180bl.

Getty Images: AFP: Arko Datta 16bl; Dennie Cody 43b; Youn Jae-Wook 24-25; Hans Neleman 1c; Nguyen Phuong Thao 24bl; Allsport 238tl.

Glasgow Museums: 172tl; The Burrell Collection: 111br.

Golders Green United Synagogue: 174l.

Heritage Image Partnership: The British Museum 133tr; 134cl.

Hulton Archive/Getty Images: 142–143bc, 143cr, 146tr, 147br, 149tl, 149cr, 150bl. Leo Baeck Inst. NYC. Photo Gemeinden Deutschland. Macdonald and Co. 147cb.

Hutchison Library: 293tl; John Egan 253br; Sarah Errington 295tr; Juliet Highet 279c; J. Horner 162cr; Nigel Howard 101tr, 101cra, 101cr; Michael MacIntyre 115tr, Isabella Tree 95tl.

Icorec /Circa Photo Library: William Holtby 104br.

Images Colour Library: 112bl

Impact Photos: Alan Keohane 246cr; Jerry Flynn 260cr; Stewart Weir 167bcr.

Imperial War Museum: 148tl, 148br; James Johnson 150tl, 150cla.

Icorec /Circa Photo Library: John Smith 121br, 122tl.

Israelimages.com: Israel Talby 152br, 165t; Richard Nowitz 166cb.

Israel Museum Jerusalem: 131l, 136tl, 158–159 bc, 168bl; D. Harris 168c; David Harris 171tr, 171cl. **James Stone Lunde:** 269br, 277tr, 295c; Private Collection 287tl.

Jerry Young: 162bl.

Jewish Education Bureau: 170cla.

Jewish Museum, London: 136cl, 160–161c, 170tl, 200b, 201bl.

John Gillow: 272br, 273tr, 276cb, 286tr, 293cr.

Joods Historisch Museum: 140bl. Kobal Collection: 181tr.

Magnum: Fred Mayer: 113br

Mary Evans Picture Library: 111blc, 132tl, 138tl, 144bl, 146tl, 146c, 147tl, 147cl, 173tl, 190tr 265br, 274tl; Cassell, Petter & Galpin 142tr; Explorer Archives 160tl; Weimar Archive 151t.

Michael Holford: 129r.

Moshe Frumin: 132br.

Museum of London: 217ca, 217ca, 221cra.

Museum of Order of St John: 223tr, 231bc, 232tl.

National Gallery, London: 194bl, 195bl, 195br.

National Maritime Museum: 214br.

National Museums of Scotland: 221bl.

Natural History Museum: 67cr.

Nelson-Atkins Museum of Art, Kansas City, Missouri (Gift of Bronson Trevor in honour of his father, John Trevor): 110tr

Nomad, King's Parade, Cambridge: 253tr, 276c, 288-289c, 289tl, 292br.

O. Clasen: 280tr.

Oscar Israelowitz: 153tr.

Panos Pictures: Piers Benatar 291tr; Trygve Bolstad 294cr; Adrian Evans 214cl; Alain le Garsmeur 217cra; Jan Hammond 217c; Jeremy Hartley 295br; Mark Henley 242-243; Mark McEvoy 293bl; Eric Miller 238br; Marcus Rose 280-281; Chris Sattlberger 215cr, 237tr; Marc Schlossman 290br; Clive Shirley 291tl; Paul Smith 217br; Liba Taylor 291bl.

Photograph by Paul Lunde: 244tr, 255br, 260bl, 280bl.

Peter Sanders: 244cl, 246cl, 246bc, 247bl, 250cl, 251c, 251c, 251cr, 251cr, 251bl, 254bl, 254bl, 253cl, 259cb, 270tl, 275tr, 281cl, 281br, 286cr, 286bl, 286bc, 287cr, 288tr, 288bc, 291cl, 292c, 292br.

Photobank: 106bl.

The Picture Desk: The Art Archive: Biblioteca Nazionale Marciana, Venice/Dagli Orti 76cl; Art Archive Monastery of Santo Domingo de Silas, Spain/Dagli Orti (A) 195ca; Bibliotheque Municipale Moulins/Dagli Orti 10tr; British Library 371; British Museum 82l; Diocesan Museum,Vienna/Dagli Orti 209br; Klosterneuburg Monastery, Austria/Dagli Orti 20bc; Musee Guimet, Paris 57tr; Musee Guimet, Paris/ Dagli Orti 57tl, 57cl, 105c; Navy Historical service, Vincennes, France/ Dagli Orti 54tr; Private Collection, Paris/Dagli Orti 73br, 86bl; Victoria and Albert Museum/Sally Chappell 11l.

Pictorial Press Ltd: 240bl, 240br.

Popperfoto: 11cr; Reuters 23br, 181bc, 120br; Reuters NewMedia Inc. 23tr.

Powell Cotton Museum: 77br, 78tl.

Powerstock Photolibrary: 211tr.

Prinknash Abbey, Gloucestershire, UK: 222cr, 228br, 229bl; Robin W. Symons 224c.

Private Collection: 76tl, 249bl, 251tr, 252bl, 254tl, 256tl, 263tl, 263tr, 287c.

Rabbi Eliezer Ben-Yehuda: 167tl.

Rex Features: London Weekend 180bc; SIPA Press 181bl.

Robert Harding Picture Library: 114tl, 284cl, 284c; David Beatty 264tl; M F Chillmaid 139tr; Gavin Hellier 79tl; David Holdsworth 287tr; F Jack Jackson 288l; Bruno Morandi 291c; David Poole 291br; Christopher Rennie 295tl; E. Simanor 163b; J H C Wilson 293tr; Adam Woolfitt 293cl.

Roli Books Pvt. Ltd: 39tr.

Ronald Grant Archive: 141b.

Royal Museum of Scotland: 229tl.

Russian Orthodox Church, London: 210c, 211c.

Saint Bride Printing Library: 212c.

Salazar: 246bl, 247cl, 255bl, 291cr.

Scala Group S.p.A: 92bl, 95tc, 186bl, 188tl, 188tr, 192bl, 193br, 196br, 197tr, 198cl, 213tl, 220tl; Museo d' Arte Orientale, Roma 54bl, 62br, 66tr, 100r; Musee Guimet 60bl; Museo Lahaur 58r; The Newark Museum/Art Resource 74tl, 80r, 85cr, 88bl, 88b, 89tr; Pierpont Morgan Library/Art Resource 89b, 188cl.

Science Museum: 72bl, 218c.

Science Photo Library: Hermann Eisenbeiss 15tr; Erich Schrempp 290tr.

Sir John Soane's Museum: 228cbr.

Sonia Halliday Photographs: 128br, 129c, 133cr, 188c, 194bc, 197cla, 199c. 283c, 290tl; Laura Lushington 187br, 190cl; Jane Taylor 260cl, Topkapi Palace Museum 275cr.

South of England Rare Breeds Centre: 185bl.
Spectrum Colour Library: 114bl

Sudhir Kasilwal: 289cr.

Tibet Images: Ian Cumming 73tr.

Tearfund: Jim Loring 219br.

Topham Picturepoint: 25tc, 29bc, 110bl, 149bc, 197bc, 238tr, 238c, 240t; The British Museum 13tl, 14tl, 33tr; Heritage Images/British Library 38tr, 38-39; Heritage Images/British Museum 61c, 77c, 82br, 83tr, 83br, 84tc, 90r, 102c; Image Works 25c; 241bl; UPPA Ltd 241br; Science Museum, London 15c.

Trustees of the Swaminarayan Hindu Mission: 51tl.

Victoria and Albert Museum: 254-255c, 257tr, 259tr, 265tr.

Wallace Collection: 206tl, 206l, 212cl, 218cl, 219t.

Warburg Institute: 232t.

Werner Braun: 172br, 175tc, 176b.

Werner Forman Archive: 269ct; Christian Deydier, London 60tr; National Museum, Copenhagen 12cl; 114tr; Oriental Collection, State University Library, Leiden 269tl; Philip Goldman Collection 80l, 81tr; Private Collection 61br; Private Collection, New York 87c.

York Archaelogical Trust: 198tl.

Zev Radovan, Jerusalem: 131cr, 131br, 132tr, 133cl, 135tl, 135tc, 135br, 136c, 137bl, 137r, 140tl, 157cl, 157br, 164bl, 164–165bc, 165br, 169tr, 169b, 170bc, 174cr, 188br, 198r, 200tl, 200c.

Jacket images Front: Art Directors & Trip: H.Rogers (tr); Corbis: Dave Bartruff (tcll), Keren Su (c); DK Picture Library: Ashmolean Museum (tl), British Museum (inside flap), Glasgow Museum (tc, tcl, tcr), Tony Souter (tcrr). **Back:** Alamy Images: Christine Osbourne (l); Corbis: Ric Ergenbright (cl), Stephanie Maze (r); The Picture Desk/Art Archive/ Turkish and Islamic Art Museum, Istanbul /Harper Collins Publishers (c); Zev Radovan, Jerusalem (cr). Spine: DK Picture Library/American Museum of Natural History (t); Topham Picturepoint: Charles Walker (b).

本书插图系原文插图